작업치료사입니다

작업치료사
　　　입니다

책머리에

작업치료는 여전히 많은 이들에게 낯선 분야다. 내가 작업치료사라고 소개하면, 열에 아홉은 작업치료가 무엇인지, 작업치료사가 어떤 일을 하는지 묻는다. 10년이면 강산도 변한다는 말이 있지만, 내가 작업치료를 시작한 지 20년이 다 되어가는 지금도 사람들의 반응은 크게 달라지지 않았다.

작업치료를 전공하는 학생이나 이미 현장에서 일하고 있는 작업치료사들도 비슷하다. 그들 역시 작업치료가 무엇인지, 어떻게 해야 하는지 스스로에게 끊임없이 묻고 고민한다. 다만, 그 이유는 다르다. 몰라서라기보다는, 작업치료가 필요한 사람들에게 진정한 도움을 줄 수 있는 작업치료사가 되고 싶다는 간절한 마음에서 비롯된 것이다.

나는 작업치료를 알고 싶어 하고, 더 잘하고 싶어 하는 이들을 위해 이 책을 집필했다. 이 책에서 나는 임상 현장에서 직접 경험하고 해결한 다양한 사례들을 바탕으로 작업치료가 무엇인지, 작업치료를 어떻게 해야 하는지, 그리고 작업치료 과정에서 직면하게 되는 현실적인 문제와 어려움, 다양한 고민을 어떻게 해결하고 극복해야 하는지에 관해 구체적으로 다룰 것이다. 또한 그때 필요한 관점과 생각, 지식과 경험에 관해서도 이야기할 예정이다. 이 책이 작업치료를 알고, 이해하고, 실천하는 데 실질적인 도움이 되기를 바란다.

책이 나오기까지 많은 분들의 도움이 있었다. 김상훈 님께서는 이 책이 역사공간과 인연을 맺을 수 있도록 도와주셨다. 주혜숙 대표님과 역사공간 편집진께서는 원고가 완성되기까지 긴 시간을 기다려 주시고 '현장공감에세이'라는 새로운 장르를 선물해 주셨다. 아울러 이 책은 서울재활병원에서 맺은 소중한 인연에서 시작하고 완성할 수 있었다. 도움을 주시고 응원해 주신 모든 분께 깊은 감사의 마음을 전하고자 한다.

2025년 봄날
김재욱

차례

책머리에 004

첫 번째 이야기. 이해
작업치료를 하고 싶다면

작업치료가 뭐냐고 물으면 015
목적적인 활동과 작업의 차이 020
'걷게만 해주세요'를 통해 작업을 이해하려면 026
역할을 이해하면 작업이 보인다 031
진정한 클라이언트 중심의 수행 문맥 확립이란 042
환자들이 매너리즘에 빠지는 생각지 못한 이유 052
작업치료를 시작하려면 058
작업치료를 할 때 가져야 할 마음가짐 061
타인의 작업을 나의 작업처럼 이해하는 비결 066
작업치료사의 조건 070

이야기를 시작하며

두 번째 이야기. 고민
정답이 아닌 해답을 찾는다

상지 매뉴얼을 해야 할까, 말아야 할까	077
아무것도 안 하려는 환자	097
사지마비 환자에게도 작업치료가 가능한가	109
과제, 스텝, 액션 중 무엇이 진정한 작업인가	125
치료에 관해 환자, 보호자와 견해가 다르면	134
탑다운은 맞고, 바텀업은 틀린가	140
일상생활동작치료를 못 하면 작업치료를 할 수 없나	151
치료를 위한 초기 상담이 어려운 환자는 어떻게 해야 하나	165
클라이언트가 알아서 해달라고 할 때	175
열악한 치료 환경을 극복하기 위해서는	186

세 번째 이야기. 치료
작업을 통해 뇌를 변화시킨다

상지 매뉴얼의 한계	205
핵심은 뇌의 변화	210
새로운 시도가 없이는 변화도 없다	216
그들만의 문제가 아니다	220
다시 선택할 수 있다	223
어떤 선택이 필요한가	225
무지의 무지	227
'이렇게'는 아니다	230
목적 지향적 사유의 의무	236

어떻게 소통해야 하나	238
'생각'으로의 초대	241
그들을 초대하는 방법	244
마비된 상지는 어떻게 회복되는가	246
변화의 바로미터, 반응	249
뇌를 변화시키려면	251
그것을 알고 싶어 한다면	255
완전히 같을 수는 없다	262
의사 전달 방법	271
목표에 대하여	275
팔을 잘 만져 달라던 환자의 본심	280
왜 그래야 하는지 알게 된다면	288
그냥 다시 팔이나 주물러 주세요	291
상지 매뉴얼에서 작업으로	296
계속 병원을 옮겨 다닐 그들을 위하여	299
작업치료사로서 언제 어디서든 시도할 수 있는 일	308

네 번째 이야기. 대처
알면 할 수 있다

치료하면서 뭔가 불편하다면	317
상태가 좋지 않은 클라이언트를 만났을 때	321
모르면 그만일까	324
치료 환경이 따라주지 않아요	329
뭐라고 말해야 할지 모르겠어요	331
클라이언트가 이랬다저랬다 해서 화가 날 때	336

치료가 어렵게 느껴지는 이유	340
치료에 미숙해서 클라이언트의 눈치가 보인다면	344
무리한 요구를 하는 클라이언트에게	347
동감입니다	350
골든타임의 속박	353
작업치료사의 권태기	360
치료에 이래라저래라 참견하는 이들에 대한 대처	364
늘 걱정이 앞서는 클라이언트를 위하여	367
치료를 잘하고 있는 걸까	370
작업치료가 전부인 듯 살고 있는 당신에게	372

다섯 번째 이야기. 공감 Q&A
작업치료사가 작업치료사에게

실습이 다 취소되었습니다	379
소아, 성인을 결정하는 기준	383
소아와 성인, 둘 다 하고 싶어요	385
성적이 중요한가요	387
성공적인 취업 준비를 위한 첫걸음	390
연봉인가요, 의미인가요	392
나다운 선택을 하려면	395
좋은 직장, 나쁜 직장	397
부모님의 반대를 무릅써야 할까요	400
자기 삶의 주인으로 사는 법	403
잘못된 선택일까 봐 두렵습니다	406
좋은 치료사가 될 수 있을까요	409

저 자신이 실망스럽습니다	413
어떻게 하면 치료를 잘할 수 있을까요	416
어떻게 성장해야 하는가	419
치료를 망쳐서 괴로울 때	421
환자가 저를 싫어합니다	422
작업치료를 몰라주니 서운합니다	426
다른 사람의 인정이 고플 때	430
노력에도 선택이 필요하다	433
치료의 에비던스를 찾기가 어려워요	435
치료에 확신이 없어서 힘들어요	438

이야기를 시작하며

첫 번째 이야기, 이해

작업치료를
하고 싶다면

작업치료가 뭐냐고 물으면

"작업치료가 뭐냐는 질문에 어떻게 대답해야 할까요?"

이 질문은 나 역시 작업치료를 전공하는 학생들을 대상으로 강의할 때마다 자주 들었던 질문이다. 사실 작업치료를 설명하는 것은 작업치료를 전공하는 학생들뿐만 아니라 작업치료사들조차도 어려워하는 경우가 많다. 대부분 자신의 입장에서 작업치료를 설명하려 하기 때문이다. 즉, 작업치료에 대해 묻는 이들의 이해 수준을 고려하지 않고 설명하려 하기 때문에, 작업치료를 설명하고 이해시키는 데 어려움을 겪는 것이다.

작업치료사는 전공서적이나 강의 혹은 작업치료와 관련된 사람들과의 교류 등을 통해 이미 작업과 작업치료에 대해 어느 정도 알고 있거나 익숙해져 있다. 그러나 작업치료가 뭐냐고 묻는 사람들은 다르다. 이것이 바로 작업치료가 무엇인지 묻는 질문에 답할 때 꼭 기억해야 할 점이다.

그들이 작업치료가 무엇인지 묻는 이유는 보통 작업치료가 그들에게 생소하기 때문이다. 우선 '작업치료'라는 용어 자체부터 그들에게는 무척 낯설다. 작업치료에서 말하는 '작업'은 우리가 일상적으로 사용하는 의미와 다르다. 이는 영어 'occupation'의 번역어로, 일본에서 '작업'이라고 번역한 표현을 우리나라에서도 그대로 사용하고 있다. '작업'의 의미조차 익숙하지 않은 상황에서 '작업치료'라는 개념을 이해하기 어려운 것은 당연하다. 따라서 작업치료사가 자신의 전문적 관점에서 설명할수록 오히려 혼란만 더 가중될 뿐이다.

소통이란 상대가 이해할 수 있는 수준이나 용어로 해야 한다. 예를 들어 상대의 연령, 직업, 교육수준에 따라 설명이 달라져야 한다. 임상에서는 진단명에 따라 그 설명을 달리할 수 있어야 할 정도다. 책에 있는 대로 작업이나 작업치료를 설명하는 것으로는 상대방을 이해시키기 어렵다는 뜻이다. 설사 치료사가 자신의 치료 경험을 예시로 들어 설명하더라도, 이 역시 자신의 관점과 입장에서의 경험을 바탕으로 한 것이므로 상대방을 완전히 이해시키는 데는 한계가 있다. 각 개인마다 경험과 해석이 다를 수 있기 때문이다. 그러므로 상대방에게 작업이나 작업치료라는 용어의 정의나 개념 자체를 이론적으로 설명하기보다는, 상대방에게 익숙한 것들로부터 작업치료에서 말하는 작업과 작업치료의 개념과 의미를 이해하도록 돕는 것이 효과적이다.

강의 중에 한 학생에게 "작업치료가 무엇이냐는 질문에 어떻게 대답해야 할까요?"라는 질문을 받은 적이 있다. 그때 나는 바로 대답하지 않았다. 우선 학생들이 자신에게 익숙한 것들을 바탕으로 자신의 작업에 대해 먼저 생각해 볼 수 있도록 하고 싶었기 때문이다. 그래서 몇몇 학생에게 무엇을 할 때 가장 좋고 즐거운지, 살아가면서 꼭 해야 한다고 생각하는 일은 무엇인지, 만약 하지 못하면 죽을 것 같은 일이 무엇인지 물어보았다.

학생들은 잠자는 것, 먹는 것, 친구를 만나는 것, 영화를 보는 것, 샤워를 하는 것 등 다양한 답변을 내놓았다. 나는 그들이 대답한 일들이 왜 중요한지, 그들에게 어떤 목적과 의미가 있는지 다시 질문했다. 그들은 각자가 말한 일에 대한 자기만의 이유, 목적, 의미를 나와 다른 학생들에게 이야기해 주었다.

그들의 이야기를 모두 들은 후, 나는 세상에 존재하는 수많은 일들 중에서 '자기만의 의미와 목적을 가지고 하고 싶은 일, 필요한 일, 해야 하는 일'이 바로 작업치료에서 말하는 작업이라고 설명했다. 추가적인 설명은 하지 않았고, 그럴 필요도 없었다.

간단한 설명이었지만, 학생들은 작업이 무엇인지 쉽게 이해할 수 있었다고 피드백을 주었다. 자신이 이제까지 외우고 있었던 작업에 대한 개념과 정의가 어떤 뜻인지를 그제야 비로소 깨닫게 되었다고 말하는 학생도 있었다. 먼저 자기 작업을 생각해 보고 그것과 관련지어 작업의 개념과 정의를 들으니 이해가 훨씬 쉽다는 것이었다. 그리고 이해했기 때문에 다른 사람에게도 설명할 수 있을 것 같다고 했다. "설명할 수 없다면 이해한 것이 아니다"라는 말에 나는 진심으로 동의한다. 오직 설명할 수 있는 것만이 진정 이해한 것이다.

내가 한 것이라고는 그저 학생들의 이해 수준을 고려하여 그들에게 익숙한 것들로부터 작업에 대한 정의와 개념을 생각해 볼 수 있는 질문을 한 후, 작업치료에서 말하는 작업이 무엇인지 이야기한 것이 전부였다. 학생들은 자신의 작업에 대해 생각해 보면서 스스로 작업의 개념과 정의를 이해하게 되었다. 나는 그들이 그렇게 할 수 있도록 거들었을 뿐이었다.

작업을 이해시키는 데 성공했으니, 다음으로 작업치료를 이해시킬 차례였다. 사실 작업을 이해시켰다면 작업치료를 이해시키는 것은 식은 죽 먹기다. 왜냐하면 작업치료란 작업을 삶에서 해나가도록 doing 돕는 치료이기 때문이다.

나는 학생들에게 다시 질문했다. 만약 어떤 이유로 잠을 잘 수 없다면, 음식을 먹을 수 없다면, 친구를 만날 수 없다면, 영화를 볼 수 없다면, 샤워를 할 수 없다면, 어떨 것 같은지 물었다. 즉 본인에게 무척 중요하고 의미가 있는 일을 할 수 없게 되었을 때 어떤 기분일지, 어떤 생각이 들지 상상해 보라고 했다. 그러자 학생들은 '죽을 것 같다', '끔찍하다', '괴롭고 힘들 것이다', '살 이유나 의미가 없을 것 같다' 등의 답변을 내놓았다.

다소 극단적인 질문이기는 하지만, 작업을 할 수 없게 되었을 때 어떤 느낌일지를 먼저 생각해 보도록 했다. 그리고 자신이 원하고, 필요로 하며, 해야 하는 일, 즉 작업을 할 수 없거나 수행하는 데 어려움이 생겼을 때, 이를 해결하여 삶 속에서 다시 작업을 해나가도록 돕는 것이 바로 작업치료라고 설명했다.

결과는 어땠을까?

첫 번째 이야기, 이해

나는 이미 이전에도 같은 방식으로 작업치료에 관해 전혀 들어본 적이 없는 사람에게 최소한 작업치료가 무엇인지 정도는 쉽게 이해시킬 수 있었다.

'작업치료가 뭐냐'는 질문을 받았을 때, 책에 있는 내용을 암기해서 대답하려 하지 말라. 또 나의 관점과 입장에서 내가 하고 싶은 말만 해주는 식의 답변은 삼가라. 그 대신 먼저 묻는 이의 입장과 이해 수준을 파악한 후, 그가 익숙하고 친숙한 것들부터 시작해 스스로 작업과 작업치료에 대해 생각해 볼 수 있는 질문을 하라. 그런 다음 그 질문에 대한 답변으로부터 작업치료에서 말하는 작업과 작업치료가 무엇인지 이해시켜라.

이러한 방식으로 작업치료를 설명하는 데 능숙해지면 연령, 직업, 학력, 진단명에 관계없이 대상에 맞춰 효과적으로 작업치료를 이해시킬 수 있다. 더 나아가 작업치료를 한 번도 접해본 적이 없는 이들에게도 최소한 작업치료가 무엇인지 정도는 충분히 이해시킬 수 있을 것이다. 그렇게 할 수 있을 때 비로소 작업과 작업치료를 설명하는 자기 자신도 그만큼 작업과 작업치료에 대해 더 깊이 사고하고 넓게 이해할 수 있게 되었음을 깨닫게 될 것이다.

목적적인 활동과 작업의 차이

작업치료사 A는 탁구가 환자의 작업occupation이라기보다는 목적적인 활동purposeful activity이라고 생각하여 치료 목표로 삼지 않았다고 했다. 환자가 탁구하는 것 자체에서 얻는 즐거움보다는 탁구를 하면서 균형, 자세, 팔다리 움직임과 같은 신체 능력과 기능 회복에 더 초점을 맞추고 있었기 때문이었다. 탁구를 하려는 그의 주된 목적이 신체 능력과 기능 향상에 있으므로, 이를 작업이 아닌 목적적인 활동으로 본 것이다. 즉, 탁구가 그에게 작업이 아닌 목적적인 활동이라면 그것이 작업치료의 목표가 될 수 없다는 것이 A의 생각이자 고민의 이유였다.

작업치료사 B에게는 치료 활동으로 제시된 농구(좀 더 구체적으로 말하자면, 간이 농구대에 농구공을 넣는 활동)를 무척 좋아하는 환자가 있었다. 환자는 골대에 공을 넣기 위해 선 자세를 유지하며 팔다리를 스스로 움직여야 했고, 공을 넣은 뒤에는 여든의 나이에도 마치 일곱 살 난 아이처럼 기뻐하고 즐거워했다. B는 환자가 이 활동을 좋아하는 이유가 단순한 재미보다는 운동 효과에 있다고 판단했고, 그로 인해 이를 작업이 아닌 목적적인 활동으로 여겼다. 또한 이

활동은 치료실에서만 가능했기 때문에 치료 목적의 활동에 지나지 않는다고 생각했다. 따라서 이 활동은 환자의 작업으로 보기 어려우며 작업치료의 목표로도 삼을 수 없다는 것이 B의 결론이었다.

이와 관련하여 나는 다음과 같은 질문을 했다.

"내가 팔의 힘을 키우고 싶어서 헬스장에 가서 팔의 근력을 향상시키는 운동을 한다고 하면 이것은 작업인가, 목적적인 활동인가?"

"내가 뱃살을 빼기 위해 집이나 헬스장에서 윗몸 일으키기를 한다면 이는 작업인가, 목적적인 활동인가?"

"내가 오래 달릴 수 있는 능력을 키우기 위해, 매일 밤 한강에 나가서 달리기를 한다면 이는 작업인가, 목적적인 활동인가?"

목적적인 활동과 작업의 공통점은 두 활동 모두 목적이 있다는 점이다. 그러니 목적적인 활동과 작업은 분명히 다르다. 그리고 이 둘을 구분하는 가장 중요한 기준 중 하나는 바로 '그 활동의 목적이나 의미가 누구에게 있는가'이다.

예를 들어, 뱃살을 빼려는 목적으로 윗몸 일으키기를 할 때, 그 목적이 행위자 자신에게서 나온 것이라면 윗몸 일으키기는 행위자의 작업이라 할 수 있다. 반면, 뱃살을 빼려는 목적이 행위자 자신이 아닌 친구나 부모님과 같은 다른 사람에게서 비롯된 것이고, 그들이 윗몸 일으키기를 하라고 해서 하는 것이라면, 이때 윗몸 일으키기는 행위자에게 작업이 아닌 목적적인 활동에 불과하다. 예를 들어,

엄마가 "너 뱃살이 그게 뭐니? 뱃살 좀 빼! 윗몸 일으키기가 최고니까 매일 50개씩 해!"라고 하거나, 치료사가 "탁구에서 지는 사람이 윗몸 일으키기 하는 거예요. 뱃살도 빼고 복근도 단련할 수 있으니 일석이조잖아요."라고 해서 윗몸 일으키기를 하게 되었다면 이는 행위자가 자신의 목적이 아니라 타인의 목적에 따라 행동하는 것이다. 그러므로 그의 작업이라 할 수 없고, 그렇기 때문에 스스로 하려고 하지 않거나, 설령 한다고 하더라도 그 활동의 목적이 제대로 달성되기 어렵다.

작업이란 의미와 목적이 있는 활동이다. 목적적인 활동 또한 의미와 목적이 있는 활동이다. 다만, 그 둘의 차이는 그 의미와 목적이 누구에게서 비롯되었는가에 있다. 만약 이 둘이 헷갈린다면 먼저 그 활동의 목적이 누구에게 있는지를 살펴보아야 한다. 그리고 이것이야말로 상대방의 작업을 이해하는 데 가장 기본이 되는 것이다. 다시 말해 나의 생각, 입장, 관점이 아닌 상대방의 생각, 입장, 관점에서 그가 말하는 활동을 바라봐야 하는 것이다. 작업치료에서 흔히 말하는 '클라이언트 중심의 관점'에서 상대방이나 클라이언트를 이해하려고 할 때 비로소 상대방이나 클라이언트의 작업을 제대로 이해할 수 있다.

B의 사례와 관련해 한 가지 더 생각해 볼 점은 작업과 작업 수행의 관계다. 작업은 행위자에게 의미와 목적이 있는 활동이다. 그리고 그 의미와 목적을 달성하기 위한 일련의 행위를 실제로 하는 것

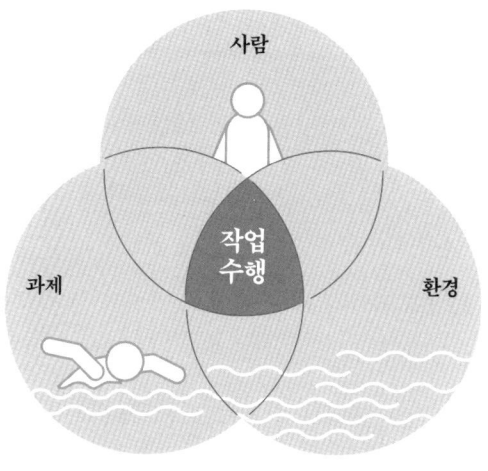

이 바로 작업 수행이다. 작업 수행은 사람, 작업, 환경 간의 상호작용을 통해 이루어지기 때문에, 작업이 존재하더라도 그와 관련된 사람과 환경 간의 상호작용이 없으면 작업 수행도 이루어질 수 없다. 다만, 이것은 작업 수행의 문제이지 '작업이다, 아니다' 혹은 '작업이 맞다, 틀리다'의 문제가 아니라는 것을 분명히 알아야 한다.

예를 들면, 내가 아는 한 친구는 바다에서 수영하는 것을 무척 좋아한다. 그에게 바다 수영은 삶의 가장 큰 즐거움이자, 휴가 때마다 반드시 해야 하는 일이다. 그래서 그는 매년 여름이 되면 바다를 찾아가 수영을 즐긴다. 하지만 그가 바다에서 수영하는 것은 매일 할 수 있는 일이 아니다. 바다 수영이라는 작업을 수행하기 위해서는 바다라는 물리적인 환경이 반드시 필요하기 때문이다. 따라서 바다는 '바다에서 수영을 즐긴다'라는 작업의 수행 가능성을 결정짓는 중요한 전제조건이다.

하지만 기억해야 할 것은 어떤 이유로 바다가 사라지거나 그가 바다에 갈 수 없게 되더라도, 바다 수영을 즐기는 일이 여전히 그에게 의미와 목적이 있으며, 그가 하고 싶고 필요로 하는 일이라면 그것이 그의 작업이라는 사실에는 변함이 없다는 점이다. 다만, 그런 경우라면 환경적인 제약으로 인해 그의 작업 수행에 문제나 한계가 생긴 것이라고 봐야 한다.

작업치료사 B가 치료하는 환자도 같은 경우라고 볼 수 있다. 그 환자에게 농구는 신체적 활동을 촉진하고 재미도 느낄 수 있는 그만의 목적과 의미가 분명한 작업이다. 다만, 이 작업은 현재 B가 치료를 진행하는 치료실 환경에서만 수행할 수 있다. 즉, 농구대와 농구공 같은 물품이 갖춰져 있고, 활동이 가능한 공간이 있으며, 그가 안전하게 공을 던질 수 있도록 돕는 치료사 B가 있는 특정한 환경에서만 이 작업을 수행할 수 있다는 뜻이다.

그러나 그런 조건이 갖춰진 환경에서만 수행할 수 있다는 이유로 농구가 그의 작업이 아니라고 단정하는 것은 적절하지 않다. 대신 그의 작업 수행이 앞서 말한 특정한 환경에서만 가능한 것이라고 봐야 한다. 즉, 특정한 환경에서만 수행할 수 있기 때문에 농구가 그의 작업이 아니라고 보는 것은 작업과 작업 수행을 혼동하는 데서 발생하는 오류다. 물론 지속적인 환경의 제약으로 자기가 원하는 작업을 수행할 수 없게 되어, 농구에 대한 그만의 의미와 목적이 변하거나 사라진다면, 그때는 더 이상 그의 작업이 아닐 수 있다.

그가 집에서도 농구를 하고 싶어 한다면, 작업치료사는 치료실뿐만 아니라 가정에서도 농구를 할 수 있도록 도와야 한다. 이를 위해 집 안의 구조와 공간을 분석하여 적절한 장소를 추천하고, 필요한 물품을 준비하고 활용할 수 있도록 도우며, 보호자 교육과 훈련을 통해 보호자가 환자의 수행을 안전하고 효과적으로 보조할 수 있도록 지원해야 한다. 즉, 작업 수행 범위를 확장하기 위한 치료적 중재를 제공해야 한다.

목적적인 활동과 작업을 구분하는 중요한 기준 중 하나는 그 활동의 의미와 목적이 누구에게 있는가이다. 또한 작업과 작업 수행을 명확히 구별할 수 있어야 한다. 작업 수행에 문제가 있거나 제약이 있다고 해서 이를 단순히 목적적인 활동으로 간주해서는 안 된다. 그렇지 않으면 타인의 작업을 잘못 이해하거나 판단할 수 있다.

'걷게만 해주세요'를 통해 작업을 이해하려면

먼저 '걷기'가 작업이 아닌 이유는 무엇일까? 이를 명확히 이해하기 위해서는 작업과 작업 수행에 대한 개념을 다시 한번 짚어볼 필요가 있다.

세상에는 많은 일이 있다. 수많은 일 가운데 사람이 어떤 일에 자신의 의미와 목적을 부여할 때, 비로소 그 일은 그 사람의 작업이 될 수 있다. 다시 말해, 사람이 의미와 목적을 부여하지 않은 일은 작업이라 할 수 없다.

작업 수행occupational performance이란 무엇일까? 작업 수행이란 말 그대로 작업을 수행하는 것perform이다. 즉 어떤 일의 의미와 목적을 달성하기 위한 일련의 목적 지향적인 행동들goal-directed actions을 자신의 의지와 노력으로 행하는 것doing을 뜻한다.

예를 들어 '컵에 든 물을 마신다'는 작업의 수행은 컵을 향해 팔을 뻗는 행동, 컵을 잡는 행동, 컵을 들어 올리는 행동, 컵을 가져오는 행동, 컵을 기울이는 행동 등등 컵에 들어 있는 물을 마시려는 목적을 이루는 데 필요한 일련의 행동들actions을 의지를 가지고 행하는 것이다.

첫 번째 이야기, 이해

'걷기'는 어떤 목적을 달성하기 위한 하나의 행동이 될 수 있지만, 그 자체로는 의미나 목적이 없다. 즉, 걷기는 단순히 몸을 이동시키는 행동에 지나지 않으며 그 자체만으로는 작업이 될 수 없다. 따라서 걷기가 작업이 되려면 '왜 걷고자 하는가?'라는 근본적인 질문에 대한 답이 필요하다. 다시 말해, 걷기라는 행동을 하려는 분명하고 구체적인 의미와 목적이 있어야 한다. 또한 그 의미와 목적을 달성하려면 단순히 걷는 행동만으로는 부족하며 목표를 이루기 위한 일련의 다른 행동들이 필요하고, 걷기는 그 행동들과 연계되어야 한다. 걷기가 포함된 목적과 의미 있는 일이 무엇인지 파악하고, 그 일의 수행 과정 속에서 걷기를 바라봐야 하는 것이다. 즉, 걷기 자체만을 따로 떼어볼 것이 아니라 작업의 일부로서 이해하고, 그 과정 안에서 걷기와 관련된 환자와 보호자의 욕구와 기대를 살펴야 한다는 뜻이다.

이를 위해서는 걸었으면 좋겠다고 하거나 걷는 것에 대한 치료를 원하는 환자와 보호자를 만났을 때, 그들이 왜 걷고자 하는지를 반드시 알아야 한다. 그리고 그들이 "걷고 싶다"라고 말할 때 그 자체는 작업이 아니지만 그들의 작업을 이해할 수 있는 소중한 단서라는 사실을 결코 놓쳐서는 안 된다.

그렇다고 직접적으로 "왜 걷고 싶어 합니까?"라고 묻는 것은 좋은 방법이 아니다. 걷고 싶다는 말을 통해 그들의 욕구와 기대를 알았다면, 반드시 이러한 욕구와 기대를 갖게 된 그들만의 맥락을 파악해야 한다. 그 맥락을 제대로 파악할 때 그들이 가진 의미와 목적을 보다 명확하고 구체적으로 이해할 수 있고, 나아가 그 욕구와 기대를 충족시켜줄 수 있는 그들의 작업이 무엇인지도 알 수 있다.

그런데 맥락을 파악하라고 하면 이를 어려워하는 경우가 꽤 많다. 뭔가를 알아내야 한다고 생각하다 보니 자신도 모르게 작업치료사 본인이 알고 싶은 것을 확인하는 쪽으로 빠져서 결국 취조가 되는 일이 적지 않은 까닭이다.

이와 관련하여 몇 가지 조언을 하자면, 먼저 걷는 것과 관련하여 환자나 보호자가 겪고 있는 문제에 대해 이야기를 나눠 보라. 혹은 걷게 되었을 때 가장 먼저 하고 싶은 일이 무엇인지 이야기를 나눠 보는 것도 좋다. 아니면 걷기 위해 현재 무엇을 하고 있는지 이야기를 나눠 보는 것도 큰 도움이 된다. 이러한 질문은 모두 작업치료사가 원하는 것을 확인하는 것이 아닌 그들의 욕구와 기대를 스스로 표현할 수 있도록 돕는 것이기에, 그들로 하여금 보다 편안하게 걷는 것을 요구하는 혹은 요구할 수밖에 없는 자기만의 맥락을 이야기할 수 있게 한다. 그리고 작업치료사도 자연스러운 대화를 통해 걷는 것과 관련된 그들의 맥락을 듣고 이해할 수 있다.

나의 사례를 이야기하자면, 한 환자가 상담 때 걸을 수만 있으면 뭐든 다 할 수 있으니 걷게만 해달라고 했다. 이에 나는 걷지를 못하니 생활 중 불편한 것이 이만저만이 아니겠다고 했다. 그러자 그는 생활을 하면서 걷지 못하기 때문에 겪고 있는 힘들고 불편한 점을 쏟아내기 시작했다.

정말 많은 이야기를 해주었는데, 그중에서도 화장실에 갈 때마다 도움이 필요해서 항상 사람이 있어야 한다고 했다. 특히, 한밤중에 화장실에 가려면 자고 있는 사람을 깨워야 하는데 그게 얼마나 미안한 일인지, 화장실에 갈 때마다 휠체어를 타야 하는 것이 얼마나 불편하고 번거로운 일인지 등을 열렬히 토로했다. 그렇다. 그것이 바로 그가 걷지 못해 겪고 있는 가장 힘든 문제였던 것이다. 또한 그가 걸을 수 있게 되었을 때 가장 먼저 스스로 하고 싶어 하는 일이기도 했다.

그 후 진행한 상담에서는 그와 관련된 이야기를 보다 심도 있게 나누었다. 그는 걷지 못해 겪고 있는 생활의 어려움과 문제를 이야기하면서 자기가 무엇 때문에 걷고자 하는지 스스로 생각해 보게 되었다. 그 과정에서 걷는 것을 통해 궁극적으로 이루고자 하는 의미와 목적을 깨닫게 되었고 자기가 원하고 필요로 하고 해야 하는 일이 무엇인지도 자각하게 되었다. 즉 자신의 작업을 스스로 알게 된 것이다.

그리고 나 역시 걷는 것 자체에 대한 문제가 아닌 그의 작업과 관련된 어려움과 문제를 이해할 수 있게 되었고, 이를 통해 작업치료사로서의 나의 전문성을 발휘할 수 있게 되었다. 단, 이와 같은 사례에서 중요한 것은 '화장실에 가서 용변을 본다'라는 작업의 수행과 관련하여 화장실로 이동하는 방법은 '걷기'여야 한다는 점이다. 그가 이미 화장실로 이동하는 수행 방식을 결정해 두었기 때문이다. 따라서 그것이 절대 불가능한 것이 아니라면, 그런 그의 의사를 존중하여 걸어서 이동하는 것을 전제로 치료에 관한 이야기가 이루어져야 한다.

    이처럼 환자나 보호자가 걷는 것만을 원할 때, 그것이 그들에게 어떤 의미가 있는지, 걷고자 하는 목적이 무엇인지 함께 생각해 보는 계기를 마련하라. 그러기 위해서는 걷는 것과 관련한 그들의 입장을 중심으로 다양한 관점과 방향에서 이야기가 이루어져야 한다. 이러한 과정을 통해 걷고자 하는 욕구와 기대의 원천이 되는 맥락을 파악하라. 왜 걷고자 하는지 환자와 보호자가 자각하게 될 때, 또 작업치료사가 그것을 이해할 수 있을 때 비로소 '걷기'라는 하나의 행동은 보다 분명하고 명확한 목적과 의미를 지닌 작업으로 거듭날 수 있다.

    그들과 작업치료사 모두에게 말이다.

역할을 이해하면 작업이 보인다

작업치료사들은 환자와 보호자에게 "뭐가 필요하세요?", "무엇을 하고 싶으세요?", "생활에서 어려움을 겪고 있는 활동이 있다면 어떤 것이 있을까요?"라고 물으면서 그들의 작업을 알기 위해 애를 쓴다. 그런데 그들에게서 결국 "팔이 나았으면 좋겠어요", "걸을 수 있으면 좋겠어요", "팔이 나으면 생활이야 다 하지요", "생활은 몸이 나으면 다 할 수 있으니까 일단 팔이나 걷는 것에 대한 치료를 해주세요" 등의 답변이 돌아오는 경우, 작업치료사의 입장에서는 앞으로 할 치료가 참으로 막막하고 답답하다. 당장 다음 날 해야 할 치료부터가 걱정이다.

   작업치료사가 작업에 초점을 둔 치료를 하기 위해 환자와 보호자에게 그들의 작업에 관해 이리저리 물어보고 작업과 관련된 쪽으로 유도를 하는 데도 결국 그들로부터 원하는 대답을 듣지 못할 때 작업치료사의 가슴은 그야말로 새까맣게 타들어간다. 그 심정은 겪어 본 사람만이 안다.

   이런 경우 '그들이 왜 그러한 답변을 할 수밖에 없는가?'에 대해 먼저 생각해 보고 이해하는 것이 필요하다. 거듭 강조하지만 환자와 보호자의 입장에서 그들을 이해하려는 마음과 노력이 작업치료의 본바탕이기 때문이다.

만약 현재 아프고 불편한 곳이 있다면 어떨 것 같은가? 당연히 그곳에 온 신경이 쓰이고, 무엇보다 아프고 불편한 곳이 나아지길 가장 원할 것이다. 이것은 아픈 사람들에게서 볼 수 있는 지극히 자연스러운 바람이자 반응이다. 작업치료사가 임상에서 만나는 환자와 보호자는 누구보다도 이러한 바람이 간절하고 절실한 이들이다. 따라서 이들에게 '낫는 것' 이외의 다른 것을 생각해 볼 여유는 없다. 그러니 다른 반응을 기대한 작업치료사라면 분명 실망하고 좌절할 수밖에 없다.

많은 환자와 보호자가 마비된 상지(팔과 손)와 하지(다리와 발)와 같은 신체적인 능력과 기능의 손상 때문에 생활을 할 수 없다고 믿는다. 그래서 마비된 상지와 하지가 나으면 원래대로 생활을 할 수 있으리라 믿는다. 분명히 하자. 그들은 생활을 하지 않겠다는 것이 아니다. 다만, 생활을 하는 데 조건을 붙인 것이다. '아픈 것이 나으면'이 바로 그 조건이다. 생활은 이 조건이 충족된 다음에야 해보겠다는 것이다. 조건이 충족되어야 생활을 할 수 있다 혹은 생활을 하겠다는 생각을 가진 이들을 임상에서 만나는 것은 어려운 일이 아니다. 그런 이들에게 생활과 관련해서 무엇이 하고 싶은지 묻는 작업치료사는 현실감이 없거나 뭘 모르는 치료사로 보일 수 있다.

때로는 재활치료를 시작할 때 신체적인 회복에 중점을 둔 작업치료를 받았기 때문인 경우도 있다. 처음 경험한 작업치료, 처음 알게 된 작업치료가 이미 환자와 보호자의 인식 속에 '작업치료는 이러한 것'이라는 관념으로 자리 잡고 있어서, 이전의 경험과 다른 방식이나 형태의 작업치료를 이해하는 데 큰 장애물로 작용하는 것이다. 이는 심리학에서 말하는 '초두효과'와도 관련이 있다. 그렇기 때문에 작업치료사가 작업치료는 무엇이고, 작업치료사의 역할이나 전문성이 어떤 것인지 아무리 말해 줘도 그것을 받아들이는 데 거부감이나 반감을 갖고 인식 전환에 시간이 걸리는 것이다. 결국, 이는 그들이 가지고 있는 작업치료에 대한 첫인상이 작업치료사에게 무엇을 요구해야 하는지와 관련된 선입견을 만드는 셈인데, 이것은 마치 각인과 같아서 그러한 인식을 바꾸는 데에는 경우에 따라 상당한 시간과 노력이 필요할 수 있다.

혹은 환자나 보호자가 어떻게 생활할 것인가에 대한 관심 자체가 없기 때문일 수도 있다. 이러한 경우 환자가 낫는 것에만 집중할 수 있는 나름의 맥락을 가지고 있는 경우가 대부분이다. 예를 들어 발병 후 환자가 생활에 대해 신경 쓸 필요 없이 오로지 치료에만 전념할 수 있도록 보호자가 지극정성으로 간병을 한다거나 대부분의 생활을 대신해 주고 있는 경우, 경제적 상태가 좋아서 장기적인 치료나 병원 생활을 계획하고 있는 경우, 회복에 대한 치료 외에 다른 목적의 치료는 그들에게 별로 중요치 않을 수 있다. 이러한 맥락을 가진 환자나 보호자는 생활을 해나가는 일 자체에 대한 관심을 가질 이유나 필요성이 그만큼 적을 수밖에 없다. 그들은 생활과 관련하여 도움을 주고 싶어 하는 작업치료사를 만나는 것을 달가워하지 않는다.

흔하게는 병원과 치료에 대한 선입견 때문이기도 하다. 병원은 아픈 사람을 치료하는 장소이다. 아플 때 찾는 곳이 바로 병원이 아니던가. 그리고 치료 역시 아픈 데를 낫게 하는 행위로 인식되어 있다. 이처럼 대부분의 환자와 보호자는 아프니까 병원에 오게 된 것이고, 병원은 그 아픈 데를 치료해 주는 곳이라 여긴다. 즉 병원을 찾은 이유가 자신들의 작업과 관련된 문제를 해결하기 위함이 아니라 애초에 아픈 데를 낫게 해주는 치료를 받기 위함이기 때문에, 그들이 원하는 치료는 작업치료사가 하고자 하는 치료와 다를 수밖에 없다. 치료도 치료사가 해주는 것을 받는 것이지, 본인이 무엇인가를 스스로 해야 하는 것이라고 생각하지 않기 때문이다.

내 경험을 가지고 몇 가지 사례를 들어보았지만, 작업이 아닌 회복에 관한 치료를 원할 수밖에 없는 환자와 보호자의 맥락은 많고 다양하다. 따라서 작업치료사에게 가장 필요한 것은 환자와 보호자가 가지고 있는 맥락을 이해하고, 그것을 바탕으로 그들의 의견, 생각, 마음을 헤아리고 이해하며 존중하는 것이다. 이것이 치료의 근본적인 출발점이 되어야 한다.

환자와 보호자가 회복에 관한 치료를 우선에 두는 경우, 나는 그들이 가진 치료에 대한 의견, 생각, 동기를 있는 그대로 존중한다. 다른 말로 설득하려 들지 않는다. 그러면서 여러 맥락에 의해 그들 스스로 인식하고 있는 혹은 그들이 가지게 되는 역할에 주목한다.

역할이란 삶의 여러 맥락으로부터 한 개인이 내재화한 행동양식이다. 그리고 사람은 누구나 그 역할에 따라 원하고, 해야 하고, 필요한 행동들, 즉 역할 행동role behavior을 하게 된다. 이는 스스로 인식해서 하기도 하고 혹은 외부로부터 요구받아서 하기도 한다. 예를 들어 환자는 병원에 가서 치료를 받고 약을 먹어야 하며 병원의 일정이나 규칙에 맞춰 행동해야 한다. 보호자는 환자의 생활을 보조하고 환자가 치료에 전념할 수 있도록 돕는 행동을 해야 한다. 이것은 환자와 보호자라는 각각의 역할에 관하여 사회문화적인 영향력에 의해 학습되고 내재화된 행동이다. 이처럼 역할에는 그에 걸맞은 행동이 뒤따르기 마련이다. 하지만 역할 행동이 단순히 그 역할을 위한 행동에만 그치는 것은 아니다. 행동의 주체가 그 행동을 하면서 어떤 의미와 목적을 부여하는지에 따라 작업으로 거듭날 수 있기 때문이다. 역할을 알면 작업을 이해할 수 있고, 나아가 작업을 스스로 탐색하고 결정하도록 도울 수 있다는 것은 바로 이를 두고 한 말이다.

병원 생활을 시작하면서 환자는 자연스레 환자로서의 역할을 받아들이게 된다. 가족을 비롯해 병원이라는 환경에서 만나는 많은 사람도 그들이 환자라는 역할을 자연스레 받아들이도록 만드는 데 일조한다. 일단 호칭부터 바뀐다. 요즘은 병원에 따라 다르기는 하지만, 보통 '환자분'이라고 불리거나 '(이름) 환자분'이라고 불린다.

아프고 난 뒤로는 본인이 직접 할 수 있는 일이 그전에 비해 현격히 줄어든다. 아프기 전에는 문제가 전혀 되지 않았던 일이 생활을 하는 데 있어 크고 작은 걸림돌이 된다. 그렇기 때문에 치료를 받아야 하는 것이고 치료에만 전념하도록 소위 보호자 또는 간병인이라 불리는 사람들이 생활의 걸림돌이 되는 일을 대신 처리해 준다. 또 병원에서 보내는 시간이 길어지면 길어질수록 점차 아프기 전의 생활과는 더욱 멀어지게 된다.

만나는 사람의 범위도 제한된다. 자신과 같은 처지에 있는 환자와 보호자가 주된 만남의 대상이 된다. 아프기 전에 만났던 사람들과는 좀처럼 만나기가 쉽지 않다. 결국 병원이라는 또 다른 세상을 살아가는 일원으로서의 역할을 부여받게 되고, 그 역할에 따라 사는 것이 그들의 삶이 된다. 환자라는 역할이 생기고 그 역할에 맞춰 환자로서의 삶을 살게 되는 것이다.

환자라는 역할에 따른 일은 무엇일까?

주로 치료와 도움을 받는 일이다. 가족이나 간병인은 보통 환자에게 온전히 치료에만 전념할 것을 요구한다. 그것이 환자의 본분이고 생활이야 나중에 나으면 다 할 수 있다고 하면서 말이다. 또 환자도 치료에 전념하는 것이 현재 자신이 해야 할 일이라고 생각한다. 환자니까 도움을 받는 것은 당연하다고 여긴다. 게다가 자신의 일인 치료도 받는 것이라 생각하는 경향이 강하다. 치료를 하는 것은 의사나 치료사의 몫이라고 여기기 때문이다. 그래서 아픈 것을 낫게 하는 역할은 자신의 역할이 아니라 의사와 치료사의 역할이라고 믿는다. 자신은 그저 그들이 해주는 치료를 열심히 받기만 하면 된다고 생각하면서 말이다. 결국, 환자로서의 역할에서 가장 중요한 일은 회복을 위한 치료를 받는 것이 되어 버린다. 이러한 상황에서 환자와 보호자에게 작업에 관한 질문을 한다면 듣게 될 답변은 이미 정해져 있는 것이라 봐도 무방하다. 이렇듯 환자에 국한된 역할은 삶을 살아가는 데 필요한 다른 여러 역할의 부재를 초래한다.

그런 예를 하나 들면, 퇴원 후 집에 갔는데 텔레비전을 보는 일 외에는 할 일이 없어서 다시 재입원하는 경우이다. 몸이 좋아졌다고 생각해서 집으로 갔지만, 막상 집에서 할 일이 딱히 없는 것이다. 직장도 그만뒀지, 그렇다고 집안일을 자유롭게 할 수 있는 것도 아니고, 운동은 해야 하는데 막상 밖에 나가려니 귀찮고, 큰맘 먹고 나가서 해보려 하면 날씨가 너무 덥거나 추워서 나가기가 그렇고, 게다가 아직 동네 사람들에게 자신의 모습을 보여 줄 자신도 없다.

집에서 자신이 할 수 있거나 해야 할 역할이 없어서, 딱히 하는 일 없이 무료하게 지내다가 환자의 역할을 되찾기 위해 다시 병원으로 돌아오는 것이다. 아직은 집에서 생활할 때가 아니라는 생각이 들어서 혹은 아직 환자라는 역할에서 벗어나지 못했기 때문이다. 결국 환자라는 역할 이외의 생활에서 본인이 해야 하고, 할 수 있으며, 하고 싶은 역할을 찾지 못한 것이 그들을 병원으로 되돌아오게 하는 주된 이유 중 하나인 셈이다.

또 환자로서의 역할에 충실하려 하기 때문에 치료 시간에도 치료를 받으려고만 할 뿐 치료 시간에 하고 있는 것을 본인의 생활에서 실제로 해보려는 자발적인 노력이나 시도도 없거나 부족하다. 특히, 이러한 경향은 팔과 손의 치료를 받기 위해 병원을 다니는 외래 환자들에게서 흔히 관찰된다. 팔과 손이 낫기를 원하지만 팔과 손을 낫게 하는 데 필요한 역할을 오로지 치료사에게만 요구한다. 사실 이러한 경우 낫기 위해서라기보다는 그저 팔과 손의 관리를 받기 위해 치료실에 오는 것이라 봐도 무방하다.

그 결과 오랜 기간 치료를 받았더라도 자기 팔과 손의 상태에 대해 잘 모르는 경우가 많다. 그리고 팔과 손의 회복을 위해 스스로 무엇을 할 수 있는지, 무엇을 해야 하는지, 어떻게 해야 하는지도 알지 못한다. 그와 관련된 모든 것을 치료사에게 맡겨 두었기 때문이다. 그러니 팔과 손의 회복과 관련해 환자로서 계속 치료사에게 의존하는 삶을 살 수밖에 없고, 그저 치료실에서만 잠시 팔과 손을 써 보고 마는 것이다. 나는 이러한 팔과 손을 '치료용 팔과 손'이라고 부른다. 이 역시 환자에만 국한된 역할 인식, 즉 본인이 스스로 해야 할 다른 여러 역할에 대한 인식의 부재로 발생하는 일이다.

따라서 환자와 보호자가 작업이 없다고 하거나 작업이 무엇인지 모르겠다고 한다면, 우선 그들이 생활에서 현재 어떠한 역할을 하고 있고 그 역할에 따라 하고 있는 일들이 무엇인지 그들 스스로 생각해 볼 수 있는 계기를 마련해 주는 게 필요하다. 그런 계기를 통해 그들이 어떤 역할을 가지고 있는지, 역할의 범위는 어떠한지, 무슨

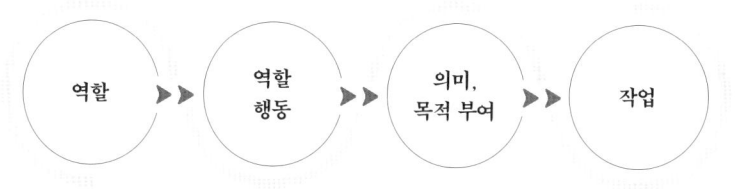

역할 행동을 어떻게 하고 있는지 등을 면밀히 파악해야 한다. 그리고 역할과 관련하여 그들이 의미와 목적을 두고 있는 일들이 있는지, 있다면 어떤 일인지, 혹은 역할에 따라 앞으로 의미와 목적을 두어야 하는 일은 무엇인지 등을 알아보라.

앞에서 든 예시와 같이 회복에 관한 치료를 원한다면, 그들이 원하는 바에 초점을 두되 회복과 관련하여 어떤 역할을 어떻게 하고 있는지, 그 역할을 위해서 해야 하는 일들 혹은 하고 싶어 하는 일들은 무엇인지, 나아가 그 역할을 생활에서 해내려면 어떤 일을 할 필요가 있는지 알아봐야 한다.

환자와 보호자가 어떤 역할을 해야 하고 그 역할을 어떻게 해야 하는지를 분명히 알게 된다면, 그 역할에 따른 일을 작업치료사와 함께 생각해 볼 수 있는 기회를 가질 수 있다. 그리고 작업치료사 역시 그들의 입장에서 보다 자연스럽게 그들의 작업을 이해할 수 있는 기회를 얻게 된다. 다시 말해, 작업치료사 본인이 원하는 것을 그들로부터 얻어 내기 위해 억지 노력을 기울이거나 안간힘을 쓰지 않아도 된다는 뜻이다. 따라서 환자와 보호자가 자신들의 여러 맥락을 되짚어 보면서 본인에게 필요한 역할을 바로 인식하도록 돕는 것이 선행되어야 한다. 이는 작업치료를 하는 데 있어 필수적일 뿐만 아니라 기본이 되는 과정이라 할 수 있다.

내가 만났던 C는 30대 남성으로 뇌출혈로 인해 왼쪽 상지를 사용할 수 없게 된 사람이었다. 처음 만나 상담을 했을 때 C 역시 왼쪽 상지의 회복을 원하고 있었고, 그동안 치료로 받아 왔던 치료사가 해주는 상지의 관절 운동을 상지 치료라고 여기고 있었다. 자신의 역할은 치료사가 해주는 걸 열심히 받는 것이라고 생각하고 있었다. 하지만 상담 과정에서 C는 상지가 회복되는 데 왜 시간이 걸리는지 이해하게 되었고 그 시간 동안 상지의 회복을 위해 자기가 어떤 역할을 해야 하고 할 수 있는지 깨닫게 되었다. 그러면서 앞으로의 치료 과정에서 그 역할을 하는 데 필요한 일을 배우고 연습하여 생활하면서 계속 스스로 해나가기로 결심하였다.

상지 회복에 대한 동기는 변함이 없었지만 스스로의 역할 설정이 달라졌고, 이로 인해 그 역할에 따른 자기만의 작업이 생긴 것이다. C는 치료사에게 의존하는 형태의 치료에서 벗어나 생활에서 본인 스스로 상지 운동을 하고 상지를 관리하는 역할을 하는 데 필요한 일을 배우고 꾸준히 연습했다. 이로써 C는 더 이상 치료의 대상이 아니었다. C 자신이 치료의 주체가 되었다.

그가 자신의 역할을 수행하기 위해 매일 해 나가는 일들은 치료사의 작업이 아니라 그의 작업이었다. 그렇게 되었을 때 나는 그의 수행에 직접 개입할 필요가 없었다. C가 자신의 역할을 해내기 위해 스스로 작업을 해 나갔기 때문에 가능했던 일이었다. 시켜서 될 일이 결코 아니었다.

　나 또한 그렇다. 나에게 작업치료사라는 역할은 매우 중요하다. 나는 이 역할을 소중하게 여기고 있으며 잘해내고 싶어 한다. 그렇기에 역할을 잘해내기 위해 내가 해야 하는 일, 예컨대 공부, 강의, 치료를 누군가가 시켜서 한다거나 억지로 하지 않는다. 누구의 간섭이나 감독이 없이도 작업치료사로서의 역할을 더 잘해내는 데 필요한 일을 나 스스로 찾고, 실행하며, 확장해 나간다.

　자기 역할을 알고 그 역할을 해내려면 역할 행동을 해야 한다. 그 역할 행동에 자신만의 의미와 목적을 부여할 때 그 일은 곧 작업이 된다. 먼저 삶의 여러 맥락에 의해 환자와 보호자가 가지게 되는 역할에 주목해 보자. 그리고 그들이 그 역할을 잘하고 있는지, 역할을 해내는 데 어려움은 없는지, 지금의 역할 수행에 만족스러워하고 있는지 알아보자. 만약 역할을 하는 데 필요한 일, 원하는 일, 해야 하는 일이 있다면 이를 어떻게 할 수 있고, 그러기 위해 무엇을 해야 하는지, 그들과 이야기해 보자. 그리고 결정한 것을 실행에 옮기기 위한 구체적인 방안을 함께 강구해 보자. 역할이 있으면 작업도 있기 마련이다. 그래서 역할을 이해하면 작업이 보인다.

진정한 클라이언트 중심의 수행 문맥 확립이란

작업치료중재과정모델OTIPM: Occupational Therapy Intervention Process Model은 클라이언트 중심의 수행 문맥performance context을 확립하는 것으로 시작한다. 이것은 클라이언트가 누구인지, 원하는 것은 무엇인지, 원하는 역할을 하는 데 혹은 사회에 참여하는 데 문제가 되는 과제는 무엇인지, 수행에 관련된 배경에는 무엇이 있는지 등을 이해하기 위한 목적으로 진행되는 과정이라 할 수 있다.

   임상에서 오랜 기간 많은 클라이언트를 만나면서 그들의 수행 문맥을 확립하는 과정을 직접 해보거나 다른 치료사가 확립한 수행 문맥을 볼 때, 불현듯 수행 문맥을 확립하는 목적이 수행 문맥에 관한 정보를 모으는 것 자체에 그치는 경우가 상당히 많다는 것을 발견하게 되었다. 다시 말해서 수행 문맥을 확립하기 위하여 수행 문맥을 이루는 여러 측면에 대한 각각의 정보를 모을 뿐, 그것을 종합적으로 파악하고 이해하여 클라이언트의 작업이 무엇이고 그 정보 사이에 어떤 관련성이 있으며 작업 수행에 어떤 영향을 어떻게 미치고 있는지, 여러 측면 가운데 치료할 때 반드시 고려해야 할 정보는 무엇인지 등에 대한 실질적인 분석이나 해석이 제대로 이루어지지 않는 경우가 많다는 뜻이다.

　이러한 경우 수행 문맥을 열심히 파악했음에도 불구하고 클라이언트의 작업이 무엇인지 모르거나, 치료 목표가 작업에 초점을 두고 있지 않거나, 작업 수행의 문제와 관련된 원인 파악이 어떤 특정 측면, 예를 들어 신체 기능적 측면에만 국한되어 있거나, 치료 계획이나 그 실행이 수행 문맥과 연계되지 않는 일이 생길 수 있다. 그러면 결국 클라이언트를 중심으로 한 작업 기반의 평가나 치료가 제대로 진행될 수 없고, 그러다 보면 자연히 치료사 중심의 치료, 치료사가 주도하는 치료로 흘러가게 된다.

　요즘은 상지 치료를 원하는 환자를 만났을 때 상지에 대한 자가 운동을 알려주거나 연습하는 것을 작업치료로 진행하는 경우를 많이 본다. 하지만 실제로 자가 운동을 스스로 하는 환자와 보호자들은 생각보다 많지 않다. 보통 작업치료 시간에 작업치료사와 함께 해보는 정도에서 그치는 경우가 대부분이다. 엄밀히 말하면 이것은 자가 운동이라 할 수 없다. 자가 운동이란 말 그대로 자신이 주도적으로 해나가는 운동이어야 하기 때문이다. 이러한 경우 자가 운동을 배우거나 이를 생활에서 해나가는 일이 정말 그 환자의 작업인지 재고해 봐야 한다.

　이때 작업치료사가 자주 범하는 실수는 수행 문맥을 확립하는 과정에서 작업치료사가 클라이언트에게 필요할 것 같은 과제를 간접적 혹은 무의식적으로 제시하거나 설득하면서 클라이언트의 동의를 얻으려 할 때 흔히 발생한다. 그리고 클라이언트가 동의하면 작업치료사는 그 과제가 클라이언트의 작업이라 굳게 믿고 치료를 진행할 때 그러한 실수는 현실적인 문제로 불거진다.

이러한 경우 클라이언트가 작업치료사의 요구를 거절하지 못해 동의한 것이거나 상담 과정에서 작업치료사의 이야기를 듣다 보니 일시적으로 그럴듯한 마음이 들어 동의한 것일 수 있다. 아니면 거절을 잘 못 하는 성격 탓이거나 본인이 원하는 것을 잘 표현하지 못하는 내성적인 성격 탓에 마지못해 동의한 것일 수도 있다. 어쩌면 선생님인 치료사의 말이기에 당연히 따라야 한다고 생각해서 동의한 것일지도 모른다.

따라서 클라이언트의 동의를 얻은 과제를 클라이언트의 작업일 것이라고 단정 지어서는 안 된다. 설령 과제에 대한 동의를 얻었다 하더라도 그 과제가 진정 클라이언트가 원하고, 필요로 하며, 해야 하는 작업인지의 여부와 그것보다 우선이 되는 다른 작업이 있는지의 여부를 반드시 확인해야 한다.

좀 더 자세히 설명해 보겠다.

만약 어떤 작업치료사가 "환자가 상지 치료를 원한다(동기적인 측면). 그래서 상담 과정에서 상지의 자가 운동과 그 필요성을 이야기했더니 환자가 이에 동의하며 상지에 대한 자가 운동을 배우기를 원했다(동기적인 측면). 그래서 상지에 대한 자가 운동을 작업치료로 진행하고 있다"라고 말한다면, 그는 환자가 동의했다는 사실에만 근거하여, 즉 동기라는 한 측면만을 고려하여 목표를 정하고 치료를 하는 셈이 된다. 그런데 만약 이 환자가 자가 운동을 배우고 익히는 데 능력적으로 어려움이 있다면, 자가 운동을 배우는 걸 보호자가 치료로 생각하지 않는다면, 자가 운동을 할 시간을 따로 내기 어렵다면 어떻게 될까? 과연 환자의 동기와 동의만으로 그 치료가 제대로 진행될 수 있을까? 치료의 목표가 온전히 달성될 수 있을까?

이는 결국 클라이언트의 수행 문맥을 구성하는 여러 측면 중 작업치료사 본인에게 필요한, 본인이 주목하고 싶은, 본인이 유리하게 활용할 수 있는 특정 측면만을 선별하고 고려하여 치료를 진행하는 것이나 다름없다. 결국 클라이언트 중심의 치료가 아닌 치료사 중심의 치료가 되고 마는 것이다.

게다가 작업치료의 목표 또한 클라이언트와 상의 없이 작업치료사가 임의로 정하게 될지도 모른다. 그러면 클라이언트는 목표가 무엇인지도 모르고 치료에 임하게 된다. 작업치료사가 클라이언트와 목표를 명확히 공유하지 않았기 때문이다. 이렇게 예상할 수 있는 이유는 작업치료사로서는 클라이언트가 상담 과정에서 이미 해당 과제에 관한 치료에 동의했으니, 목표도 당연히 알고 있을 것으로 생각할 수 있기 때문이다. 또 상황에 따라서는 클라이언트에게 목표를 말해 주기 위해 따로 상담 시간을 잡는 것이 현실적으로 어려울 수도 있고, 혹은 이미 치료가 시작되었으니 클라이언트도 알고 있으리라 생각하고 그냥 넘어갈 수도 있기 때문이다.

이것이 바로 클라이언트 중심의 수행 문맥을 제대로 확립하지 못했거나 확립된 수행 문맥에 대한 전체적인 이해와 파악 그리고 해석이 제대로 이루어지지 않았을 때 발생할 수 있는 중대한 문제다. 수행 문맥의 여러 측면 가운데 치료사가 자신에게 익숙하거나 유리한 몇 가지 측면만을 고려해 클라이언트의 작업을 이해했다고 단정할 때 발생할 수 있는 결과인 것이다. 이때 작업치료사가 고려한 몇 가지 측면은 클라이언트의 관점이 아닌 작업치료사의 관점에서 자신이 보고 싶고, 믿고 싶은 측면일 가능성이 매우 높다. 결국 클라이언트 중심의 작업치료를 하는 듯 보이지만 실상은 치료사 중심의 작업치료를 하고 있는 것이다. 이는 작업치료의 본질을 위협하는 심각한 문제이다.

이러한 오류에 빠지지 않기 위해서는 무엇보다 수행 문맥의 확립을 위해 파악한 여러 측면에 해당하는 각 정보 사이의 상호 연관성과 흐름을 읽을 수 있어야 한다. 그리고 그 내용을 토대로 사람과 작업을 이해하고 작업과 수행 문맥과의 관계를 파악할 수 있어야 한다.

D는 42세의 여성으로 내가 만났을 당시 뇌경색으로 우측 편마비 진단을 받고 약 2개월 남짓 재활치료를 해왔다. 상담 과정에서 그는 상지의 회복을 원한다고 말했다. 그의 직업은 디자이너였는데 오른쪽 상지로 도안을 그리고 재단을 했었다고 했다. 그래서 오른쪽 상지가 마비되어 앞으로 일을 계속할 수 있을지에 대한 걱정이 컸으며, 그로 인해 좌절감을 느끼고 있었다. 게다가 그는 일중독이라고

할 정도로 일에 몰두해 왔으며, 자기 일을 무척 사랑하고 있었다. 휴직 처리가 된 상태였지만, 나중에는 회사를 그만두고 그동안의 경험을 바탕으로 사업을 할 생각을 하고 있었다. 그런 까닭에 오른쪽 상지를 사용하여 다시 일을 할 수 있을 정도로 회복하는 것이 가장 중요하고 시급하다고 했다.

입원 당시 주치의를 만났을 때도 이러한 이야기를 똑같이 했었다고 했다. 그런데 주치의는 오른쪽 상지가 그 정도까지 회복되기는 어려우니 치료를 받는 동안 왼쪽 상지로 일할 수 있도록 연습하는 것이 어떻겠냐고 했고, D는 그 이야기를 들었을 때 그것이 가장 현실적인 대안이라 생각했지만, 매우 속상하고 슬펐으며 화가 치밀었다고 했다.

D의 사례와 같이 치료사가 생각하기에 클라이언트가 비현실적인 목표나 기대를 이야기할 때 어떤 말을 해주어야 할까? 이때 중요한 것은 그 누구도 나른 사람의 미래를 안 수 없다는 것이다. 어떠한 근거로 그것은 '된다, 안 된다', '포기해라, 마라', '그건 가능하다, 아니다'라고 단정하는가. 치료사가 할 수 있고 해야 하는 일은 클라이언트의 소망·희망·미래가 어떠할 거라고 판단하고 결정하는 것이 아니라 클라이언트가 원하는 바를 스스로 성취할 수 있도록 지금 당장 해야 하는 일을 시작하게 돕는 것이다. 미래에 대한 예언이나 판단 또는 결정은 치료사의 몫이 아니다.

D는 매우 근면하고 성실한 사람이었다. 이루고자 하는 목표가 있으면 그것을 이룰 때까지 묵묵히 할 일을 해서 결국 목표를 이뤄내

고야 마는 성격이었다. 일에 몰두할 수 있었던 것도 그런 성격 덕분이었다고 했다. 심지어 26살 때부터 담배를 피기 시작해서 발병하기 전까지 하루도 빠지지 않고 피웠으며, 술을 마시면 창작이 더 잘 돼서 20년 가까이 매일 하루도 빠지지 않고 술을 마셨다고 했다. 이러한 우스갯소리와 함께 자신은 일단 무슨 일이든 한번 시작하면 꾸준히 하는 성격이라고 다시 한번 강조했다.

D는 그동안 작업치료사가 해주는 상지 운동을 받아 왔다고 했다. 매일 약 15분 정도 작업치료사가 상지를 움직여 주었고, 그게 끝나면 15분에서 길면 20분 정도 혼자서 컵을 쌓거나 고리를 반대편으로 넘기거나 맷돌같이 생긴 도구를 돌리는 활동을 했다고 했다. 그렇게 치료 시간이 끝나면 양손으로 깍지를 끼고 팔을 들었다 내렸다 하는 것 외에 할 수 있는 것이 없었다고 했다. 사실 꼭 그렇지만은 않았다. 몸통을 기울이거나 비트는 등의 다른 신체 부위의 움직임이 동반되기는 했지만 오른쪽 어깨, 팔꿈치, 손가락의 관절을 수의적으로 움직일 수 있었고, 각 관절의 분리된 움직임도 부분적으로 가능했다.

D는 치료실에서 치료받는 것 외에 자신이 상지 회복을 위해 무엇을 할 수 있고 해야 하는지 모르고 있었다. 그래서 나는 D에게 치료실에서 치료를 받는 것 외에 하루 일과 중 상지 회복을 위해 스스로 하고 있는 일이 있는지 물었다. 그는 일명 '코끼리'라고 부르는 재활 운동 기구를 타거나 운동 치료실에 있는 상지 운동 기구를 사용하는 것 외에는 딱히 하는 게 없다고 했다. 기구를 탈 때마다 어깨가

아픈데 왜 아픈지도 모르겠다고 했다. 그저 열심히 하다 보면 좋아지지 않겠냐며, 남들도 그렇게 하니까 자신도 그렇게 하면 되는 것 아니냐고 오히려 내게 반문했다.

D는 지금까지 자기가 받아왔던 치료나 본인이 알아서 스스로 해왔던 것이 상지 회복을 위해 자신이 환자로서 할 수 있는 최선이라 여기고 있었다. 환자니까 당연히 치료사가 해주는 치료를 받는 것이고, 환자니까 운동을 하다 보면 당연히 아픈 것이고, 그렇게 치료를 받고 운동을 하다 보면 언젠가는 좋아지리라는 기대로 병원에 있는 것이라고 했다.

나는 우선 D에게 상지 회복의 단계와 각 단계에서 무엇이 필요한지 이야기해 주었다. 그리고 그의 상지가 현재 어떤 상태이고 어느 단계에 해당하는지, 다음 단계로 나아가려면 어떤 과정이 필요한지에 대해 알려주었다. 그 과정에서 D는 많은 질문을 했고 나는 그가 궁금해하는 것을 차근차근 알려 주었다.

D는 생활 중 상지 회복을 위해 어떤 일을 스스로 할 수 있는지 물었다. 그리고 본인이 할 수 있는 일을 배워 일정하게 시간을 내서 꾸준히 해나가고 싶다고 했다. 병원을 다니면서 이러한 이야기는 처음 들었고 자기가 무엇을 해야 하는지 깨닫게 해줘서 고맙다고 했다. 나는 그저 D가 생각해 보지 않았던 부분에 대해 생각해 볼 수 있는 기회를 제공했고, 그가 가진 궁금증에 대해 성실히 답변해 주었을 뿐이었다. 오로지 그가 목적하는 바를 이루기 위해 무엇을 해야 할지 스스로 선택하고 결정할 수 있도록 돕는 역할에 충실했다.

그 후 D는 치료 시간에 본인이 상지를 관리하고 운동하는 데 필요한 것을 배우고 연습했다. 그리고 생활 중 아침·점심·저녁으로 각각 한 시간씩 일정을 짜서 치료 시간에 배운 운동을 스스로 해나갔다. 이때 내가 주로 했던 일은 D가 상지 회복을 위해 스스로 상지를 관리하고 운동해 나가는 데 필요한 것을 교육하고 연습하게 하는 일이었다.

정리해 보면, D는 상지의 회복에 대한 강한 동기와 의지를 가지고 있었다(동기적 측면). 그동안 작업치료와 물리치료를 받아왔지만(사회제도적 측면), 주로 환자로서 치료사가 해주는 치료를 받는 수동적인 역할에 익숙해져 있었다(역할적 측면). 매일 30분 정도의 치료를 받아 왔고, 그 외의 시간에는 상지 운동을 위한 기구를 탔었다(시간적·과제적·환경적 측면). 오른쪽 상지의 경우 다른 신체 부위의 움직임이 동반되기는 했지만 어깨, 팔꿈치, 손가락을 움직일 수 있었고, 제한적이기는 했지만 각 부위의 분리된 움직임이 가능했다(신체기능적 측면). 기존에 자신이 해왔던 것과 다른 치료 방향을 기꺼이 수용하고 선택하여 앞으로 상지 회복을 위해 본인 스스로 할 수 있는 일을 배우고 연습하여 생활 중 매일 꾸준히 해나가는 역할을 하고자 하였다(적응적·과제적·역할적·시간적 측면). 이러한 역할을 하는 데 필요한 일로는 상지에 대한 관리법과 운동법을 배우고 연습해 나가는 것이었다(과제적 측면). D는 하루에 아침·점심·저녁으로 각각 한 시간씩을 자유롭게 활용할 수 있었고, 평소 목표 의식이 강하고 일을 시작하면 중간에 포기하지 않고 끝까지 해내고야 마는 성격이어서 잘할 수 있다는 자신감을 보였다(시간적·신체기능적 측면). 치료와 관련하여 치료사와 협력적인 관계를 맺고 있었고, 원하는 역할을 수행하는 데 제약이 될 우려가 있는 다른 신체 기능상의 문제는 관찰되지 않았다(사회적·신체기능적 측면).

여기서 주목할 점은 D가 원하는 바를 달성하기 위한 자신의 역할을 깨닫고, 그와 관련된 일을 스스로 선택했다는 것이다. 이것이야말로 '진정한 작업'이라고 할 수 있다. 그것이 가능했던 이유는 수행 문맥을 확립하는 과정에서 다양한 측면을 클라이언트와 작업치료사가 함께 생각해 보고 이해할 수 있는 기회를 가졌기 때문이다. 클라이언트 중심의 수행 문맥을 확립하려는 목적은 단순히 클라이언트에 관한 정보를 모으는 데 있지 않다. 수행 문맥을 구성하는 여러 측면의 정보를 토대로 클라이언트에게 진정 의미와 목적이 있는 일이 무엇인지 이해하기 위함이다. 또 그럴 수 있어야 하다.

진정한 클라이언트 중심의 수행 문맥 확립이란 수행 문맥을 이루는 다양한 측면을 파악하고 이해하여 클라이언트의 작업이 무엇인지 알고, 그 작업이 왜 클라이언트의 작업인지 아는 것이다. 반면, 어떤 특정한 측면에만 치우쳐 있거나 클라이언트의 작업이 무엇인지, 그 작업이 왜 클라이언트의 작업인지 모른다면 이는 진정한 클라이언트 중심의 수행 문맥을 확립했다고 할 수 없다.

오늘도 나에게 묻는다. "나는 진정한 클라이언트 중심의 수행 문맥을 확립하고 있는가?"

환자들이 매너리즘에 빠지는 생각지 못한 이유

병동에서 다른 환자의 치료를 마치고 치료실로 내려가려던 중 병동 테라스에 앉아 있는 D를 보게 되었다. 그는 앞서 소개한 바와 같이 자신이 원하는 바를 이루기 위해 생활에서 스스로 해야 할 역할을 명확한 목표 의식과 강한 의지를 가지고 충실히 해나가고 있는 사람이었다.

잠시 시간이 있어 그에게 다가가 빈 의자를 끌어와 그 옆에 나란히 앉았다. 따스한 햇볕과 선선한 바람에 기분이 좋아진 D와 나는 이러저런 이야기를 나누게 되었다. 그러던 중 그가 자신의 심경을 나에게 털어놓았다.

최근 그는 자신이 해야 할 일이 무엇인지 알고, 그것을 생활 속에서 꾸준히 해나가며 점차 상지의 상태가 나아지는 것을 확인하고 성취감도 느낀다고 했다. 그럴 때마다 더욱 열심히 해야겠다는 의지가 생긴다고 덧붙였다. 하지만 그것이 좋으면서도 다른 한편으로는 매일 매너리즘을 느낀다며 하루에도 수십 번씩 자신의 마음을 다잡기 위해 사력을 다하고 있다고 했다.

나는 그에게 매너리즘에 빠지는 이유가 무엇이냐고 물었다. 그러자 그는 "열심히 하는데 하는 만큼 좋아지지 않아서 …"라며 말끝을 흐렸다. 그렇다. 자신이 노력하는 만큼 더 빨리, 더 많이 좋아지기를 바라는 마음과 현실에서 마주하는 결과와의 차이에서 환자들은 매너리즘에 빠지곤 한다. 특히 D와 같이 이를 악물고 최선을 다하는 사람이 오히려 매너리즘에 더 취약한 경우가 많다.

하지만 환자와 보호자, 심지어 치료사조차도 주목하지 않는 주된 이유는 따로 있다. 너무 당연해서 누구도 관심을 두지 않는 그것, 바로 '치료만으로 점철된 생활양식'이다. 쉽게 말해, 날마다 반복되는 치료에 치우친 일과가 환자를 매너리즘에 빠지게 만든다.

그들의 생활을 살펴보면, 이 말을 어렵지 않게 이해할 수 있다. 그들의 일과는 대부분 치료와 운동으로 가득 차 있다. 아침에 기상해서 식사를 하고 오전 내내 치료를 받고, 치료 사이에 비는 시간이 있으면 운동 기구를 탄다. 점심을 먹고 잠시 쉬었다가 다시 오후 내내 치료를 받고, 저녁 식사가 나오기 전에 비는 시간이 있으면 또 운동 기구를 탄다. 저녁을 먹고 나면 걷는 연습, 코끼리 타기, 보호자와의 매트 운동 등등 개인 운동을 하느라 분주하다. 그렇게 운동을 마치고 나면 씻고 일찍 잠자리에 든다. 그리고 이것을 매일 반복한다. 심지어는 주말에도 그 많은 시간을 치료와 운동에만 쏟아붓는다. 언제까지? 다 나을 때까지. 아니면 더 이상은 가망이 없다고 스스로 체념할 때까지 말이다.

아프기 전에는 운동의 '운' 자도 몰랐다고 하는 많은 사람이 운동을 안 하면 퇴보할까 봐 염려하며 혹은 나으려면 운동을 많이 해야 한다고 믿으며, 안 그래도 약해진 몸과 정신에 과할 정도의 운동을 절박하고 치열하게, 습관적이고 반복적으로, 자의나 타의에 의해 되풀이하고 있는 것이다. 운동을 업으로 삼는 운동선수들조차도 이렇게까지는 하지 않는다. 하지만 환자와 보호자는 말한다. "운동만이 살길"이라고.

매너리즘은 이탈리아어 'maniera'에서 파생된 말인데, 원래는 일정한 기법이나 형식이 습관적으로 되풀이되면서 독창성을 잃고 타성에 빠지는 것을 말한다. 오늘날에는 어떤 현상을 유지하려는 경향이나 자세를 칭하는 말로 주로 사용된다. 환자들의 삶도 이와 같다. 그날이 그날 같은 하루하루를 습관적으로 되풀이하면서 하는 일들이 타성에 젖어 그 일의 의미와 목적이, 그 하루가 그들에게 더 이상 새롭게 느껴지지 않을 때, 다시 말해 몸에 밴 습성에 따라 하루를 보낼 때 그들의 삶은 말 그대로 매너리즘에 매몰된다.

상상해 보자. 우리가 매일 일, 치료, 공부만 되풀이해야 하는 삶을 살아야 한다면 어떨까? 게다가 주말까지도 쉬지 않고 일, 치료, 공부만 해야 한다면 삶이 어떻게 느껴질까? 삶의 목적이나 즐거움, 의미를 느낄 수 있을까? 매일 반복하는 그 일들의 본래 의미와 목적은 희미해지고 사라지고 말 것이다.

환자에게 치료와 운동은 분명 중요한 일과다. 누구도 이를 부정할 수는 없다. 그렇다고 그것만이 그들의 일과여야 한다는 의미는 아니다. 치료와 운동만이 그들의 삶에 전부가 되는 순간 환자들은 매너리즘이라는 결박에서 결코 자유로울 수 없을 것이다. 아무리 맛있고 좋아하는 음식이라 할지라도 매일 그것만 먹으면 질려서 쳐다보기도 싫어지는 것처럼.

또한 이렇게 치료와 운동에 편중된 단조롭고 습관적인 일과는 환자라는 인식을 더욱 강하게 만든다. 또한 '나는 환자니까 다른 것들은 나으면 해야 해', '하고 싶은 것 다 하고 웃고 즐길 시간이 어디 있어', '몸이 나아야 내가 하고 싶은 것도 하지' 등의 생각을 당연시하게 만든다. 흥미, 욕구, 동기, 재미를 순수하게 추구하는 것은 본인에게 사치라 여기게 되고, 결국 환자라는 틀 안에 자신의 존재를 스스로 가두게 된다. 그리고 치료와 운동을 제외한 다른 일에는 관심을 둘 수 없게 되는데, 이는 한 인간으로서 자신의 삶을 온전히 살아가는 데 큰 의식의 제약을 초래한다. 매너리즘에 국한된 문제로 끝나지 않는 것이다.

따라서 매너리즘에 빠지지 않고 한 인간으로서, 행위가 아닌 존재로서 재활 치료라는 쉽지 않은 과정을 헤쳐 나가기 위해서는 삶의 다양한 영역에 속하는 작업 간의 균형과 조화가 잘 이루어져야 한다. 즉, 치료와 운동을 하되 그 외에도 삶의 의미와 목적을 끊임없이 생산할 수 있는 일을 함께 영위하고 즐길 수 있어야 한다는 것이다. 그러면서 자기만의 방식으로 자신의 삶을 살아가야 한다. 환자가 아닌 한 인간으로서, 행위가 아닌 존재 그 자체로서 말이다.

이러한 관점에서 생각해 볼 때, 작업치료사 역시 치료를 단지 신체적 손상의 회복에 관한 것으로만 국한해서는 안 될 것이다. 손상의 회복만을 고려하는 치료는 환자로 하여금 치료와 운동 이외의 것들, 예를 들어 자신이 할 수 있는 일, 역할, 사회 참여 등을 폭넓고 깊이 생각할 기회를 제한할 수 있다. 또한 자신이 가진 부정적인 요소만을 의식하고 그것에만 집중하게 만들어 매너리즘에 더 취약해지며, 환자로서의 삶에 더욱 안주하게 만들 수 있다.

그렇기 때문에 작업치료사는 자신의 역할에 큰 책임감을 가지고 충실히 그 책임을 다해야 한다. 환자들이 균형 잡힌 일과를 영위할 수 있도록 힘써야 한다. 환자로서의 삶의 테두리에서 벗어나기 위한 시도와 노력을 멈추지 않고 계속해 나갈 수 있도록 용기를 북돋워 주어야 한다. 작업을 통해 의미와 목적이 있는 삶을 살아갈 수 있도록 지지하고 도와야 한다. 그것이 환자 스스로 매너리즘을 극복하고 예방할 수 있도록 돕는 최선의 방법이라고 나는 믿는다.

테라스에서 나눴던 대화 이후, D는 상지가 나으면 하려 했던 일을 나와 함께 조금씩 해보기 시작했다. 마트에서 장을 보고 간단한 요리를 만들어 주변 사람들과 나누어 먹으며 웃고 떠들거나, 햇볕이 좋은 날에는 병원 밖으로 나가 산책을 즐기고, 병원 근처 카페에서 커피를 마시며 대화를 나누기도 했다.

퇴원할 때 D는 그때가 발병 후 가장 많이 웃고 마음이 평온했던 시간이었다고 했다. 환자라는 생각에 갇혀 매일 반복되는 지겨운 과정 속에서도 치료와 운동만이 유일한 살길이라 생각하며 하고 싶은 것을 참고 살아왔는데, 그렇게 하지 않고도 재활을 해나갈 수 있다는 사실을 깨달았다고 했다. 그리고 힘들고 지겹기만 했던 시간을 더 의미 있고 즐겁게 보낼 수 있게 도와줘서 고맙다는 말도 함께 전했다.

작업치료를 시작하려면

사이먼 시넥Simon Sineck은 『나는 왜 이 일을 하는가?Start with Why』(타임비즈, 2013)라는 책에서 자신이 발견한 '골든 서클golden circle'을 소개한다. 원의 가장 중심에는 '왜why', 그다음은 '어떻게how', 그리고 원의 가장 바깥쪽에는 '무엇what'이 위치한다. 그는 이 골든 서클을 통해 어떤 일을 시작하고 그 목표를 이루어 가는 순서에 대해 말한다. 그 순서는 'why→how→what'이다. 즉 '왜 이 일을 해야 하는가?'라는 가치와 믿음에서 시작해서 '어떻게 그 믿음과 가치를 실행으로 옮길 것인가?'라는 전략과 계획 혹은 과정을 생각하고, 그래서 '무엇을 할 것인가?'라는 구체적이고 명확한 행동을 해야 한다는 것이다. 이것이 바로 영감inspiration에 의해 자신과 타인을 행동하게 하는 원리라고 말한다.

하지만 정작 주목해야 하는 것은 순서가 아니다. 그가 말하고자 하는 핵심은 어떤 일이든 '왜' 하는지를 아는 것이 무엇보다도 중요하다는 데 있기 때문이다.

이것은 작업치료사와 클라이언트(환자와 보호자)에게 매우 중요한 메시지라고 나는 생각한다. 실제로 많은 작업치료사와 클라이언트가 'what'과 'how'에서 시작하고 그것만을 염두에 두는 까닭이다. 가령 팔이 낫기 위해서는 무엇을 해야 하고, 걷기 위해서는 어떻게 해야 하는지에 주로 관심을 둘 뿐, 왜 팔이 나아야 하고, 왜 걸어야 하는지에 대해서는 별로 생각해 보지 않는다. 즉 무엇을 할 것인지, 어떻게 할 것인지에 대한 관심에 비해 왜 하는지에 대한 관심이 극히 적거나 없는 경우가 많다는 이야기다.

왜 재활치료를 하는가? 재활이란 말 그대로 다시 생활하는 것을 뜻한다. 즉 자신의 삶을 다시 살아가는 것이 바로 재활이다. 결국 재활치료란 다시 생활하고 삶을 살아갈 수 있도록 돕는 치료라고 할 수 있다. 그러므로 재활치료를 하는 이유 역시 다시 생활하고 삶을 살아가는 데 있어야 한다.

이때 작업치료사의 역할은 클라이언트가 다시 생활하고 삶을 살아가는 데 있어 원하고 필요로 하고 해야 하는 일을 수행하도록 돕는 것이다. 다시 말해, 작업을 통해 다시 생활하고 삶을 살아가도록 클라이언트를 도와야 하는 것이다.

만약 클라이언트가 재활을 위해 작업치료가 필요하다고 하면서 정작 신체적인 문제의 해결을 위한 치료만 고집하고 있다면, '왜 재활치료를 하는가?'에 대해 다시 생각해 볼 수 있도록 돕는 것부터 시작해야 한다. 먼저 재활치료를 하고자 하는 목적이 무엇인지를 분명히 해야만, 그 목적을 실현하기 위한 구체적인 방법과 해야 할 일도 함께 상의하여 결정할 수 있기 때문이다.

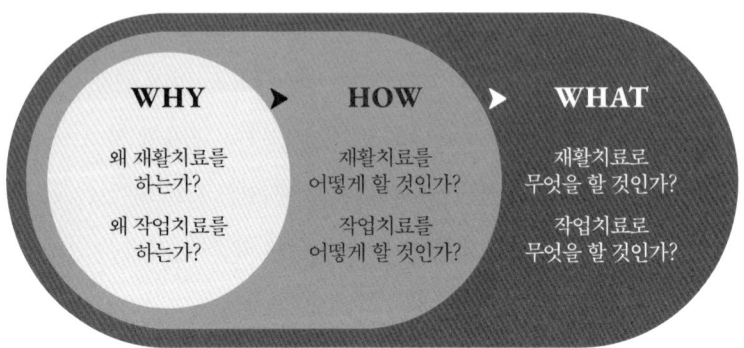

　이는 사실 임상에선 쉽지 않은 일이다. 하지만 골든 서클이 말하는 행동 원리를 임상에 적용해 보려는 노력은 분명 해볼 만한 가치가 있다. 골든 서클은 자신 혹은 타인의 행동을 이끄는 근본적인 행동 원리를 설명하고 있기 때문이다. 사람은 어떤 방식이나 결과 그 자체를 위해 행동하는 존재가 아니다. 또 그런 존재가 되어서도 안 된다. 방식에 자기 자신을 끼워 맞추고 결과를 위해 자기 자신을 희생하는 것은 결코 좋지도 바람직하지도 않다.

　사람은 자신이 추구하는 가치, 신념, 믿음, 목적을 바탕으로 행동하는 능동적인 주체다. 그러한 존재가 되기 위해서는 '왜 이 일을 하는가?'로부터 시작해야 한다. 재활치료와 작업치료도 마찬가지다. 클라이언트와 작업치료사가 함께 '왜 재활치료를 하는가?', '왜 작업치료를 하는가?'에 대해 생각해 보고 각자의 생각을 나누고 그에 적합한 '어떻게'와 '무엇'을 찾고 결정하는 과정은 재활치료와 작업치료의 중요한 시작점이다.

　그러므로 'why'로부터 시작하라!

첫 번째 이야기, 이해

작업치료를 할 때 가져야 할 마음가짐

임상에서 작업치료를 시작할 무렵, 나는 작업치료를 잘하기 위해 무척 열심히 노력했다.

왜 잘하고 싶었을까?

당시 나는 작업치료야말로 재활의 핵심이라고 생각했다. 물론 다른 영역의 치료도 재활을 돕는 데 크게 기여하고 중요하지만 작업치료야말로 재활에 있어 태풍의 눈이요, 계란으로 치면 노른자와 같다고 굳게 믿고 있었다. 다른 치료는 환자의 신체적인 요소와 관련된 문제를 해결함으로써 재활을 돕는 반면, 작업치료는 그 사람의 삶과 직접적으로 관련된 일에 초점을 두기 때문에 다시 삶을 살아가는 '재활'이라는 뜻에 더 잘 부합하고 더 밀접하게 관련된 치료라고 생각했던 것이다. 이러한 확고한 믿음으로 나는 작업치료를 통해 환자의 삶을 바꿀 수 있을 것이라 자신했고, 작업치료사로서의 내 역할이 그 무엇보다 중요하다고 생각했다. 따라서 내가 작업치료에 대해 더 많이 알아야지만 환자의 삶을 변화시킬 수 있을 것이기에 열심히 공부했다.

또한 치료를 통해 작업치료의 힘을 입증함으로써 타인의 인정을 얻고 싶었다. 남들이 나의 치료를 칭찬하고 원하기를 바랐으며 더 나아가 많은 사람이 내가 믿는 작업치료의 힘을 직접 체험하고 믿기를 원했다.

이러한 생각과 믿음은 환자를 사람이 아닌 치료의 대상으로 보게 만들었다. 나는 사람을 보지 못하고 그 사람이 가지고 있는 문제를 보기 시작했다. 그리고 그 문제를 어떻게 해결해야 하는지, 무엇을 바꿔야 하는지에만 몰두하게 되었다. 급기야 그 사람이 원하고 필요로 하는 것이 아닌 작업치료사로서 내가 하고 싶고 해주고 싶은 것을 치료로 진행하게 되었다. 당시 이보다 더 큰 문제는 내가 이러한 마음가짐으로 치료에 임하고 있다는 사실을 전혀 깨닫지 못하고 있었다는 것이다. 아니, 오히려 잘하고 있다고 믿고 있었다. 참으로 교만하고 무지했으며 어리석었다.

그러한 마음으로 치료하면서 나는 사람을 내 마음대로 바꿀 수 없다는 사실을 깨닫게 되었다. 아니, 내 마음대로 바꿀 수 있는 게 아무것도 없다는 사실을 알게 되었다. 바꾸려 하면 할수록 더욱 바꿀 수 없다는 역설을 뼈저리게 느꼈다. 또한 문제에 초점을 두다 보니 점차 그 문제의 원인이 되는 신체적인 요소에 관한 치료만 하고 있음을 깨닫게 되었다. 치료하는 방식에 차이가 있을 뿐 결국 다른 영역에서 하고 있는 치료와 다를 바가 없었다. 작업치료의 힘을 보여 주기는커녕 오히려 작업치료사로서의 정체성과 역할의 혼란을 겪고 있는 나 자신을 발견하게 되었다. 다른 사람의 인정은 고사하고 나 자신조차도 작업치료사로서의 나를 인정할 수 없었다. 그렇게

첫 번째 이야기, 이해

작업치료는 점점 내게 너무나 어렵고 힘든 일이 되어 가고 있었다.
　변화는 오직 나 스스로 변화를 결심할 때만 가능하다. 이전의 나는 내 능력과 치료로 다른 사람의 삶을 내가 계획한 대로 바꿀 수 있으리라는 확신을 가지고 있었다. 하지만 이제 와 생각해 보면 그것은 확신이 아니라 교만이자 오만이었다.

　작업치료사가 할 수 있고 해야 하는 일은 변화가 필요한 사람이 스스로 변하겠다고 결심하도록, 또 그 결심을 이룰 용기를 낼 수 있도록 돕는 것이다. 그들이 어떤 변화를 원하는지 스스로 깨닫고, 그 변화를 위해 본인이 어떤 일을 할 수 있고 해야 하는지 함께 고민하면서, 그 일을 실행에 옮길 수 있게 돕는 일, 그런 과정을 통해 그들이 자기 자신과 삶을 스스로 변화시켜 나가도록 돕는 일이 바로 작업치료사로서 내가 해야 할 역할이라는 것을 깨닫게 되었다.
　그때 작업치료에 임하는 나의 마음가짐에도 변화가 일어났다. 그리고 작업치료사로서 사람을 대하는 태도에도 변화가 생겼다. 이전과 달리 치료의 중심에 내가 아닌 클라이언트를 두었고, 문제가 아닌 사람을 보았으며, 사람을 변화의 대상이 아닌 변화의 주체로 여기게 되었다.
　작업치료는 사람과 사람과의 만남에서 시작되어야지 사람과 문제와의 만남에서 시작되어서는 안 된다. 문제를 보기 시작하면 작업치료를 할 수 없다. 그 사람이 어떤 사람인지, 무엇을 원하는지가 보이지 않기 때문이다. 그 사람의 삶을 이해할 수 없기 때문이다. 문제에 가려진 작업을 볼 수 없기 때문이다.

사람을 모르고 삶을 이해하지 못한 상태에서는 작업을 알 수 없고 작업을 모르면 작업치료를 제대로 할 수 없다. 작업은 사람을 보고 그 사람의 삶을 이해할 때만 보이고 이해할 수 있는 것이기 때문이다. 작업, 사람, 삶은 서로 맞물려 돌아가는 톱니바퀴와 같다. 그러므로 문제가 아닌 사람을 보고 삶을 이해하자. 그럴 때 작업에 관한 진솔한 대화와 소통이 가능해진다. 작업치료를 통해 원하고 필요한 변화를 현실에서 이루어 내도록 도울 수 있다.

자기 자신만이 변화의 주체가 될 수 있다. 변화란 자기 자신으로부터 시작되고 이룰 수 있는 것이다. 작업치료사는 작업치료를 필요로 하는 사람이 이 사실을 깨닫고 스스로 변화를 위한 결심을 하고 그 결심을 작업을 통해 실현해 나가도록 도울 수 있을 뿐이다.

한 가지 더 깨달은 사실은 작업치료가 다른 사람들의 인정을 얻거나 치료사로서의 자기 능력을 과시하기 위한 수단이 되어서는 안 된다는 것이다. 또 그것 자체가 목적이 되어서도 안 된다. 이는 자신을 위해 남을 이용하려는 마음과 본질적으로 동일한 것이다. 그러므로 작업치료사는 만나는 이들을 이롭게 하고 그들의 삶에 필요한 기여와 공헌을 하기 위해 모든 치료에 최선을 다하고, 더 나은 치료를 위해 끊임없이 연구하고 공부해야 한다. 이것이 작업치료를 할 때 가져야 할 마음가짐이다.

작업치료가 너무나 어렵고 힘든 일이라 여겨진다면 어떤 마음가짐으로 사람들을 대하고 있는지 생각해 보자. 내 마음가짐이 나의 최선과 열심을 왜곡시키고 있지는 않은지 살펴보자. 어떻게 사람을 대하고 작업치료를 하고 있는지 매일매일 점검하는 것은 작업치료를 작업치료답게 해나가는 데 있어 꼭 필요한 습관이다.

그 사람이 아닌 나 자신을 위해 치료하고 있는 것은 아닌지, 사람이 아닌 문제를 보고 있는 것은 아닌지, 그 사람의 주도적인 변화를 돕기보다는 내가 그 사람을 변화시키려 하는 것은 아닌지, 치료가 그의 목적이 아닌 나의 목적을 위한 것은 아닌지 늘 살피고 돌아보는 습관 말이다.

지금 어떤 마음가짐으로 사람을 대하고 작업치료를 하고 있는가? 혹여 자기 능력을 과시하고 남의 인정을 받기 위해 치료하고 있지는 않은가? 자신의 마음을 매일 들여다보고 살피는 것, 작업치료사에게 꼭 필요한 작업이 아닐까?

타인의 작업을 나의 작업처럼 이해하는 비결

작업의 진정한 의미와 목적을 느껴본 적이 있는가? 작업의 힘을 직접 체험한 적이 있는가? 작업이 삶에서 얼마나 중요하고 필요한지 깨닫게 된 적이 있는가? 만약 없다면 작업을, 작업의 의미를, 작업의 중요성을, 작업의 필요성을, 작업의 힘을 제대로 알지 못하는 치료사일 수 있다.

본인이 이를 알지 못하는데 다른 이들의 작업이 그들에게 얼마나 중요하고 필요한지, 어떤 의미와 목적이 있는지 알 수 있겠는가? 작업 수행의 어려움을 겪는 이들의 심정을 어찌 이해할 수 있겠는가? 그 간절하고 절박한 심정을 말이다. 작업치료사라면 우선 자신의 작업이 무엇인지, 그것이 자신에게 어떤 의미와 목적이 있는지 깨닫고 느껴 봐야 한다. 자기가 직접 느끼고 이해하고 깨달았을 때야 비로소 그것을 진정으로 안다고 할 수 있는 까닭이다.

사람은 누구나 자신의 경험치 안에서 느끼고, 생각하고, 행동한다. 그렇기 때문에 우리는 누구나 자신만의 세상에서 살아가는 것인지도 모른다. 작업치료사라면 먼저 자신에 대해 알고 자기 작업을 이해해야 한다. 그리고 느껴 봐야 한다. 깨달아야 한다. 작업이 사람에게 어떤 의미와 가치가 있는지, 삶에서 왜 중요하고 필요한지, 작업의 힘이 무엇인지.

　더 넓은 세상을 이해하려면 여행이 필요하듯이, 그렇게 자신의 세상을 이해하게 되었을 때 비로소 우리는 더 넓은 세상으로 여행을 떠날 채비를 할 수 있다. 다른 이들의 세상, 즉 다른 이들의 삶과 작업을 알아가는 여정을 시작할 수 있는 것이다.

　어쩌면 작업치료사에게 작업치료란 '우리'라고 하는 '나'와 '너'에 대한 여행일지도 모른다. 미지의 세상을 향한 여행, 가슴 뛰는 여행, 자신의 세상을 확장하는 여행, 뿌듯함과 성취감으로 충만한 여행, 배움과 성장의 여행, 더 나은 존재가 되어가는 여행.

　그러나 때론 이러한 여행일지도 모른다. 가슴이 먹먹하고 어디로 가야 할지 모를 막막하고 어렵기만 한 여행, 포기하고 그냥 자기 세상으로 돌아가고 싶은 여행 혹은 시작했으니 멈추지 못하고 계속할 수밖에 없는 지리멸렬한 여행.

　작업치료는 내게 어떤 여행일까?
　내게 작업치료는 직업이 아니라 작업이다. 생계를 위한 품삯을 위해서가 아니라 하고 싶고 즐거워서 하는 일. 품삯은 그 과정에서 얻게 되는 감사한 보상이다. 그 보상이 많으면 좋지만 적다고 해서 나쁠 것도 없다. 하고 싶은 일을 하고 그 일을 즐기는 것 자체에서 얻는 만족감과 성취감만으로도 나는 이미 기쁘고 행복하기 때문이다. 하고 싶고 좋아하기에 나는 작업치료를 더 잘하고 싶다. 작업치료가 얼마나 가치 있고 소중한 일인지 그동안 작업치료를 하면서 만난 많은 이들 덕분에 배우고 깨달았기 때문이다. 그 사실을 깨달았을 때, 작업치료를 선택하길 정말 잘했다고 느꼈다.

나는 생활 중 모든 경험을 작업치료와 연관 짓는다. 아니, 연관 짓게 된다. 사람을 만나든, 책이나 영화를 보든, 운동을 하든, 여행을 하든, 심지어 텔레비전을 볼 때도 나는 항상 작업치료를 생각한다. 어떻게 하면 치료를 더 잘할 수 있을까, 현재 치료에서 겪고 있는 어려움을 어떻게 해결할 수 있을까, 무엇을 더 생각하고 알아야 할까. 생활의 모든 경험을 작업치료와 관련지어 생각하고, 기록하며, 치료에 접목해 보면서 알게 된 것들에 기뻐한다. 내게는 생활이 곧 작업치료에 관한 배움과 공부의 장인 셈이다. 또한 만나는 모든 사람이 나의 선생님이다.

작업치료를 하지 않았다면 나는 삶에 어떠한 의미가 있는지, 사람을 어떻게 이해해야 하는지, 공부의 기쁨이나 즐거움이 무엇인지 알지 못했을지도 모른다. 작업치료라는 나의 작업을 통해, 나는 사람에게 작업이 얼마나 소중하고 중요한 것인지 알게 되었다. 그래서 자신의 작업을 모르거나 수행하는 데 어려움을 겪는 이들을 보면 마음이 아프고 안타깝다. 그들을 돕고 싶은 마음이 들고, 그렇기 때문에 작업치료를 더 잘하기 위해 늘 공부하고 연구하며 치료에 최선을 다한다. 또 그들의 삶 속에 거침없이 뛰어들어 그들과 함께 뒹굴며 그들이 자신의 작업을 찾고, 그것을 잘해 나갈 수 있도록 돕는 일에 내가 할 수 있는 모든 노력을 기울인다. 그리고 나 역시 그들로부터 사람과 삶과 작업에 대해 배운다. 그런 배움을 바탕으로 나는 내가 만나는 이들에게 더 나은 치료를 제공할 수 있고, 그들의 삶과 작업에 필요한 기여와 공헌을 할 수 있게 된다. 작업을 통해 함께 더 나은 존재로 거듭나고 더 나은 삶을 살게 되는 것이다. 나는 이것이 작업의 진정한 힘이라 믿는다.

　작업을 이해하고 싶은가? 작업의 가치를 알고 싶은가? 작업의 힘을 느끼고 싶은가? 그러면 먼저 자신의 작업이 무엇인지 생각해 보라. 작업이 자신에게 어떠한 의미와 가치가 있고 또 삶에 어떤 영향력을 얼마나 미치고 있는지 살펴보라. 그것을 알고 깨닫게 되면 만나는 사람들의 작업이 보이고 그들의 작업을 자신의 작업처럼 소중히 여기게 될 것이다. 내 입장이 아닌 그들의 입장에서 그들의 작업을 이해할 수 있게 될 것이다. 진정으로 그들을 위한 작업치료를 할 수 있게 될 것이다.

　자신의 세상을 여행하라. 다른 이의 세상으로 나아가라. 그리고 우리가 되어 삶이라는 거대한 세상을 함께 여행하라.

작업치료사의 조건

세상에서 가장 쉬울 것 같으면서도 어려운 일이 무엇인지 아는가? 바로 자신을 사랑하는 일이다.

사랑에 빠지면 그 사람 생각만 하게 된다. 또 그 사람이 원하는 것은 무엇이든 다해 주고 싶어 한다. 사랑하는 사람의 슬픔과 아픔을 기꺼이 감싸 안으려 하며 위로와 격려를 아끼지 않는다. 사랑이 인간의 가장 고귀한 가치인 이유가 바로 여기에 있다. 자기보다 타인을 우선에 두는 그 마음에 있는 것이다.

그런데 자신에게는 어떠한가? 누군가를 사랑하는 것처럼 자신을 사랑하고 있는가? 자신을 위해서라면 무엇이든 할 수 있는가? 슬프고 아플 때 자신을 위로하고 격려하는가? 위로나 격려 대신 자책하고 질책하지는 않는가? 자신을 기쁘고 행복하게 하는 일을 하고 있는가? 타인의 시선을 의식하고 있지는 않은가? 자신을 타인의 기대나 기준에 맞추며 살고 있지는 않은가? 타인에게는 한없이 관대하지만 자신에게는 지나치게 엄격하지는 않은가?

고백하자면 나는 나를 사랑하지 못했다. 나 자신에게 엄격한 기준을 들이댈 때가 많았다. 칭찬이나 위로, 격려가 필요할 때 오히려 자

첫 번째 이야기, 이해

책하고 질책했다. 타인의 시선을 의식하고 남의 기대와 기준에 맞춰 사느라 바빴다. 원하는 성과를 얻지 못하면 나 자신을 못났다 여기고 혹독하게 몰아붙였으며, 훌륭한 성과를 얻었을 때조차도 기뻐하고 즐거워할 줄 몰랐다. 쉬어야 할 때도 항상 무언가를 해야 한다는 강박관념에 시달린 탓에 마음 편히 쉴 수 없었다.

그랬던 내 모습을 나는 작업치료를 하면서 만나는 사람들에게서 본다. 내가 나를 사랑하지 못할 때의 모습을. 그들은 어느 날 갑자기 자기 삶에서 많은 것을 잃어버리고 삶의 의미나 가치를 더 이상 느끼지 못한 채 좌절하고 절망하고 있었다. 남은 삶을 고통스럽지만 살아내야 하는 그 무엇으로 받아들이면서, 먹기 싫은 밥을 억지로 입에 넣고 꾸역꾸역 삼키듯 하루하루를 보내고 있었다. 그들을 만났을 때 나는 알았다. 그들이 더 이상 자신을 사랑하고 아끼지 못하고 있다는 것을. 이전과 달라진 자기 모습과 삶을 사랑하지 않음을. 아니, 사랑할 수 없음을.

자기 자신을 사랑하지 못하면 절망을 마주한 자신을 위로하거나 격려할 수 없다. 시련을 극복할 용기와 자신감도 가질 수 없다. 자신을 위해서 쓰는 돈이나 시간에도 무척 인색하다. 항상 타인의 시선을 의식하고 타인과 자신을 비교하면서 자기 자신을 끊임없이 혹독하게 몰아붙인다.

가장 큰 문제는 불편한 몸과 함께 겪는 마음의 장애다. 그것은 자신을 온전히 아끼고 사랑하지 못하는 마음에서 생겨난다. 자신을 사랑하지 못하면 설령 몸이 좋아진다고 하더라도 생각과 달리 자기 삶을 능동적으로 의미 있게 살아갈 수 없다. 자기 자신을 사랑하지 못하는데 어떻게 삶을 소중히 여길 수 있겠는가. 자신에 대한 사랑이 없는 삶은 건조하고 삭막하다. 자기를 사랑하지 않는 삶은 즐겁지도 행복하지도 아름답지도 않다. 살아있지만 죽은 삶이다.

사람은 존재 그 자체로 존엄하다. 삶은 살아간다는 것 그 자체로 위대한 것이다. 그래서 나는 사람들이 자신을 더 사랑하도록 돕는 것이 작업치료사로서 내가 해야 할 일이라 믿는다. 장애 때문에 삶에서 자신이 원하는 일이나 해야 하는 일, 필요한 일을 포기하며 살아가지 않도록 돕고 싶다. 한 사람으로서 존재의 존엄성을 회복하고 자신의 삶을 자기만의 방식으로 온전히 영위할 수 있도록 돕고 싶다. 나아가 자기 삶의 의미와 목적을 스스로 찾고 부여하며 자기 자신과 자신의 삶을 더욱 소중히 여기고 뜨겁게 사랑하도록 돕는 것이 작업치료사의 사명이라 믿는다. 나는 이 사명을 다하고 싶다.

이제 나는 안다. 이 사명을 다하기 위해서는 먼저 있는 그대로의 나 자신을 사랑해야 한다는 것을. 내 삶을 소중히 여기고 사랑해야 한다는 것을. 이러한 사랑이 나의 내면과 삶 속에 충만할 때 내가 하는 일에서 의미와 목적을 발견할 수 있다는 것을. 그때야말로 진정한 작업을 즐기며 내 삶을 만끽할 수 있다는 것을.

작업으로 가득 찬 삶을 영위하는 자신의 모습을 생각해 보라. 매 순간 자기만의 의미와 목적을 이루는 삶을 산다는 것은 그야말로 커다란 기쁨이자 축복이 아닐 수 없다. 자신의 작업을 알고 사랑하고 수행하며 사는 것이 바로 삶의 행복이다. 작업치료를 제대로 하려면 이러한 기쁨과 충만함 그리고 행복감을 작업치료사 자신이 먼저 맛보아야 한다. 이것이 진정한 작업치료사가 되기 위한 가장 첫 번째 조건이라 나는 믿는다.

   자기 자신과 삶을 사랑할 때 비로소 작업의 씨앗을 삶이라는 대지 위에 뿌릴 수 있다. 그 씨앗이 싹을 틔우고 꽃으로 피어날 때 자기 자신과 삶이 건강하고 아름다울 수 있다. 꽃잎이 떨어지고 작업이라는 열매가 맺힐 때 자기 자신의 삶도 풍요로워진다. 의미와 가치가 있는 삶을 살아갈 수 있다. 작업치료사는 그 열매가 어떻게 맺히는지 알고 있어야 한다. 아니, 직접 체험해 봐야 한다. 그리고 그 열매가 얼마나 소중하고 가치 있는 것인지도 먼저 맛보고 느껴 봐야 한다. 그럴 때 다른 사람도 자기 열매를 맺고 그 열매를 맛보고 즐길 수 있도록 도울 수 있디. 즉 만나는 사람들이 자신의 삶에 작업의 씨앗을 심고, 꽃을 피우며, 열매를 맺도록 도울 수 있는 것이다. 그게 작업치료사가 해야 하는 일이다. 치료사인 본인의 열매를 나눠 주는 것에만 그쳐서는 안 된다. 모두가 자기만의 고유한 열매를 수확하고 맛볼 수 있도록 도와야 한다. 그럴 수 있어야 한다.

   '너 자신을 사랑하라', 이것이 작업치료사가 되기 위한 가장 기본적인 조건이다.

   당신은 그 조건을 갖추었는가?

두 번째 이야기, 고민

정답이 아닌
해답을 찾는다

상지 매뉴얼을 해야 할까, 말아야 할까

상지 매뉴얼을 할지 말지 고민하는 작업치료사들이 있다. 또 상지 매뉴얼을 하면서 마치 '해서는 안 되는 것'을 하는 양 괴로워하는 작업치료사들도 있고 그냥 해야 하는 일이려니 하며 습관처럼 별 고민 없이 상지 매뉴얼을 하는 작업치료사들도 있다. 상지 매뉴얼을 하느냐 마느냐, 그 자체는 고민의 핵심이 아니다. 정말 고민해야 하는 것은 '환자와 보호자가 진정으로 원하는 것이 무엇인가'이다.

　나는 뇌졸중 환자를 주로 만난다. 대부분의 환자가 원하는 것은 뇌졸중으로 마비된 상지, 즉 팔과 손의 회복이다. 자세히 들여다보면 원하는 것이 환자마다 다르긴 하지만, 대개 팔과 손의 경직 완화, 자기 의지로 조절할 수 있는 움직임 향상, 감각 회복, 근력 강화 등을 원한다. 공통적인 것은 궁극적으로는 모두 마비된 팔과 손을 생활하면서 다시 쓸 수 있기를 기대한다는 점이다. 멀쩡하던 팔과 손을 갑자기 움직일 수도 쓸 수도 없게 된 그들의 바람은 지극히 당연한 것이라 할 수 있다.

　그래서 그들이 원하는 것이 있는데, 그것은 바로 '해야 할지, 말아야 할지' 작업치료사들을 고민하게 만드는 '상지 매뉴얼'이다. 보통 환자와 보호자는 "팔이나 잘 주물러 주세요", "손을 좀 만져 주세요"라는 말로 요구한다. 나 역시 그러한 요구를 많이 받았다. 그때마다 난 '한다, 못 한다'라고 결정하기에 앞서 그들의 바람과 요구를 정확히 알기 위해 노력한다. '상지 매뉴얼을 받는 것(팔이나 손을 주무르거나 만져 주는 것)' 자체를 원하는지, 아니면 '원하는 것은 상지 회복이고 그것을 위한 치료 방법'으로써 상지 매뉴얼을 원하는지를 명확하게 파악하기 위함이다.

상지 매뉴얼을 받는 경험, 그 자체를 원하는 이들이 있다. 이들은 작업치료사가 해주는 상지 매뉴얼을 통해 느낄 수 있는 팔이나 손의 편안함이나 움직임을 경험하는 데 의미나 목적을 둔다. 물론 이 밖에 다른 이유나 목적으로 상지 매뉴얼을 원하는 이들도 있다. 그럼에도 이들의 공통점이라 한다면 상지 매뉴얼을 작업치료사가 제공하는 하나의 치료 서비스로 여기고, 그 서비스를 받는 것 자체에 목적을 둔다는 점이다. 그러한 목적으로 작업치료사에게 상지 매뉴얼을 요구하는 경우, 상지 매뉴얼을 해주는 것은 문제가 되지 않는다. 삼킴장애 치료나 전산화 인지치료를 생각해 보자. 대상의 필요나 목적에 맞게 작업치료사가 기꺼이 제공하는 치료 서비스가 아닌가. 이런 측면에서 본다면 상지 매뉴얼도 다를 바가 없다. 작업치료사가 제공할 수 있는 치료 서비스로 볼 수 있는 것이다.

이런 경우, 원하는 서비스를 받기 위해 환자와 보호자가 하는 행동이 그들의 작업이기에 작업치료사에게 원하는 서비스를 받는다면 그들은 자신들의 작업을 성공적으로 수행하게 된다. 그런데 그들이 원하는 치료 서비스가 상지 매뉴얼이라는 이유로 작업치료사가 서비스 제공에 예외를 둔다면 어떻게 될까? 이는 작업치료사가 클라이언트의 작업 수행을 방해하고 수행의 문제를 만드는 것이나 다름없다. 다시 말해 작업치료사의 역할에 반하는 일인 것이다.

그런데도 작업치료사가 본인이 규정한 작업에 속하는 것이 아니라는 이유로 상지 매뉴얼이라는 치료 서비스의 제공을 거부하고 회피한다면 생각해 봐야 할 문제다. 작업치료사가 타인의 작업을 자기류自己流로 판단하여 독단적으로 치료를 결정하고 실행할 수 있기 때문이다.

예컨대 작업치료사가 '상지 매뉴얼은 작업이 아니야. 결코 작업이 될 수 없어'라고 이미 마음속에 정해 두었다고 가정해 보자. 그럼 환자, 보호자에게서 상지 매뉴얼이라는 단어만 들어도 '이건 작업이 아니야. 그건 하면 안 돼'라는 생각을 자동으로 하게 된다. 정해진 틀이 있으면 그만큼 자극과 반응 사이의 공간이 없어지기 때문이다. 다시 말해 그 틀에 맞는 반응이 이미 정해진 까닭에 상지 매뉴얼이라는 자극이 들어오자마자 '이건 작업이 아니야'라고 즉각적으로 반응하게 된다. 거칠게 말하면 이건 숙고熟考가 결여된 반사적 반응이라 할 수 있다. 이러한 반응은 방어적 또는 공격적인 태도로 나타날 수 있으며 그로 인해 상지 매뉴얼을 원하는 환자, 보호자의 진짜 의도를 파악할 수 없게 될 수 있다. 아니, 못 한다. 작업치료

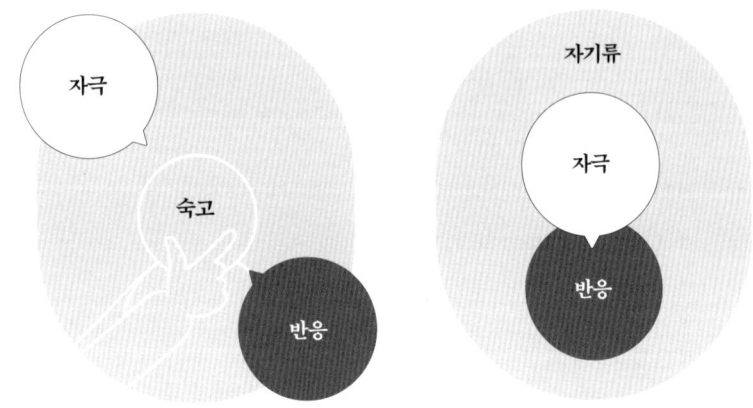

사가 이미 그건 작업이 아니라고 결정을 내린 상태이기 때문에 재고의 여지가 희박한 까닭이다. 이런 적이 있거나 이걸 당연하게 여긴 적이 있다면, 그래서 상지 매뉴얼을 하는 게 꺼려진다면 자기류로 작업을 이해하고 해석하고 있지는 않은지 생각해 봐야 한다.

'그래도 상지 매뉴얼을 받는 게 어떻게 작업이야?'라고 생각하는 이들이 있을 수 있다. 실제로 그렇게 생각하는 이들을 만났을 때 "왜 작업이 아니라고 생각하느냐?"라고 물어보면 여러 이유 가운데 상지 매뉴얼이 수동적으로 이루어지는 것이기 때문에 작업이 아니라는 대답을 자주 듣는다. 환자가 직접 하는 일이 아니므로 환자의 작업이라 할 수 없다는 것이다. 다시 말해 작업치료사가 해줘야 하는 일이어서 작업이 아니라는 것인데, 다음 이야기를 읽으면서 함께 생각해 보자.

나의 지인 중에 마사지를 받으러 다니는 이가 있다. 그의 이야기에 따르면 "마사지를 받으면 일주일간 쌓인 피로가 확 풀리고 몸도 가뿐해진다"라고 하면서 나에게도 마사지를 받아볼 것을 강력하게 추천한다. 그러면서 그는 마사지가 자기 삶의 낙이라고 말한다. 다시 말해 그의 작업은 스스로 마사지를 하는 것이 아니라 마사지사로부터 마사지를 받는 것이다. 이런 경우 다른 이가 마사지를 해 준다고 해서 마사지가 그의 작업이 아니라고 할 수 없다. 자신의 목적에 부합하는 서비스를 이용하는 것 자체가 그의 작업인 까닭이다.

그가 스스로 마사지를 하는 경우도 생각해 보자. 본인이 직접 마사지를 해보니 만족할 만큼 근육이 이완되지도 않고 피로도 풀리지 않는다. 그러한 행동으로는 본인이 목적한 바를 이룰 수 없으니 이는 작업 수행의 문제가 발생한 것이라 할 수 있다. 차라리 마사지사를 찾아가서 원하는 것을 말하고 마사지를 받는 것이 본인의 목적에 더 잘 부합하는 행동일 것이다. 다시 말해, 그것이 더 성공적인 작업 수행인 것이다.

이렇듯 누군가가 작업 수행에 함께하거나 필요하더라도 작업일 수 있다. 본인이 직접 하지 않는다고 무조건 수동적이라 보거나 작업이 아니라고 단정해서는 안 된다.

한 가지 더 생각해 볼 것은 다른 이의 동참이 있어야만 성공적으로 수행 가능한 작업도 있다는 점이다. 마사지를 받는 것이 작업인 사람과 마사지를 하는 것이 작업인 사람이 만나서 서로의 작업 수행에 필요한 맥락이 되어주어야만 각자의 목적과 의미에 맞게 작업을 성공적으로 수행할 수 있듯이 말이다.

물론 혼자서 수행할 수 있는 작업도 있다. 일반적으로 몸을 씻고, 용변을 보고, 옷을 입는 것과 같은 일이 그렇다. 그러나 어떤 이유로 그런 일에서도 누군가의 도움이 필요할 수 있다. 이런 경우 누군가에게 필요한 도움을 받기 위해 하는 일련의 행동이 그 사람의 작업일 수 있다. 자신이 할 수 없는 것에 대해 다른 사람에게 도움을 요청하거나 자기보다 더 잘할 수 있는 사람에게 부탁해서 자신의 목적과 의미에 더 잘 부합하는 성과를 얻기 위한 행동 역시 당사자에게는 의미와 목적이 있는 일, 즉 작업일 수 있는 것이다.

이처럼 작업(수행)을 다른 사람과의 관계 속에서 폭넓게 바라보고 깊이 이해할 필요가 있다. 그러한 측면에서 본다면 다른 이가 수행에 참여하는 걸 수동적이라 표현하는 것은 적절치 않다. 한 사람의 작업에 다른 사람이 동참하는 것이고 그 사람 역시 다른 사람의 작업에 동참하는 것이라 봐야 한다. 같은 맥락에서 자신의 목적을 달성하기 위해 타인에게 필요한 도움을 요청하고 받는 것을 수동적이라 보는 것 역시 적절치 않다. 오히려 본인이 원하는 바를 이루기 위한 적극적인 행동으로 봐야 한다. 자신의 의미와 목적을 위한 행동, 즉 작업인 것이다.

상지 매뉴얼을 마사지와 같은 것으로 생각하거나 상지 매뉴얼이 어떻게 작업치료사의 전문성에 해당하느냐고 반박하는 이들이 있을지도 모르겠다. 상지 매뉴얼을 마사지와 같다고 보는 이가 있다면 그건 본인이 상지 매뉴얼을 마사지처럼 하고 있기 때문일 수 있다.

두 번째 이야기, 고민

만약 둘을 다른 것으로 본다면 똑같은 방식으로 할 리가 없지 않은가. 만약 다른 사람이 하는 상지 매뉴얼을 보고 하는 말이라면 그 역시 상지 매뉴얼을 마사지와 동일시하는 자기 생각에서 비롯된 판단일 가능성이 크다(여기서 말하는 마사지는 마사지사가 하는 전문적인 마사지를 뜻하는 것이 아니다. 일상에서 흔히 말하는 근육을 주무르고 관절을 움직여 주는 행위를 지칭하는 말로 사용했다. 전문적으로 마사지를 공부하거나 또 그렇게 하는 이들의 오해가 없기를 바란다).

환자, 보호자와 관련된 맥락을 파악하여 그들의 목적과 의미에 부합하는 상지 매뉴얼을 제공할 수 있다면, 나는 상지 매뉴얼도 작업치료사만의 전문적인 치료 서비스가 될 수 있다고 생각한다.

상지 매뉴얼을 원하는 환자가 있다고 해보자. 이때 환자가 원한다고 그냥 팔이나 손을 주무르고 만져 주어서는 안 된다. 환자가 원하는 게 아닐 수 있을 뿐더러 그게 진짜 상지 매뉴얼도 아니기 때문이다. 이런 경우 앞서 강조했듯이 상지 매뉴얼을 원하는 진짜 이유와 목적을 먼저 알고 그에 맞는 치료를 제공해야 한다. 그 이유와 목적에 부합하는 치료가 바로 그 환자가 말하는 진정한 상지 매뉴얼일 것이기 때문이다. 그러기 위해서는 먼저 상지 매뉴얼을 요구하는 이유와 목적을 알 수 있는 맥락을 조사하고 파악해야 한다.

예를 들어, 환자 Y는 관절 구축(근육이나 힘줄이 수축하여 관절이 움직이지 않거나 특정한 방향으로의 운동이 제한된 상태)에 대한 걱정이 컸다. 그는 관절 구축을 막으려면 마비된 팔을 계속 움직여 주어야 한다고 생각했다. 그런데 본인 힘으로는 마비된 팔을 잘 움직일 수 없을 뿐만 아니라 어떤 움직임을 어떻게 해야 하는지도 알지 못했다. 그런 이유로 병원을 찾아왔고 작업치료사에게 대신 팔을 움직여 달라고 요구한 것이었다. 따라서 그가 상지 매뉴얼을 해달라고 한 진짜 목적은 작업치료사가 해주는 전문적인 상지 운동 서비스를 받아서 팔의 관절이 굳지 않도록 하는 것이었다. 따라서 그에게 적합한 상지 매뉴얼은 팔의 관절 구축을 예방하는 데 도움이 되고 필요한 치료라 할 수 있다.

그렇다면 작업치료사는 그에게 어떤 상지 매뉴얼을 어떻게 해야 할까? 우선 그가 원하는 방식으로 치료할 필요가 있다. 그의 주된 목적이 당장은 작업치료사가 제공하는 전문적인 상지 운동 서비스를 받는 것이기 때문이다. 따라서 그의 팔이 어떤 상태인지 정확히 파악하여 그에 따라 관절 구축을 예방하는 데 적합한 상지 운동을 제공해야 한다. 그러한 상지 운동을 통해 팔의 관절 구축을 예방하는 것이 당장 그가 원하고 목적하는 것이기 때문이다. 달리 말하면 누구에게나 똑같이 해주는 상지 운동이 아닌 환자의 목적과 이유에 부합하는 상지 운동이어야 한다는 것이다.

여기서 끝이 아니다. 우선 팔의 상태에 따라 적합한 상지 운동을 제공하되 관절 구축을 예방하기 위해 고려해야 할 다른 맥락도 파악해야 한다. 예컨대 관절 구축이 발생하는 원리나 이유에 대한 이해 여부, 구축의 원인이 될 수 있는 생활 방식이나 습관의 유무, 관절 구축 예방을 위한 관리 활동의 유무와 그 실행 상태, 그와 관련된 환자의 동기와 역할 등을 파악해야 한다. 그리고 관련 맥락에 따른 적절한 치료적 중재를 상지 운동과 함께 제공해야 한다. 왜냐하면 작업치료사가 해주는 상지 운동 서비스만으로는 환자가 목적하는 관절 구축을 예방할 수 없기 때문이다. 따라서 관절 구축 예방이라는 목적을 달성하는 데 필요하고 도움이 되는 다각적인 치료가 상지 운동과 함께 이루어져야 한다.

이와 같이 환자의 목적에 부합하는 치료를 한다면 상지 매뉴얼이라 하더라도 '팔을 주무르는 행위 또는 마사지와 유사한 행위'가 아닌 작업치료사만의 전문적인 치료 서비스가 될 수 있다고 생각한다. 상지 매뉴얼이 상지 운동만 하는 거라고 누가 그러는가. 아마 자기 자신일 것이다. 남들도 그렇다고 하고 또 그렇게 하니까 나도 그렇게 생각하고 행동하는 것일 수 있다.

작업치료사의 관점에서 상지 매뉴얼을 다시 정의해 보는 게 필요한 이유다. 기존의 생각이나 관념에 기대지 말고 작업치료의 본질과 이치에 맞게 상지 매뉴얼을 새롭게 정의해 보고 그에 따라 치료해 보자. 작업치료사답게 상지 매뉴얼을 할 수 있게 될 것이다. 또 작업치료사의 정체성을 스스로 확립해 나가는 데도 분명 큰 도움이 될 것이다. 꼭 시도해 보길 권한다.

나에게 상지 매뉴얼이란 단순히 상지 운동만 의미하는 것이 아니다. 앞의 사례처럼 환자와 보호자의 상지와 관련된 목적을 달성하는 데 필요한 여러 측면에 대한 다각적인 치료가 포함된 포괄적인 중재를 상지 매뉴얼이라고 정의하기 때문이다. 환자와 보호자에게도 이러한 정의에 따른 상지 매뉴얼이 본인들의 목적에 더 잘 부합하고 더 유익한 치료이므로 이를 거부하거나 팔과 손을 주무르고 만져 주는 방식을 고집하는 환자와 보호자는 아직 만나보지 못했다. 오히려 본인들의 목적을 달성하도록 돕는 다각적이고 포괄적인 방식의 치료를 훨씬 더 좋아하고 선호했다.

결국 누구에게나 똑같은 방식으로 평범하게 적용하는 것이 문제이지, 상지 매뉴얼도 작업치료사의 전문성과 잘 결합하여 환자와 보호자의 목적에 맞춰 비범하게 제공한다면 작업치료사만의 고유한 치료 서비스가 될 수 있다고 생각한다.

작업의 전문가라면 어떤 일이든 그것에 작업치료의 본질을 담을 수 있어야 한다. 그리고 그 본질을 제대로 구현할 수 있는 방식으로 치료할 수 있어야 한다. 그래야 진정한 작업치료의 전문가라 할 수 있을 것이다.

이러한 관점에서 나는 환자와 보호자가 목적하는 바에 분명한 기여를 할 수 있다면 그게 상지 매뉴얼이라는 특정한 요구라 하더라도 충분히 작업치료사의 전문성을 발휘할 수 있다고 믿는다. 또 마땅히 그럴 수 있는 전문성을 갖춰야 한다고 생각한다.

만약 지금까지 한 이야기가 여전히 석연치 않다면 자기도 모르게 '작업은 이러한 거여야만 해'라는 자신만의 틀로 다른 사람의 작업을 판단하고 있지는 않은지 생각해 보면 좋겠다. 상지 매뉴얼을 요구받았을 때 나에게 익숙한 행위나 생각만을 근거로 판단하는 것을 삼가고 대신 환자와 보호자가 어떤 이유로 무엇을 위한 도움을 원하고 필요로 하는지 먼저 헤아려 보길 바란다.

이런 경우도 생각해 보자. 환자와 보호자가 상지 매뉴얼을 요구하지만 진짜 원하는 것은 상지 회복이고, 이 목적을 이루기 위한 방법으로 상지 매뉴얼을 요구한다. 즉, 단순히 팔과 손을 주무르고 만져 주는 것을 원하는 것이 아니라 마비된 팔과 손을 다시 움직이고 쓸 수 있기를 원하는 것이다.

그렇다면 치료는 마비된 팔과 손을 다시 움직이고 쓸 수 있게 하는 데 도움이 되고 효과적인 것이어야 한다. 따라서 그러한 치료를 기대하는 환자와 보호자가 상지 매뉴얼을 요구한다면, 팔과 손을 주무르고 만져 주는 방식의 치료가 마비된 팔과 손을 다시 움직이고 기능적으로 쓸 수 있게 하는 데 가장 도움이 되고 효과적인 치료인지 환자, 보호자와 함께 생각해 봐야 한다.

또한 환자와 보호자가 상지 매뉴얼에 대해 제대로 알고 요구하는 것인지도 확인해 봐야 한다. 만약 잘 모르거나 잘못 알고 있는 상태에서 요구한 것이라면 어떤 치료가 실제로 도움이 되고 가장 효과적인지 제대로 알고 선택할 수 있도록 도와야 한다.

이제부터는 상지 회복에 도움이 되고 효과적인 치료를 결정할 때 고려해야 할 것에 관해 이야기해 보자. 그 중심에는 '신경가소성 neuroplasticity'이 있다. 신경세포가 자극과 사용에 따라 변할 수 있는 능력을 일컫는 말이다. 이 능력을 어떻게 활용하느냐에 따라 신경계 재활치료의 성패가 달려 있다고 해도 과언이 아니다.

신경세포 덩어리인 뇌에도 이 능력이 있다. 뇌는 그 사용 여부와 필요에 따라 뇌의 영역을 스스로 재조직cortical reorganization하고 필요한 신경회로망neural network을 만들거나 불필요한 신경회로망을 없애는 놀라운 능력을 발휘한다.

자, 이제 뇌졸중 이후에 상지를 제대로 움직이거나 쓸 수 없는 이유가 어디에 있는지 생각해 보자. 그 이유는 팔이나 손의 신경, 근육, 인대, 힘줄, 뼈에 있지 않다. 이러한 각 부위로부터 정보를 받아서 처리하고 적합한 반응을 명령하는 뇌가 손상된 것이 진짜 이유다. 즉 상지 기능을 담당하던 뇌 영역이 뇌졸중으로 손상되어 그 기능을 제대로 할 수 없게 된 까닭인 것이다. 따라서 상지 회복의 가능 여부와 회복 수준은 손상된 뇌 영역이 하던 일을 어떻게 다른 뇌 영역에서 담당하도록 할 것인가에 달려 있다. 다시 말해 상지에 관한 뇌의 신경가소성을 극대화하는 것이 상지 회복을 위한 치료의 핵심이자 관건인 것이다. 상지 회복을 위한 최선의 치료 역시 상지와 관련된 뇌 영역의 재조직과 신경회로망의 형성을 최대한 촉진하는 치료라 할 수 있다.

뇌와 근육의 공통점은 둘 다 본인이 직접 쓰려고 해야 가장 효과적으로 강해진다는 점이다. 팔의 힘을 키우고 싶다고 해보자. 아령을 든 팔을 누가 움직여야 할까? 그렇다. 본인이 자기 근육을 써서 아령을 들어올려야 근육의 힘이 강해질 것이다. 만약 다른 사람이 아령을 든 팔을 대신 움직여 준다면 힘은 아령을 든 사람의 근육이 아닌 아령을 든 팔을 움직이는 사람의 근육에서 강해질 것이다. 뇌도 마찬가지다. 마비된 팔과 손을 다시 움직이고 기능적으로 쓰고 싶다면 다른 사람이 아닌 자기 자신이 팔과 손을 움직이고 쓰려고 해야 한다. 자신의 뇌를 사용해서 마비된 팔과 손을 움직이고 쓰도록 해야 하는 것이다.

이러한 사실을 염두에 두고 다음 질문에 답해 보자. 상지 매뉴얼이 상지에 관한 뇌의 신경가소성을 극대화할 수 있는 가장 좋은 치료일까? 상지 매뉴얼만으로 상지 회복이 가능할까?

만약 그렇다면 상지 매뉴얼이 상지 회복을 위한 최선의 치료일 것이다. 그렇지 않다면 다른 더 좋은 치료를 환자, 보호자와 함께 고민하여 결정해야만 한다. 앞서 근육에 빗대어 말했듯이 치료사가 대신 마비된 팔과 손을 주물러 주고 만져 주는 것으로는 뇌의 변화가 일어나지 않는다. 본인의 뇌를 쓰지 않기 때문이다. 이는 상지 매뉴얼로는 마비된 팔과 손을 담당할 뇌의 영역과 신경회로를 만들 수 없다는 얘기다. 신경가소성은 본인이 직접 뇌를 사용해야만 발휘된다. 따라서 환자와 보호자가 원하는 것이 상지 회복이라면 이러한 사실을 알고 그에 합당한 치료를 선택하도록 도와야 한다.

그래서 나는 환자와 보호자가 상지 회복을 원하면서 상지 매뉴얼을 해달라고 하면 이러한 내용을 그들과 나눈다. 자신들이 목적하는 바에 합당한 선택과 결정을 하도록 돕기 위함이다. 나누는 내용을 간략하게 소개하면 다음과 같다.

첫 번째는 뇌를 써야 한다는 것이다. 마비의 원인이 뇌에 있으므로 뇌를 변화시켜야 마비된 팔과 손에도 변화가 일어난다는 사실을 가장 먼저 나눈다. 뇌를 변화시키기 위해서는 본인이 직접 마비된 팔과 손을 움직이고 써야 하며 그럴 때 신경가소성에 의해 뇌가 변하고 마비된 팔과 손의 움직임과 사용이 가능해진다는 사실을 알려준다. 다른 사람이 마비된 팔과 손을 주물러 주거나 만져 준다면 본인의 뇌를 쓰지 않게 되므로 팔과 손의 변화를 기대하기 어렵다는 점 또한 생각해 보도록 한다.

두 번째는 뇌를 교육해야 한다는 것이다. 마비된 팔과 손을 어떻게 움직이고 써야 하는지 뇌가 배울 수 있게 해야 한다는 사실을 알려준다. 뇌를 잘 교육해야만 마비된 팔과 손을 움직이고 쓰는 데 필요한 뇌의 영역과 신경회로를 더 신속하고 정확하게 만들 수 있기 때문이다. 이런 사실을 쉽게 이해하도록 돕기 위해 다음과 같은 예시를 들어 설명한다. 상처가 났을 때 보통은 그냥 놔둬도 시간이 지나면 저절로 아문다. 작은 상처라면 그렇게 해도 별 문제가 없겠지만 큰 상처일 경우 치료 시기를 놓치거나 관리를 소홀히 하면 낫는데 더 오랜 시간이 걸리고 흉터가 남는다. 반면, 소독도 제때 해주고 연고도 발라주면서 잘 치료하고 관리하면 흉터 없이 더 빨리 아문다. 뇌도 마찬가지다. 뇌에 손상이 생기면 자연적인 회복이 일어나지만 그대로 두는 것보다 양질의 학습과 연습 경험을 제때 잘 제공할 때 더 신속하고 효과적으로 회복된다. 그것이 마비된 팔과 손의 움직임과 기능에 관한 것이라면 그만큼 더 잘 회복되기 마련이다.

　세 번째는 반복적이고 체계적인 연습이 필요하다는 것이다. 뇌는 반복적으로 들어오는 자극과 경험에 그만큼의 중요성을 부여한다. 다시 말해, 반복적인 자극과 경험을 중요한 정보로 인식하는 것이다. 또 뇌는 중요도에 따라 뇌의 영역을 재편성한다. 마비된 팔과 손을 다시 움직이고 쓰게 하려면 관련 자극과 경험을 반복적으로 주어야 하고, 이는 반복적인 연습을 통해서 가능하다. 다른 한편으로는 뇌가 자극과 경험에 익숙해지지 않도록 해야 한다는 점도 고려해야 한다. 익숙해지면 뇌는 그것을 우선하여 처리하지 않는다. 편의와 효율을 위해 자동으로 처리해 버리기 때문이다. 익숙해졌다는 것은 이미 자동 처리된다는 것과 마찬가지다. 그러면 새로운 학습을 지속하기 어려워진다. 습관을 생각해 보자. 익숙해지면 쉽고 빨라지지만, 그렇기 때문에 바꾸기 어렵지 않은가. 그러므로 뇌가 학습을 지속하게 하려면 필요한 자극과 경험을 반복해서 주되 계속해서 새로운 자극과 경험을 제공하는 것이 중요하다. 원하는 팔과 손의 회복 수준에 도달할 때까지 새로운 자극과 경험을 체계적으로 제공하여 뇌의 학습 능력을 최대로 끌어올리고 지속적으로 발휘하게 해야 한다. 이를 위해서는 체계적으로 배우고 배운 것을 반복 연습해야 한다.

　이러한 내용을 나눈 뒤 나는 환자와 보호자의 의견을 묻고 듣는다. 본인들이 원하는 것을 다시 한번 생각해 보고 그것을 어떻게 이루고 얻는 것이 가장 이롭고 효과적일지 생각해 볼 기회를 주기 위함이다.

작업치료사의 노력에도 불구하고 환자와 보호자가 '그냥 팔과 손이나 주무르고 만져 주세요'라고 한다면, 즉 상지 매뉴얼을 요구한다면 그들의 의사를 존중하고 상지 매뉴얼을 해주면 된다. 익숙하지 않은 것, 새로운 것을 받아들이는 데 시간이 필요한 이들이 있다. 그런 이들에게는 시간을 충분히 주어야 한다. 그들을 위해 최선을 다해 더 나은 치료를 위한 이야기를 했는데도 받아들이지 않는다면 당신의 문제가 아니다. 선택은 결국 그들의 몫이기 때문이다. 아직 받아들일 수 있는 때가 아니니 자책하거나 괴로워할 필요가 없다. '지금은 그렇구나' 하고 기다려 주면 된다. 이때 그들을 위한다는 명분으로 치료사인 내가 원하는 대로 하려고 하면 갈등과 오해가 생길 수 있다. 최선을 다했다면 자책하지 말라. 남의 눈치도 볼 필요 없다. 다만 때가 아닐 뿐이다. 그럴 때 그들의 선택과 결정을 존중해 주고 기다려 주는 게 그들을 위한 일이다.

그렇다고 손 놓고 기다리라는 말은 아니다. 해달라는 대로 해주면서 시간만 보내거나 다른 시도를 포기하라는 이야기는 더더욱 아니다. 상황이 그렇다 하더라도 환자와 보호자가 목적하고 원하는 바를 이룰 수 있도록 돕는 일에 최선을 다해야 한다. 당신을 만나는 시간이 환자와 보호자의 인생에서는 매우 중요하고 결정적인 순간일 수 있기 때문이다. 그럼, 무엇을 해야 할까. 두 가지를 제안하고 싶다.

첫 번째, 신뢰를 얻어라. 신뢰를 얻으려면 가장 먼저 환자와 보호자가 원하는 것에 초점을 맞춰야 한다. 그리고 그것에 온전히 집중해야 한다. 지금 원하는 것이 상지 매뉴얼이라면 그것을 정성스럽게 해주어라. 그러면서 그들이 하는 말에 귀를 기울여라. 그들의 욕구, 필요, 상황을 더 자세히 알아보고 이해하고 공감하라. 그들을 진심으로 돕고 싶어 하라. 그러면 그들도 당신이 자신들의 편에 서서 진심으로 돕고 싶어 하는 사람이라는 것을 느끼고 알게 될 것이다. 결국 당신을 신뢰하게 될 것이다.

같은 말도 누가 하느냐에 따라 다르게 들리기 마련이다. 의사소통의 비법이 신뢰에 있는 까닭이다. 먼저 나를 믿게 해야 뜻을 전할 수 있다. 다시 말해 아직 나에 대한 믿음이 없거나 부족하다면 말해도 소용없다는 얘기다. 신뢰를 바탕으로 치료에 대한 생각과 의견을 자연스럽고 편안하게 소통할 수 있는 관계가 될 때 내가 하는 말이 그들의 머리와 가슴에 더 깊게 가 닿을 수 있다. 그럴 때 다르게 생각할 수 있고 그래야 새로운 선택과 결정이 가능해진다. 시간을 두고 신뢰를 쌓아라. 서로 신뢰하며 편안하고 친근하게 소통할 수 있는 관계를 맺어라. 그럼, 변화가 생길 것이다.

두 번째, 같은 선택을 한 이유를 알아보라. 다시 말해 여전히 상지 매뉴얼을 선택하고 요구하는 이유가 무엇인지 알아야 한다. 이유를 알아야 그에 맞는 해결책을 찾을 수 있기 때문이다.

40대 남성인 E는 뇌경색으로 인해 오른쪽 팔과 손을 움직일 수 없게 되었다. 오른쪽 팔과 손의 회복을 원했고 이를 위해 작업치료사에게 상지 매뉴얼을 요구했다. 작업치료사는 E가 팔과 손의 회복에 더 효과적인 치료를 선택하길 바랐다. 그래서 신경가소성을 활용하는 치료에 대해 알려주었지만, E는 상지 매뉴얼을 선택했다.

이유가 궁금해진 작업치료사는 E가 지금까지 어떻게 상지 재활 치료를 해왔는지 알아보았다. E는 작업치료사가 해주는 상지 매뉴얼을 상지 재활 치료로 알고 계속 받아왔다. 그 과정에서 마비된 팔을 조금씩 움직일 수 있게 되었는데 그동안 받아온 상지 매뉴얼 덕분이라고 믿고 있었다.

그런 까닭에 오늘 처음 만난 작업치료사에게도 상지 매뉴얼을 요구했다. 그런데 작업치료사는 다른 방식의 치료를 제안했다. 설명을 들어보니 그럴듯하긴 했지만, 선뜻 내키지 않았다. 이는 재활 치료를 받으면서 한 번도 듣거나 경험해 보지 못한 방식이었기 때문이다. 정말 효과가 있을지 확신할 수 없어서, 일단 기존 방식대로 했으면 좋겠다고 작업치료사에게 말했다.

상지 매뉴얼을 선택한 이유를 알게 된 작업치료사는 E의 선택과 결정을 이해하고 존중했다. 그리고 E가 원하는 대로 정성껏 상지 매뉴얼을 해주었다. E는 자신이 원하는 치료를 정성껏 해주는 작업치료사에게 친밀함을 느꼈다. 작업치료사는 치료에 관해 아는 것도 많았다. 궁금한 점을 물어볼 때마다 시원하게 답해 주었고, 재활에 필요한 지식과 정보도 쉽게 이해할 수 있도록 설명해 주었다. 처음 만났을 때 들었던 신경가소성과 상지 재활에 관한 이야기도 더 자세히 알려주었는데, 들을수록 맞는 말 같았다.

　신경가소성을 활용한 치료에 대한 호기심과 관심이 커진 E는 작업치료사에게 치료 방법을 물었다. E가 관심을 보이자, 작업치료사는 한번 시도해 보겠냐고 제안했다. 작업치료사에 대한 신뢰가 생긴 E는 제안을 받아들였다. 작업치료사는 팔을 어떻게 움직여야 하는지 자세히 알려주고, 팔을 보조하여 E가 직접 움직여 볼 수 있도록 도왔다. 이를 계기로 상지 매뉴얼과 신경가소성을 활용한 치료를 병행하게 되었고, E는 치료사의 지도에 따라 배우고 연습한 팔의 움직임이 가능해지는 것을 몸소 체험하게 되었다. 변화를 체감하자 새로운 방식의 치료에 대한 의구심이 사라졌고, 신경가소성을 활용한 치료의 필요성을 깨닫게 되었다. 효과를 확신하게 된 E는 상지 매뉴얼의 비중을 줄이고 신경가소성을 활용한 치료에 더욱 집중하게 되었다.

　이 사례가 보여주듯이 이유를 알아야 그에 적합한 해결책을 모색할 수 있다. 이유도 모른 채 해결 방안을 찾으려 한다면 많은 시행착오를 겪게 될 것이다. 그만큼 해결책을 찾는 데 오랜 시간이 걸릴 뿐만 아니라, 결국 제대로 된 답을 얻지 못할 가능성도 높다. 이 과정에서 환자와 보호자의 불만이 쌓이고, 치료사와 치료에 대한 불신이 생길지도 모른다. 따라서 이유를 먼저 파악하고 그에 맞는 해법을 찾아야 한다.

환자와 보호자가 상지 매뉴얼을 요구할 때, 가장 먼저 생각해야 할 것은 '상지 매뉴얼을 할지 말지'가 아니다. 그들이 정말 무엇을 원하는지를 먼저 파악해야 한다. 원하는 바를 알았다면, 그것을 이루기 위한 최선의 방법을 선택하도록 도와야 한다.

원하는 것이 상지 매뉴얼이라면 상지 매뉴얼을 해주어라. 단, 환자와 보호자의 목적에 부합하는 상지 매뉴얼을 하라. 그러면 상지 매뉴얼도 작업치료사답게 할 수 있다.

환자와 보호자가 상지 매뉴얼을 요구하지만, 실제로 원하는 것이 상지 회복이라면 그들의 목적에 가장 적합한 치료가 무엇인지 알고 선택하도록 도와라. 목적에 부합하는 치료를 효과적이고 성공적으로 수행하도록 지원하는 것, 그것이 바로 작업치료사의 역할이다.

아무것도 안 하려는 환자

 아무것도 하지 않으려는 환자를 만나면 작업치료를 하기가 막막하고 힘들다. 아무것도 안 하려고 하니 환자의 작업이 무엇인지 알기 어렵고, 환자의 작업이 무엇인지 모르니 어떤 작업에 관해 무슨 치료가 필요한지 알 수 없어서다.

 막막하고 힘든 상황이긴 하지만 작업치료사는 환자를 위해 어떻게든 작업치료를 해보려고 노력한다. 환자에게 무엇이 하고 싶은지 계속해서 묻고 대답이 없거나 충분치 않으면 작업치료사 본인이 생각하는 치료를 제안하고 그것을 하기 위해 갖은 애를 쓴다. 그러한 작업치료사의 마음이나 노고를 아는지 모르는지 환자는 눈을 감은 채로 가만히 있거나 말을 걸어도 대답하지 않는다. 이렇게 무반응으로 일관하는 환자가 있는가 하면 하기 싫다고 소리를 지르거나 울면서 치료실 밖으로 나가려고 발버둥 치며 온몸으로 거부 의사를 표현하거나 "이런 걸 왜 시켜!", "왜 하라는 거야!"라고 따져 묻는 환자도 있다.

 이런 이들을 만났을 때 어떻게 해야 할까?

아무것도 안 하려고 한다고 보는 순간 그렇게 보는 사람이 할 수 있는 선택은 단 두 가지뿐이다. 억지로 시키든지 아니면 어쩔 수 없다고 생각하고 포기하든지. 문제는 작업치료사로서는 어느 쪽도 선택할 수 없고, 선택해서도 안 된다는 점이다. 억지로 시켜도 작업치료를 할 수 없고, 포기해도 작업치료를 할 수 없기 때문이다. 어느 쪽이든 환자의 작업과는 무관한 것이어서 그렇다. 따라서 가장 먼저 해야 할 일은 그들을 아무것도 하지 않으려는 사람이라고 단정하지 않는 것이다. 아무것도 하지 않으려 하는 사람이라고 단정하는 순간 그렇게 보게 되고 그런 사람이라고 믿게 된다. 즉 보고 싶은 대로 보고, 보는 대로 믿게 된다는 얘기다. 위의 환자들을 다시 한번 살펴보자. 그들이 정말 아무것도 하지 않고 있을까? 아니다. 그들은 이미 어떤 행동을 하고 있다. 눈을 감고 있는 행동, 입을 다물고 있는 행동, 하기 싫다고 소리를 지르는 행동, 치료실 밖으로 나가려는 행동, 울면서 발버둥 치는 행동, "이런 걸 왜 시켜!", "왜 하라는 거야!"라고 말하는 행동.

이처럼 그들이 어떤 행동을 하고 있는데도 작업치료사는 어째서 아무것도 안 하려 한다고 생각하게 되는 것일까? 그 이유는 지금 그들의 행동이 작업치료사가 바라고 기대하는 행동이 아니었기 때문이다. 바라고 기대한 것이 아니었기에 쉽게 간과하게 되고, 간과하다 보니 아무것도 안 하려 한다고 생각하게 되는 것이다. 그러므로 그런 생각을 버리고 그들의 행동을 관찰하여 지금 무엇을 하고 있는지부터 제대로 알아야 한다.

관찰이란 있는 그대로 보는 것이다. 주관적인 해석을 배제하고 객관적으로 보는 것이다. 보이는 대로 보고 아는 것이다. 그들의 행동을 관찰해야 하는 이유다. 작업치료사인 내가 바라고 기대한 행동이 아닐 뿐 그들 나름의 이유와 목적으로 그 행동을 하고 있고 그 역시 그들의 의도가 담긴 행동이라는 점을 기억해야 한다. 그래야 그들과 작업치료를 시작할 수 있고 그들을 위한 작업치료를 할 수 있다.

그들의 행동을 있는 그대로 보고 알게 되었다면 이제 그 행동을 하는 이유와 목적을 알아볼 차례다. 작업이란 개인에게 의미와 목적이 있는 행동이므로 지금 행동을 '왜' 하는지, '무엇을 위한 것'인지 알게 되면 그들의 작업에 대해 알 수 있는 단서와 정보를 얻을 수 있을 뿐만 아니라 의도를 알면 지금 하는 행동을 통해 궁극적으로 이루고자 하는 바를 파악할 수 있기 때문이다. 그리고 이유, 목적, 의도에 부합하는 행동이 바로 그들의 진정한 작업일 수 있다. 그러므로 행동의 이유, 목적, 의도를 파악하는 것이 중요하다.

이를 위한 가장 쉽고 정확한 방법은 당사자인 환자에게 직접 물어보는 것이다. 물으면 답하게 되어 있다. 아무도 묻지 않아서 이야기하지 못했거나 말하지 않았을 수 있다. 그러니 환자에게 묻고 환자의 이야기를 들어보자. 그렇게 해서 지금 행동과 관련된 맥락을 조사하고 분석하여 행동의 이유, 목적, 의도를 파악해 보자. 이때 환자 주변 사람들에게서도 유용한 정보를 얻을 수 있으므로 환자뿐만 아니라 그들의 이야기에도 귀를 기울여 봐야 한다. 환자가 어떤 때 지금의 행동을 하는지, 무엇이 그러한 행동을 하게 하는 것 같은지,

행동과 연관된 무언가가 있는지, 그 밖에 환자에 관해 알아두어야 하는 것이 있는지 등을 묻고 그와 관련된 이야기를 들어보자.

물론 행동의 이유와 목적, 그에 따른 의도를 파악하는 것이 쉽지 않을 수 있다. 또 예상보다 시간이 더 걸릴지도 모른다. 그렇다고 해서 조바심을 내거나 행동의 이유, 목적, 의도를 모르는 상태로 환자에게 무언가를 억지로 시키거나 작업치료사인 본인 마음대로 치료하려 해서는 안 된다. 그것은 자칫 환자에게 폭력과 차별이 될 수 있으며 무엇보다 그런 식으로는 환자에게 정말 도움이 되고 필요한 작업에 관해 치료할 수 없기 때문이다. 행동의 이유, 목적, 의도를 알기 위해 노력하는 동안에는 일단 환자가 하고 싶어 하는 행동을 할 수 있게 허용해야 한다. 환자가 원하는 대로 할 수 있게 도와주면 된다는 얘기다. 치료실에 와서 눈을 감고 가만히 있고 싶어 하면 편안하게 그렇게 할 수 있게 해주고, 치료실에 들어오기 싫어하면 그가 있고 싶어 하는 곳에 마음 편히 있을 수 있게 해주면 된다. 그것이 현재 환자의 작업일 수 있기 때문이다. 즉, 환자가 자기 나름의 이유와 목적 그리고 의도를 가지고 하는 행동이므로 이를 어려움 없이 또 문제가 되지 않게 할 수 있게 해주면 되는 것이다. 물론 환자 본인과 다른 사람에게 해가 되지 않는 선에서다. 행동의 이유, 목적, 의도를 파악하기 위해 노력하면서 지금 환자가 원하는 대로 할 수 있게 돕는 것, 이것이 지금 당장 환자를 위해 해야 하는 작업치료다.

그러기 위해서는 먼저 보호자의 양해를 구해야 한다. 무엇을 위해 환자가 원하는 대로 하게 두는지, 치료 시간에 무엇을 하려고 하는지에 대해 보호자도 이해하고 동의해야 하기 때문이다. 그렇지 않으면 보호자의 항의에 직면하게 될 수 있고 그로 인해 지금 환자에게 필요한 치료 과정을 제대로 진행할 수 없게 될 수도 있다. 그러니 환자의 행동에는 나름의 이유와 목적이 있고, 환자의 의도를 알아야만 환자에게 의미 있고 도움이 되는 일에 관해 치료할 수 있음을 보호자가 이해하고 받아들일 수 있도록 해야 한다. 그러한 과정을 통해서 행동의 이유와 목적, 의도를 알아내는 데 필요한 시간을 확보하고 보호자의 도움과 협조를 얻어야 한다.

작업치료는 당사자에게 의미와 목적이 있는 행동을 하도록 돕는 치료이다. 따라서 환자가 원하는 행동을 문제나 어려움 없이 할 수 있게 돕는 것 역시 작업치료의 일환이다. 이러한 측면에서 볼 때, 보호자가 현재 환자에게 필요한 치료 과정을 이해하고 지지할 수 있도록 하여 환자의 진정한 작업을 찾고 그것을 의미와 목적에 맞게 수행할 수 있는 토대를 마련하는 것은 환자를 위해 꼭 이루어져야 할 작업치료이다.

이때 놓치면 안 되는 사실은 보호자도 바라고 기대하는 것이 있다는 점이다. 환자만 생각한 나머지 치료에 관한 보호자의 욕구나 필요를 간과해서는 안 된다. 보호자도 환자와 마찬가지로 클라이언트이므로 치료에 관한 보호자의 관심사와 의견을 꼼꼼하게 살피고 주의 깊게 들어봐야 한다. 그리고 그것을 앞으로 치료에서 어떻게 반영할 것인지 보호자에게 자세하고 명확하게 알려주어야 한다. 그래야 보호자도 현재 필요한 치료 과정에 대해 이해하려는 마음을 낼 수 있고 지금 당장 본인이 원하는 대로 치료가 진행되지 않더라도 그 점을 감수하고 치료에 협조할 수 있다.

내 경험에 따르면 이러한 노력을 기울이면 환자도 자신을 위해 애쓰는 작업치료사의 진심을 안다. 그리고 자신을 도와줄 사람이라고 믿고 의지하게 된다. 그러면 서서히 작업치료사에게 마음의 문을 열기 시작한다. 내 편이라고 생각되는 사람에게 속마음을 털어놓게 되는 것은 자연스러운 일이다. 환자도 마찬가지다. 자신의 속마음을 작업치료사에게 솔직하게 말하게 되고, 작업치료사의 말에도 귀를 기울이게 된다. 이때가 바로 환자의 의도와 지금 하는 행동의 이유와 목적이 무엇인지 알 수 있는 순간이다. 환자가 진정 바라고 필요로 하는 것이 무엇인지 알 수 있는 순간이다. 그 순간을 놓치지 말아야 한다.

치료실에 오기만 하면 우는 환자가 있었다. 처음에는 우는 이유를 짐작조차 할 수 없었다. 환자를 돌보는 간병인도, 환자의 자녀들도 마찬가지였다. 누구도 그가 왜 우는지 몰랐다. 그래서 당장은 우는 게 그의 작업이려니 하고 우는 동안 그의 곁을 지켜주었다. 그러면서 눈물도 닦아주고 등도 토닥여주고 간간이 늘어놓는 넋두리도 들어주었다. 그렇게 일주일이 지났을 때 우는 이유를 그에게 들을 수 있었다. 독실한 기독교인이었던 그는 예배드리는 것을 자기 삶에서 가장 중요한 일로 여기고 있었다. 그러나 뇌졸중으로 병원에 입원한 뒤로는 교회를 나갈 수도 예배에 참석할 수도 없었다. 병실에서 혼자 기도하고 성경을 읽고 찬송가를 부르는 것으로 예배를 대신하고 싶었지만, 함께 병실을 쓰는 사람들의 눈치가 보여서 그마저도 할 수 없었다. 신앙인으로서 마땅히 해야 한다고 생각하는 일을 할 수 없는 데서 생기는 죄책감과 괴로움은 날로 늘고 커져만 갔고, 그 때문에 그는 늘 슬프고 우울했다. 재활 치료에도 전념할 수가 없었다. 답답하고 속상한 마음에 울기만 할 뿐이었다. 이런 사실을 모르는 그의 자녀들은 그에게 운동하라고 성화였고 그런 자녀들에게 그는 자기 속마음을 털어놓을 수가 없었다.

 그가 울었던 이유는 본인이 해야 한다고 생각하는 일인 예배를 드리지 못해서였고, 그가 원했던 것은 예배드리는 일이었다. 그는 교회에 가서 예배를 드리지 못하더라도 성경을 읽고 찬송가를 부르고 기도를 할 수 있기를 바랐다. 나는 그에 관해 알게 된 것을 그의 자녀들에게 알려주었다. 자녀들은 그가 운동하기 싫어서 우는 줄 알았다고 했다. 나는 자녀들에게 그가 중요하게 생각하는 일을 할 수 있게 돕고 싶다고 말했다. 그가 작업치료 시간에 마음껏 성경도 읽고 찬송가도 부르고 기도를 하면서 죄책감과 괴로움에서 스스로 벗어나게 되면, 그때 자녀들이 바라는 운동적인 부분에 관한 치료도 그와 의논하여 진행하겠다고 약속했다.

 자녀들은 나를 믿고 치료를 맡겼다. 나는 그가 하고 싶은 일을 마음 편히 또 자유롭게 할 수 있게 도왔다. 그는 매일 작업치료 시간에 찬송가를 부르고 성경을 읽고 기도를 했다. 그 뒤로 치료실에 오는 것을 좋아하고 즐거워했으며 하루하루를 활기차게 보냈다. 마음이 안정되자 병원 주변을 함께 산책하기도 하고 간단한 요리를 해서 주변 사람들과 나눠 먹기도 했으며 자녀들이 그토록 바라던 운동도 열심히 했다. 퇴원 후 혼자서 교회에 다닐 수 있으려면 몸이 더 회복되어야 한다고 생각하게 된 덕분이었다. 퇴원할 때까지 그는 예배와 운동을 열심히 또 충실히 해나갔다. 그의 달라진 모습에 그의 자녀들은 무척 기뻐하고 만족했다.

치료실에 오면 휠체어에 앉아서 눈을 감고는 꼼짝도 하지 않는 환자도 있었다. 그러면 간병인은 '이렇게 아무것도 안 할 거면 치료는 왜 받느냐', '이게 다 돈인데 아깝지 않으냐', '계속 이러면 가족에게 말할 거다'라며 그를 닦달했다. 나는 '힘드실 텐데 치료하는 동안 편안하게 쉬고 오시라'고 정중하게 간병인을 내보낸 뒤 조용히 그의 곁에 있어 주었다. 그리고 "힘드세요?"라고 물었다. 그는 여전히 눈을 감은 채로 졸려죽겠다고 대답했다. 나는 그를 치료실에 마련된 침대에 눕게 한 후에 편히 쉬게 해주었다. 15분 정도가 지나자, 그가 눈을 뜨더니 이제 해보자고 했다. 나는 상담 때 하기로 정한 것을 이야기해 주었고 그는 순순히 하기로 한 것을 했다. 그 뒤로 그가 치료실에 오면 먼저 매트나 침대에서 쉬게 했고, 어느 정도 휴식을 취한 뒤 그가 눈을 뜨면 그때 그날 하기로 한 치료를 진행했다. 나중에 알고 보니 그가 휠체어에 앉아 눈을 감고 있었던 이유는 쉬고 싶어서였다. 작업치료 시간 전에 다른 치료가 연달아 진행되었기 때문에 작업치료 시간이 되면 그는 지칠 대로 지친 상태가 되었다. 쉬고 싶다는 생각에 간병인에게 병실로 데려가 달라고 요청하면, 간병인은 치료 시간이니 쉬면 어떻게 하느냐며 그를 무작정 치료실로 데려왔다. 휠체어에 앉아 눈을 감고 가만히 있는 것이 그 당시 그 나름의 쉬는 방법이었던 셈이다. 그때그때 차이는 있었지만, 10분이나 15분 정도 쉬고 나면 그가 알아서 치료를 하자고 했다. 나는 이러한 상황을 간병인에게 알리고 치료를 진행했다. 그는 치료를 안 하려고 했던 것이 아니었다. 단지 힘들 때 쉬고 싶었을 뿐, 쉬고 나면 본인의 치료에 열중했다.

또 다른 환자는 치료실에만 오면 나가려고 했다. 그는 만류하는 간병인과 딸들에게 소리를 지르고 심지어 때리기까지 했다. 간병인이 자주 바뀌었고 딸들은 새 간병인을 구하느라 늘 분주했다. 딸들은 그가 운동을 열심히 해야 빨리 좋아질 거라고 믿고 있었기에 그에게 열심히 운동하라고 닦달하기 일쑤였다. 그럴수록 그는 더 과격해졌다.

딸들에게 들어보니 그는 자존심이 강하고 무척 가부장적인 아버지였다. 집안의 대소사를 모두 본인이 결정해야 직성이 풀렸고 가족들은 그의 결정을 무조건 따라야 했다. 운동은 원래 싫어해서 아프기 전에도 하지 않던 사람이었다. 그러나 뇌졸중을 앓게 된 이후에 상황이 완전히 달라졌다.

그는 아무것도 결정할 수가 없었다. 딸들이 자신을 대신해서 모든 일을 결정하게 되었고 그는 그 결정을 따라야 하는 처지였다. 하기 싫어하던 운동도 매일 해야 했다. 운동을 안 하면 딸들과 간병인이 성화를 부렸다. 항변하고 싶었지만, 실어증으로 본인의 의사를 말로 표현할 수 없었다. 본인의 의사를 전달할 방법이 없었다. 아니, 방법을 몰랐다. 그래서 그는 '나를 그런 식으로 대하지 마라', '억지로 시키지 마라', '하기 싫다'는 의사를 고함을 지르거나 때리는 방식으로 표현했다. 그것이 옳은지 그른지는 당시 그에게 중요한 문제가 아니었다. 자기 의사를 딸들과 간병인이 알게 하는 것, 본인이 원치 않는 것을 요구하거나 강요하게 하지 않는 것, 자기가 원하는 대로 하는 것이 가장 중요한 문제였기 때문이다.

나는 치료 때마다 그날 해야 할 일을 그가 결정하고 선택하도록 도왔다. 오늘 할 것이 무엇이고, 왜 하려는 것인지 설명해 주고, 그가 하겠다고 하면 했다. 다른 것을 하고 싶어 하면 그것이 무엇인지 묻고, 그가 하고 싶어 하는 것을 알아내는 데 집중했다. 알아들을 수 없는 말을 하더라도, 그가 하는 말을 통해 뭔가를 알 수 있을 때까지 그의 말을 경청하고, 앞뒤 맥락을 살펴 짐작한 것이 맞는지 물어서 의사를 확인하기도 하고, 눈치로 알아맞히기도 하면서 그의 의중을 파악하기 위해 최선을 다했다. 치료하다가도 쉬고 싶어 하면 쉬게 해주고, 커피를 마시고 싶어 하면 같이 커피를 마시고, 밖에 나가 바람을 쐬고 싶어 하면 밖에 나가고, 걷고 싶어 하면 걷고, 영화를 보고 싶어 하면 영화를 봤다. 그가 스스로 해야 할 일을 결정하고 선택

두 번째 이야기, 고민

하게 하자. 치료에 열심히 참여하였고 난폭한 모습도 더는 보이지 않았다.

어떤가? 이들이 정말 아무것도 안 하려 했는가? 아무것도 하지 않고 있었는가? 아니다. 각자의 이유와 목적, 의도에 따른 행동을 하고 있었다. 그러한 행동을 통해 그들 각자가 바라고 요구하는 것을 표출하고 있었다. 누군가의 관심을 바라기도 하고 도움을 구하기도 했다. 행동의 이유, 목적, 의도를 알아야 하는 이유다. 그것을 알았다면 지금 하는 행동이 이유와 목적과 의도에 부합하는 것인지, 합당하고 타당한 것인지 따져봐야 한다.

왜 울었는가? — 바라는 것을 하고 싶어서.
왜 눈을 감고 가만히 있었는가? — 편안하게 쉬고 싶어서.
왜 소리 지르고 때리려 했는가? — 결정하고 선택하고 싶어서.

울기만 하는 것이, 눈을 감고 휠체어에 가만히 앉아 있는 것이, 소리 지르고 때리려 하는 것이 그들의 이유와 목적과 의도에 부합하는 행동이었는가? 그러한 행동으로 그들이 바라고 요구하는 것을 얻거나 이룰 수 있었는가? 울어도 바라는 것을 할 수 없었고, 눈을 감고 가만히 있어도 편안하게 쉴 수 없었으며, 소리 지르고 때려도 스스로 결정하고 선택할 수 없었다. 원래의 이유, 목적, 의도에 부합하지도, 합당하지도 않은 행동이었다. 당시 그들의 작업이기는 했지만, 그들의 이유, 목적, 의도에 알맞은 작업은 아니었다.

그래서 나는 그들이 바라고 요구하는 바에 부합하고 합당한 작업을 할 수 있게 도왔다. 그들의 진정한 작업에 관해 필요한 도움을 제공하였다. 그리하여 그들에게 의미와 목적이 있는 행동을 문제나 어려움 없이 잘해 나갈 수 있도록 힘을 보탰다. 보호자가 원하고 기대하는 바를 파악하고 고려하여 치료에 반영하였으며 환자를 이해하고 지지할 수 있도록 하는 데 필요한 교육과 상담을 함께 진행했다.

그들은 아무것도 하지 않으려는 것도, 아무것도 하지 않고 있는 것도 아니었다. 다만 주변에서 그들에게 바라고 기대한 것과 다른 것을 원하고, 그것을 위한 다른 행동을 하고 있었을 뿐이었다. 아무것도 안 하려는 환자라고 생각되는 이들을 만났다면, 우선 그런 생각부터 버려야 한다. 그런 생각 대신 그들의 행동을 있는 그대로 보고 이해하려고 노력해야 한다. 지금 하는 행동의 이유, 목적, 의도를 파악하고, 그에 부합하고 합당한 행동을 할 수 있게 도와야 한다. 이것이 당신이 그들과 함께해야 할 작업치료이다.

사지마비 환자에게도 작업치료가 가능한가

 한 작업치료사가 내게 물었다. 사지마비로 침상에서 치료해야 하는 환자인데 작업치료가 가능하냐고. 불가능함을 전제로 한 질문이었기에 나는 가능하지 않다고 생각하는 이유가 무엇인지 되물었다.
 그 작업치료사의 환자는 몸과 팔, 다리의 근육이 모두 뻣뻣하고 혼자 움직이기 힘들다고 했다. 그래서 할 수 없이 그 환자의 병실로 가서 팔, 다리의 관절 가동 운동을 해주는 것으로 치료하고 있는데, 남들의 눈치가 보인다고 했다. 특히 물리치료사의 눈치가 많이 보인다고 했는데, 물리치료사와 똑같은 치료를 하는 것 같아서 그렇다고 했다. 그런데 그것 말고는 달리 어떤 치료를 해야 할지 몰라서 어쩔 수 없이 그렇게 하고 있다고 했다. 그러면서 사지마비 환자에게도 작업치료가 가능한지, 가능하다면 어떻게 해야 하는지 알고 싶다고 했다.
 나는 누가 간병하는지 물었다. 가족이나 개인 간병인이 간병한다면 환자와 이들 사이에 관련된 문제나 어려움을 해결하기 위한 치료를 고려해 볼 수 있기 때문이었다. 그러나 환자가 입원해 있는 병원의 경우 병실마다 두세 명의 간병인들이 있고 이들이 동시에 여러 환자를 돌보고 있었다. 또 환자의 가족도 드물게 찾아오는 편이어서 그렇게는 할 수 없어 보였다.

환자의 일과가 어떤지도 물어보았는데, 환자는 대부분의 시간을 침대에서 보낸다고 했다. 온몸이 뻣뻣하다 보니 간병인이 침대에서 일으키는 일조차 쉽지 않았고 또 여러 환자를 동시에 돌봐야 하다 보니 그 환자에게만 신경 쓸 수는 없어서라고 했다. 같은 이유로 치료도 대부분 침상에서 이루어지고 있었다. 치료는 대개 뻣뻣한 근육들을 이완시키고 관절들의 움직임을 유지하는 데 초점이 맞춰져 있었다. 치료 외에 다른 일과는 딱히 없어 보였다.

치료 때의 반응이나 평소 모습은 어떠한지 물었다. 치료사가 뻣뻣한 몸의 부위를 움직여 줄 때마다 고통스러워 보인다고 했다. 얼굴을 찡그리거나 숨을 거칠게 몰아쉬기도 하고 앓는 소리를 낼 때도 있다고 했다. 그래도 치료 때는 그나마 눈도 뜨고 있고 치료사와 얘기도 나누곤 하는데 그 외의 시간에는 대부분 누워서 멍하니 천장만 바라본다거나 눈을 감고 있다고 했다.

"그분이 하고 싶어 하는 건 무엇일까요?"라고 묻자, 작업치료사는 "글쎄요. 그런 생각은 안 해봤던 것 같아요. 지금 생각해 보니 할 수 있는 게 없어 보여서 그랬던 것 같아요"라고 답했다. 나는 "그렇다면 지금부터라도 환자가 하고 싶어 하는 것이 있는지 알아보고, 그가 하고 싶어 하는 것이 있다면 할 수 있도록 도와줄 방법을 찾아보세요"라고 권했다. "환자가 바라는 것에 관심을 두고 그것을 할 수 있게 돕는 과정 자체가 환자에게 의미 있는 일이라면 그 또한

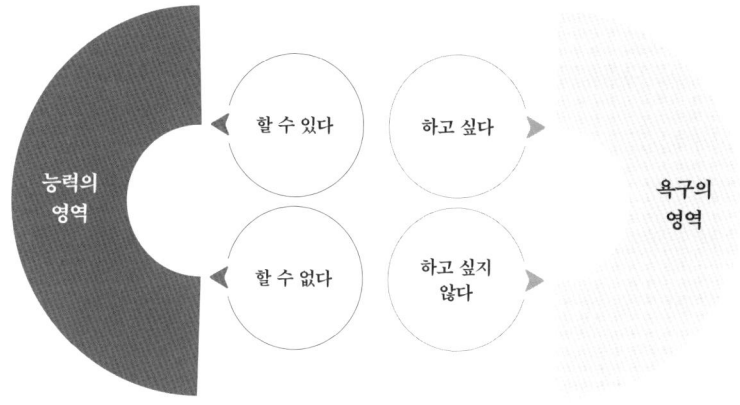

환자에게 필요한 작업치료일 수 있어요"라는 말도 덧붙였였다.

실제로 '할 수 있는 게 없다' 혹은 '할 수 있는 게 없어 보인다'고 해서 '원하는 게 없다' 혹은 '원하는 게 없을 것'이라 단정할 수는 없다. '할 수 없다'와 '원하는 게 없다'는 같은 의미가 아니기 때문이다. 어쩌면 할 수 있는 것이 없기에 하고 싶은 것이 더 많을지도 모른다. 또 할 수 있는 게 있는데 아직 모르는 것일 수도 있다. 남들에게는 별것 아닌 것 같고 하찮아 보이는 것이더라도 환자에게 의미와 가치가 있는 일이라면 그것이 곧 그의 작업이고 그 일을 하는 시간이 바로 자신의 작업을 수행하는 시간이다. 또 그럴 수 있게 돕는 일이야말로 진정 환자를 위한 작업치료라 할 수 있다.

내가 작업치료사로 임상에 첫발을 내디뎠을 때 만났던 환자가 있다. 그는 67세의 남성이었는데 교장으로 퇴직 후 목사가 되어 목회하던 중 교뇌 경색으로 인한 사지마비 Quadriplegia d/t pons infarction 진단을 받았다. 그때가 두 번째 발병으로 사지마비, 안면마비, 조음장애, 삼킴장애에 따른 여러 문제와 어려움을 겪고 있었다. 몸통과 팔, 다리를 잘 움직이지 못했고 음식물을 씹고 삼키기 어려웠으며 입가에는 침이 계속 흘렀고 말 한마디조차 제대로 하지 못했다. 상담 과정에서 그가 힘겹게 말을 하긴 했지만 알아듣기 어려웠다. 나 역시 어떻게 치료해야 할지 막막했다. 왜냐하면 그를 보자마자 할 수 있는 게 아무것도 없겠다는 생각이 가장 먼저 들었기 때문이다. 게다가 당시 나는 치료 경험도 없고 실력도 부족했다. 그러다 보니 더더욱 그와 함께해야 할 작업치료가 어렵게만 느껴졌다. 일단 무엇을 치료해야 할지부터가 걱정이었다.

고민 끝에 나는 현재의 내 모습을 있는 그대로 받아들이기로 했다. 어쩌겠는가. 부족한 치료 경험이나 실력을 당장 채우거나 갑자기 끌어올릴 수는 없지 않은가. 그렇게 현실을 인정하고 나를 있는 그대로 긍정하자 마음이 한결 가볍고 편안해졌다. 내친김에 나는 고민도 다른 관점에서 해보기로 했다. 치료 때 '내가 무엇을 해야 할지'가 아닌 '무엇을 하면 그에게 도움이 될지'를 고민하기 시작했다. 그러자 그를 보는 내 시선이 '그가 할 수 없는 것'에서 '그가 원하는 것', '그가 할 수 있는 것'으로 향하게 되었다. 그리고 나는 그가 무엇을 원하고 어떤 것을 할 수 있는지 찾아보기로 결심했다.

당시 나에게는 적은 수의 환자가 배정되어 있었다. 신입 치료사의 적응과 성장을 지원하고자 하는 병원과 팀 차원의 배려였다. 그래서 치료가 없는 시간을 활용하여 업무를 익히고 치료를 준비하고 치료에 필요한 공부를 할 수 있었다. 나는 그 시간 중 일부를 그의 치료에 쓰기로 했다. 치료를 더 해주겠다고 하자 그와 보호자는 고맙다며 좋아했다. 서로 치료가 없는 시간을 맞추고 그 시간에 추가로 치료를 진행했다. 충분한 시간을 들여 그에게 정말 도움이 되고 필요한 것을 찾아보기 위함이었다.

   치료 시간이 환자와 치료사 모두에게 즐겁고 유익해야 한다는 것이 치료에 관한 나의 주관 중 하나였다. 그와 치료할 때도 나는 치료 시간이 그와 나에게 즐겁고 유익할 수 있도록 최선을 다했다. 그러한 노력 중 하나로 그가 알아야 할 치료에 관한 유익한 정보를 쉽고 재미있게 알려주거나 그가 웃으면서 치료에 참여할 수 있도록 그를 웃게 할 이야기를 들려주었다. 다행히도 그는 내 이야기를 좋아했다. 내 말을 주의 깊게 들어주었고 웃기려 한 이야기에는 많이 웃어주고 재미있어했다. 나중에는 듣기만 하지 않고 본인이 하고 싶은 말을 하려고 애쓰기 시작했다. 힘겹게 혀와 입술을 움직이며 공기 반 소리 반인 목소리로 자기 생각을 이야기하고 싶어 했다. 그런 그의 적극적인 모습에 나는 이러한 행동이 그가 하고 싶어 하는 어떤 것과 연관되어 있음을 직감했다. 나는 그의 행동과 관련된 맥락을 알아보기 시작했다.

   보호자의 말에 따르면 그는 아프기 전에도 사람들과 대화하는 것을 좋아하고 즐겼다고 했다. 또 교장과 목사였다 보니 사람들을 만나고 대화를 나누는 것이 일상적이면서도 자연스러운 일이었다고 했다. 하지만 아픈 뒤로는 찾아오는 사람도 점점 줄고 조음장애로 말하기 어렵다 보니 사람을 만나거나 대화를 나눌 기회가 없었다고 했다. 보호자의 말을 듣고 환자에게도 따로 물어보니 아픈 뒤로 다른 사람과의 대화는커녕 보호자인 아내와도 대화가 일절 없었다고 했다. 아내에게 말을 건네려 하면 "침 흐르니까 입 다물어", "무슨 말인지 모르겠으니까 말하지 마"라고 해서 말할 엄두조차 낼 수 없었다고 했다. 그러한 아내의 행동에 화가 나고 속상했지만 어쩔 수 없이 입을 다물고 조용히 있을 수밖에 없었다고 했다. 말을 안 하기 시작하자 아예 말을 못 하는 줄 알거나 인지가 나쁜 줄 알고 대놓고 자기를 무시하거나 무례하게 구는 사람도 있었다고 했다. 그런 사람을 만날 때마다 모멸감을 느꼈으며 '이제 정말 쓸모없는 존재가 되었구나' 하는 생각과 함께 자기 자신이 한없이 초라하고 비참하게 느껴졌다고 했다.

내가 알아낸 바에 따르면 그는 사람들과 소통하고 싶어 했다. 그는 자기 말에 귀 기울여주고 함께 이야기를 나눌 사람이 한 명이라도 있었으면 좋겠다고 했다. 이런 그의 이야기를 듣고 이해하는 데는 많은 시간과 인내와 노력이 필요했지만, 나는 그가 무엇을 원하는지 알게 되었고 그가 그것을 할 수 있는 사람임을 확인했기에 들인 시간과 인내와 노력이 전혀 아깝지 않았다. 아니, 그럴 수 있는 여건에 감사했고 그에 관해 더 알게 되어 기뻤다. 나는 그가 그만의 방식으로 사람들과 소통할 수 있게 돕고 싶어졌으며 무엇보다 당장 그가 필요하다고 한 사람이 되어 주고 싶었다. 그리고 그가 앞으로 더 많은 이들과 소통할 수 있는 발판을 마련해주고 싶었다. 나는 지

두 번째 이야기, 고민

금까지의 내용을 보호자인 그의 아내와 나누었고 앞으로 그와 함께 할 치료에 대한 이해와 협조를 구했다. 다행히 보호자는 내게 아주 호의적이었다. 따로 시간을 내서 치료도 더 해주고 환자를 세심히 살펴준다며 늘 고마워했다. 그 덕분에 나는 보호자의 승낙을 어렵지 않게 얻을 수 있었다.

이제 그와의 적합한 소통 방식을 찾아볼 차례였다. 먼저 말로 대화를 시도했으나 이미 경험했던 것과 다르지 않았다. 목소리가 작고 발음이 정확하지 않아서 그의 말을 알아듣기 어려웠다. 그러다 보니 그나마 알아들은 몇몇 단어를 바탕으로 그가 말하고자 하는 바를 미루어 짐작한 후 그것이 맞는지 그에게 확인해야 했다. 말을 알아듣고 이해하는 데 시간이 오래 걸리는 것도 문제였지만 그의 체력적인 부담이 크다는 것이 가장 큰 문제였다. 말하는 것도 많은 힘이 드는데 내용 확인을 위한 답변도 일일이 해야 하다 보니 대화가 길게 이어질수록 그의 지치는 기색이 역력했다. 중간중간 말이 계속 끊겼고 목소리와 발음이 아예 알아들을 수 없을 정도까지 작아지고 부정확해졌다. 입가에 흐르는 침의 양도 점점 더 많아졌다. 그의 신체적 부담만큼이나 말할수록 그의 약점이 더욱더 두드러지게 나타난다는 점에도 신경이 쓰였다. 자기 약점을 직접적으로 경험해야 하는 그의 심정을 걱정하지 않을 수 없었다. 혹시 그로 인해 더 크고 깊은 자괴감을 느끼게 되지는 않을지, 그래서 자신을 더 초라하고 비참하게 여기게 되지는 않을지, 그게 너무 괴롭고 고통스러운 나머지 소통을 아예 포기하게 되는 것은 아닌지 등등 별의별 생각이 다 들었다.

　이런 나의 우려를 그에게 조심스럽게 나누자, 그는 그렇게 생각하지 않으니 걱정하지 말라고 나를 안심시켰다. 자기가 하고 싶어서 하는 것이고 또 자기 상태를 누구보다도 잘 알고 있으니 염려하지 말라고 했다. 또 누군가와 이야기하고 싶은 것이지, 말하는 것 자체가 목적이 아니라면서 꼭 말로 하는 게 아니어도 괜찮다고 했다. 그의 말에 힘을 얻은 나는 다른 방법을 시도해 보자고 했다. 그렇게 해서 시도하게 된 방법이 나는 말하고 그는 쓰는 것이었다. 그는 팔과 손의 움직임이 느리고 무겁기는 했지만, 연필을 손에 쥐고 천천히 글씨를 쓸 수 있었다. 사실 쓰기보다는 그리기에 가까웠지만 무슨 글자인지 알아보지 못할 정도는 아니었다. 내용을 주고받는 데 걸리는 시간과 필요한 노력이 말하기에 비해 거의 절반 수준으로 줄어들었다. 내용을 다시 묻고 확인해야 하는 횟수도 눈에 띄게 줄었다. 그도 말로 하는 것보다 쓰는 게 더 낫다고 했다. 그의 강점을 살린 적합한 소통 방식을 찾았다는 생각이 들었다.

　그는 하고 싶은 말을 쓰기 시작했다. 어눌한 손놀림으로 하얀 종이를 글자로 가득 채워나갔다. 글씨가 삐뚤빼뚤했다. 크기도 제각각이었다. 그러나 그는 아랑곳하지 않고 글씨를 쓰는 데만 몰두했다. 주고받는 이야기가 길어질수록 연필을 쥔 손의 힘이 빠지는 게 보였다. 연필이 손안에서 미끄러져서 계속 고쳐 쥐어야 했고 연필을 놓치는 일도 잦아졌다. 게다가 팔과 손의 움직임이 크고 투박하다

보니 종이(A4용지)도 이리저리 밀리고 움직여서 글씨를 쓰는 데 방해가 되었다. 시간이 흐를수록 쓰는 데 더 많은 시간과 노력이 필요했다.

나는 이런 문제를 해결하기 위해 연필의 쥐는 부분을 두껍게 만들어서 그가 연필을 더 적은 힘으로 더 오랫동안 쥘 수 있게 했다. 낱장 종이 대신 공책으로 바꾸어 보았으나 글씨를 쓰는 동안 이리저리 움직이는 건 마찬가지였다. 게다가 공책의 접히는 부분에 손이 자꾸 닿고 걸려서 그가 불편해했다. 나는 클립보드를 사서 클립에 종이를 끼우고 보드의 뒷면에는 미끄럼 방지 테이프를 부착하여 지면과의 마찰을 통해 글씨를 쓰는 동안 팔과 손의 움직임에도 보드가 움직이지 않도록 했다. 이렇게 하니 종이 사이에 접히는 부분이 없어져 손이 닿거나 걸리는 일도 없었다. 또 종이를 세로가 아닌 가로로 놓고 쓰도록 하여 행을 바꿔 써야 하는 데 드는 노력을 최소화했다. 그러자 $\textit{ㄱ}$.는 글씨를 쓰는 게 한결 쉽고 편해졌다고 했다. 실제로 한 문장을 쓸 때 걸리는 시간이 이전에 비해 절반 가까이 줄었고 그 덕분에 더 신속하면서도 더 오랫동안 대화할 수 있게 되었다. 또한 대화 중간중간 쉬는 시간을 안배하여 피로감이나 체력적 부담에 따른 문제를 최소화하였다. 이러한 방식으로 그와 나는 많은 이야기를 나눌 수 있었고, 상당히 효과적으로 소통할 수 있었다.

나는 그의 아내에게도 그와 소통할 수 있는 방식을 알려주고 연습하게 했다. 그리고 아주 간단한 대화부터 그와 시작해 보도록 도왔다. 그가 써서 의사를 표현하는 방식에 대해 그의 아내도 무척 만족스러워했는데, 그 이유를 직접 들어보니 무엇보다 그가 말하기 위해 입을 벌렸을 때 폭포수처럼 흘러내리는 침을 연신 닦아낼 필요가 없어져서 좋고, 알아들을 수 없는 말을 듣고 이해해야 하는 데서 생기는 스트레스가 줄어서 만족스럽다고 했다. 물론, 그가 쓸 때 여전히 인내심을 발휘하여 기다려줘야 하고, 그가 쓴 것을 읽고 이해하려면 여전히 애를 써야 하지만, 간단한 대화 정도는 문제없다고 했다. 마지막으로 나는 그의 아내에게 당부했다. 그에게 원하는 것을 물어봐 주고 들어주라고. 그것이 그의 삶과 재활에 큰 힘과 위로가 될 거라고. 아내는 노력해 보겠다고 했다.

그는 내게 많은 이야기를 해주었다. 누구에게도 말할 수 없었던 환자로서 감내해야 했던 고충과 어려움, 입원 생활과 재활 과정에서 겪었던 일들에 관한 생각, 직접 경험하며 느낀 병원 체계와 의료 제도의 부조리 등 다양한 주제에 관해 이야기했다. 인간으로서 존중받지 못한다고 느꼈을 때는 모멸감을 견디지 못해 병원 옥상에서 뛰어내리고 싶었다고도 했다. 혼자서는 움직일 수 없어서 행동으로 옮기지 못했을 뿐 자기는 이미 여러 차례 죽은 거나 마찬가지라고 했다. 사는 것도 죽는 것도 마음대로 할 수 없어서 괴로웠다고 쓰며 눈물을 흘리는 그의 모습을 보았을 때 마음이 아프고 안타까웠다.

어느덧 3개월이 지나 그가 퇴원할 때가 되었다. 내가 보기에 그는 처음 나를 만났을 때와 달라진 것이 없었다. 여전히 몸을 제대로 움직이거나 쓸 수 없었고 말하고 먹는 것도 어렵기는 마찬가지였다.

대화에 관한 치료뿐만 아니라 몸을 움직이고 말하고 먹는 것에 관한 치료에도 최선을 다했지만, 눈에 띄는 변화는 없었다. 그게 다 경험도 실력도 부족한 내 탓 같아서 그와 보호자에게 무척 미안했다. '앞으로 잘할 수 있을까?' 하는 의구심이 들기도 했다. 마지막 치료 때 그는 퇴원 선물이라며 내게 꼬깃꼬깃 접힌 종이를 건넸다. 종이를 펼쳐보니 삐뚤빼뚤한 글자가 한가득 차 있었다. 내용을 읽기도 전에 눈시울이 뜨거워졌다. 그가 2주 동안 틈나는 대로 쓴 편지였다.

"육체적으로 더 좋아질 수 없다는 것을 난 이미 알고 있었다네. 이러한 상황에서 운동은 날 괴롭게 하는 일일 뿐이지. 오랫동안 잊고 있었던 즐거움을 김 선생을 만나면서 기억해 내었지. 김 선생은 늘 내 말에 귀를 기울여주었고 내 생각과 느낌에 관심을 가져주었네. 참 오랜만이었어. 고맙네. 내가 아직 살아 있다는 걸 알게 해주었어. 하고 싶은 것을 할 수 있어서 기뻤네. 최고의 치료였어. 그 시간 동안 난 충분히 치유되었다고 느끼네. 고마워."

당시 나에게 큰 위로와 용기를 준 말이었다. '그래, 앞으로 더 잘할 수 있어. 그러면 돼!'라고 나 스스로 마음을 다잡게 한 말이기도 했다. 그에게 고마웠다.

사지마비 환자를 만났을 때 가장 먼저 보이는 것은 무엇일까? 아마 '할 수 없는 것들'일 것이다. 그러나 눈에 보이는 것에만 주목하면 정말 할 수 있는 게 아무것도 없게 된다. 진짜 할 수 있는 게 없어서가 아니라 그렇다고 믿게 돼서다. 그리고 결국 믿는 대로 보게 된다. 그러면 환자가 할 수 있는 것이 아닌 작업치료사 자신이 할 수 있는 것, 더 정확하게 말하면 자기가 환자에게 해줄 수 있는 것을 찾게 된다. 어차피 환자는 아무것도 할 수 없고 당장 치료 시간에 뭐라도 해야 하기 때문이다. 문제는 그러한 이유로 작업치료사가 할 수 있는 것을 환자에게 해주는 것이 정말 환자의 작업이고 환자를 위한 작업치료인가 하는 것이다. 물론 작업치료사가 해주는 것을 환자 스스로 의미와 목적을 부여하고 받아들여서 선택한다면 작업치료사가 알아서 해주더라도 그것이 환자의 작업일 수 있다. 그러나 작업치료사가 작업치료라고 해주니까 그냥 그런 줄 알고 받는 거라면 그것은 환자의 작업이라고 볼 수 없다. 누구를 위한 작업치료인가도 마찬가지다. 치료 행위의 목적과 의미가 작업치료사에게서 비롯되었고 작업치료사에게만 있는 것이라면 환자가 아닌 작업치료사를 위한 작업치료에 지나지 않는다.

　노파심에 덧붙이자면, '지금 상황에서 내가 작업치료사로서 환자를 위해 무엇을 해줄 수 있을까?'를 고민하는 게 불필요하다거나 잘못이라고 말하는 것이 아니다. 당연히 상황과 여건에 따라 그런 고민과 행동이 필요할 때도 있다. 다만 환자에게서 할 수 없는 것만 보고 내린 결정이 그런 고민과 행동의 주된 이유여서는 안 된다는 의미다. 우선 '환자가 원하는 것은 무엇일까?', '환자가 할 수 있는 것은 무엇일까?'를 충분히 찾고 고민한 다음 '환자가 원하는 것을 할

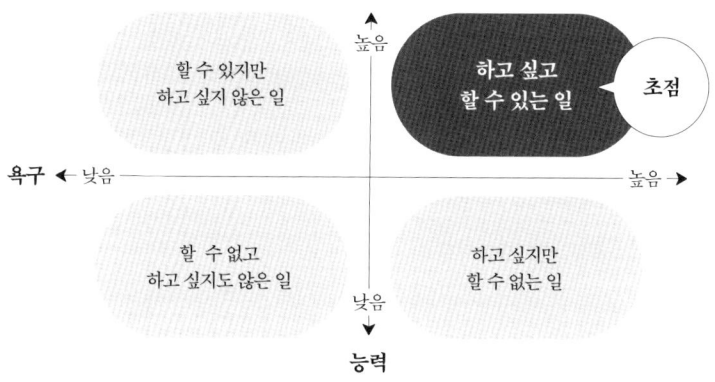

수 있게 돕기 위해 내가 해줄 수 있는 일이 무엇일까?'를 고민해 봐야 한다는 얘기다.

그가 치료사로서 부족한 게 많았던 내게 좋은 치료를 받았다, 치유가 되었다고 말하며 고마운 마음을 전한 이유가 무엇일까? 내가 정말 그런 치료를 해서였을까? 아니다. 그의 말에 따르면, 나를 만나기 전까지 그는 남들이 하라는 것만 해야 했다. 치료도 그가 할 수 없는 것들 위주로 진행되었다. 분명 자신을 위한 일인데 온통 남들의 의지에 의한 것뿐이었고 그가 할 수 없는 부분에만 초점이 맞춰져 있었다. 그러다 보니 자기 자신을 무능하고 무력한 존재, 그의 표현을 빌리자면 '쓸모없는 존재'로 느끼게 되었다. 그러던 중 그는 자신의 작업을 자기만의 방식으로 수행할 수 있게 되었고 그 과정에서 '진정 살아있음'을 경험했다. 자기도 뭔가를 좋아하고 할 수 있는 존재라는 사실을 다시 떠올리고 깨닫게 되었다. 그것이 그가 내게 좋은 치료를 받았다, 치유가 되었다고 말하며 고마움을 전한 진짜 이유라고 생각한다. 나 역시 그와 치료하면서 인간은 작업을 통해 자기 자신에 대한 인식을 바꾸고 새롭게 할 수 있으며 존재의 아픔과 상처마저도 스스로 치유해 낼 수 있다는 사실을 깨닫고 확신하게 되었다.

내게 조언을 구했던 작업치료사에게도 같은 이야기를 해주었다. 그리고 환자의 작업을 찾아보고 그가 자신의 작업을 수행할 수 있도록 도울 방법에 대해 고민해 보라고 권했다. 현실과 타협할 수밖에 없는 순간이 오더라도 그때는 환자의 작업치료를 위해 작업치료사로서 최선을 다했다고 스스로 자부할 수 있을 만큼 모든 노력을 기울인 뒤여야 한다는 당부도 잊지 않았다.

누군가에게는 너무나 당연하고 일상적인 일이어서 '이게 무슨 작업인가?', '치료까지 해야 할 일인가?', '몸도 못 움직이면서 이런 걸 할 때인가?'라고 생각되더라도 환자가 바라고 필요로 하며 의미와 목적을 부여한 일이라면 그것이 곧 그의 작업이고 그것을 하도록 돕는 것이 그를 위한 작업치료다. 설령 남의 도움을 받아야 하고 스스로 발휘할 수 있는 능력이 많지 않더라도, 환자가 자기 의지와 노력으로 하길 원하고 또 할 수 있는 것이라면, 그것을 할 수 있도록 도우면 된다. 물론 신체적 문제나 어려움을 해결하기 위한 치료도 중요하다. 그런 치료를 환자가 원하고 필요로 한다면 그 중요성은 더 말할 것도 없다. 실제로 신체적 문제나 어려움은 눈에 너무도 잘 띄는 것이기에 모르는 체하는 게 더 어려울지 모른다. 또 환자의 재활과 삶의 복귀를 위해서는 어느 정도 반드시 해결되어야 하는 부분이기도 하다. 그렇다고 그것만이 치료의 전부가 되어서는 안 된다.

신체가 상하면 정신과 영혼도 상하기 마련이다. 마찬가지로 정신과 영혼이 상하면 신체도 상한다. 신체가 상했는데 정신과 영혼이 온전할 리 없고 정신과 영혼이 상했는데 신체만 온전할 리 없다. 신체, 정신, 영혼은 단순히 연관된 정도가 아니라 뗄 수 없이 얽혀 있는, 그 자체로 하나이기 때문이다. 이 말에 어느 한쪽이 상하더라도 다른 쪽은 상하지 않은 것 같은, 혹은 다른 쪽은 영향을 받지 않아 보이는 사람들이 떠오를지도 모르겠다. 소위 인간 승리의 표상, 위인, 영웅 등이라 일컬어지는 이들이. 그러나 그들 역시 다른 쪽이 상하지 않았거나 영향을 받지 않은 것은 아니다. 그것을 불굴의 의지와 초인적인 노력으로 극복해 냈기에 한쪽이 상했음에도 다른 쪽은 멀쩡해 보이는 것일 뿐. 무엇을 극복해 냈다는 사실 자체가 그 역시 상했었고 영향을 받았다는 방증이다. 다만, 정신과 영혼에 관한 것은 살펴야만 볼 수 있는 경우가 많다. 신체에 관한 것에 비하면 눈에 잘 띄지 않으며 그만큼 내밀한 것이기 때문이다. 그래서 당장 눈에 보이는 것만 봐서는 놓치기 쉽다. 보이지 않는 부분까지 세심히 살펴서 신체뿐만 아니라 정신과 영혼까지도 함께 회복하고 치유할 수 있게 도와야 한다. 신체적 문제나 어려움이 너무도 분명하게 나타나서 마치 그것이 전부인 것처럼 보이는 사지마비 환자의 경우에는 더더욱 그래야 한다.

    인간은 자기 자신에 대해 고민하고 생각하는 존재다. 본인에게 의미와 목적이 있는 일을 하고자 하며 그 일을 못 하면 자기 존재에 대한 자괴감과 연민을 느끼고 그로 인해 고통스러워한다. 한마디로 인간은 작업적인 존재라 할 수 있다. 인간에게 존재 이유와 목적이 되는 일인 작업이 필요한 이유이자 작업이 없는 이가 존재할 수 없는 이유다. 사지마비 환자도 마찬가지다. 적어도 내가 만난 이들은 모두 그랬다. 동의하지 않거나 반박하고 싶은 이들이 있을지도 모르지만 나는 감히 단언한다. 사지마비 환자에게도 작업치료는 가능할 뿐만 아니라 반드시 필요하다고.

과제, 스텝, 액션 중 무엇이 진정한 작업인가

과제만 작업이라고 생각하는 작업치료사가 있다. 또 과제에 해당하는 것과 단계에 해당하는 것이 따로 정해져 있다고 생각하는 작업치료사도 있다. 그들에게는 흔히 과제로 규정되는 옷 입기, 식사하기, 요리하기는 작업이지만, 단계로 규정되는 침대에서 일어나기, 휠체어로 옮겨 앉기는 작업이 아니다. 과제만 작업일 수 있고 단계는 작업일 수 없다고 생각하기 때문이다.

이렇듯 과제만 작업이다, 과제인 것과 단계인 것이 정해져 있다, 과제는 작업일 수 있고 단계는 작업일 수 없다는 생각을 기준으로 작업을 이해하려 하면 문제가 생긴다. 그 생각에 부합하지 않는 것은 작업이 아니라고 보게 되기 때문이다. 예컨대, 환자가 '옷 입기'를 원한다고 해보자. 이때는 문제가 없다. '옷 입기'는 앞서 말한 생각에 부합하기 때문이다. 다시 말해 '옷 입기'는 이른바 과제로 규정하고 있으므로 작업치료사는 환자의 작업이라 여기고 기꺼이 치료하려 할 것이다. 그러나 환자가 '침대에서 일어나기'를 원한다고 하면 문제가 생길 수 있다. 위 생각에 따르면 '침대에서 일어나기'는 과제가 아닌 단계에 해당하고 단계는 작업일 수 없기 때문이다.

작업치료는 작업에 관한 치료여야 하는데, 작업이 아닐뿐더러 작업이 될 수 없는 것을 환자가 요구하니 작업치료사는 선뜻 그 요구에 응할 수 없는 것이다. 그러면 작업치료사는 자기 생각에 부합하는 것을 얻고자 애쓰게 된다. 가령, 환자가 요구하는 것을 자기가 과제라고 생각하는 것과 연결하려 한다든지, 다른 과제를 제시하면서 그쪽으로 환자의 관심을 돌리려 한다든지 본인의 생각에 환자의 요구를 맞추려 할 수 있다. 그 결과 환자가 진정으로 원하고 필요로 하는 작업이 아닌 작업치료사 본인이 작업이라고 납득할 수 있는 것만 선택적으로 치료하게 될 수 있다. 즉, 환자가 아닌 작업치료사가 중심이 되고 주도하는 치료를 하게 되고, 더 나아가 환자의 작업치료(환자를 위한 작업치료)가 아닌 작업치료사의 작업치료(작업치료사를 위한 작업치료)를 하게 될 수 있다. 이는 작업치료사가 가장 경계해야 할 것 중 하나다.

이러한 문제가 생기지 않도록 하려면 우선 작업치료 용어인 작업occupation, 과제task, 활동activity이 각각 어떤 의미로 어떻게 쓰이는지 정확히 알아야 한다. 또한 과제 수행을 정확하게 평가하기 위해 필요한 개념인 과제task, 단계step, 행동action에 관해서도 명확하게 알아둘 필요가 있다. '과제만 작업이다', '과제인 것과 단계인 것이 정해져 있다', '단계는 작업일 수 없다'라는 생각은 모두 각 용어의 개념을 정확히 모르거나 잘못 아는 데서 비롯된 것이기 때문이다.

먼저 과제부터 알아보자. 과제는 '앞으로 할 일이나 행동 또는 이미 끝낸 일이나 행동'을 의미하는 말이다. 따라서 그 일이나 행동을 직접 보거나 확인할 수 없다. 예컨대, '난 오늘 아침에 옷을 입었다', '내일 책을 읽을 것이다'와 같이 현재 하는 일이나 행동이 아닌 까닭이다. 과제는 곧 과거나 미래의 일이나 행동을 일컫는다.

지금 하는 일이나 행동, 즉 당장 보고 확인할 수 있는 일이나 행동을 가리키는 말은 무엇일까? 그것은 활동이다. 활동은 지금 하는 일이나 행동을 일컫는다. 예컨대, 당신이 지금 내 곁에 있다면 이 문장을 쓰기 위해 내가 컴퓨터 자판을 쳐서 글자를 써나가는 행동을 볼 수 있을 것이다. 그렇다면 당신은 나의 활동을 보는 것이다.

내가 나의 행동에 의미와 목적을 부여한다면 내 행동은 작업이 된다. 즉, 작업은 '의미와 목적이 부여된 일이나 행동'을 가리키는 말이다. 나는 작업치료를 알리려는 목적으로 이 글을 쓰고 있다. 따라서 나의 글쓰기는 나의 작업이다. 그리고 만약 당신이 그런 의미와 목적이 부여된 나의 행동을 지금 내 곁에서 보고 있다면, 당신은 그것을 나의 작업인 활동이라 말할 수 있을 것이다. 만약 당신이 나의 글쓰기가 내게 의미와 목적이 있는 일이라는 것은 알지만 내가 그것을 이미 끝났거나 앞으로 할 일이어서 당신이 나의 글 쓰는 행동을 직접 볼 수 없다면, 당신은 그것을 나의 작업인 과제라고 말할 수 있을 것이다. 그러나 내가 아무런 의미나 목적도 없이 그저 컴퓨터 자판을 두드려 글자를 써나가고 있다면 그러한 행동은 나의 작업이 아니며, 그러한 글쓰기 역시 나의 작업이 아니다. 그러한 행동을 지금 하고 있다면 그것은 다만 활동에 지나지 않으며, 마찬가지로 과거에 그랬거나 앞으로 그럴 예정이라면 그저 과제일 뿐 작업이라고는 할 수 없다.

그렇기 때문에 '과제냐, 아니냐'를 가지고 '작업이냐, 아니냐'를 판단하는 것은 적절치 않다. 작업은 '의미와 목적이 부여된 일이나 행동'을 뜻하고 과제는 '이미 했거나 앞으로 할 일이나 행동'을 뜻하는 용어이기 때문이다. 다시 말해, 과제인지 아닌지가 작업인지 아닌지를 결정하는 기준이 될 수 없다는 뜻이다. 그러므로 '과제는 작업이다'라고 무조건 단정하거나 '과제 = 작업'이라고 생각하는 것은 옳지 않다. 이 둘은 동일한 용어가 아닐뿐더러 작업인지 아닌지는 지금 하는(혹은 이미 했거나 앞으로 할) 일이나 행동에 의미와 목적이 있는가에 달린 것이기 때문이다. 따라서 의미와 목적이 있는 일이나 행동을 지금 하고 있다면 그것은 '작업인 활동' 또는 '활동인 작업'이라 해야 하고, 의미와 목적이 있는 일이나 행동을 이미 했거나 앞으로 할 예정이라면 그것은 '작업인 과제' 또는 '과제인 작업'이라 해야 한다.

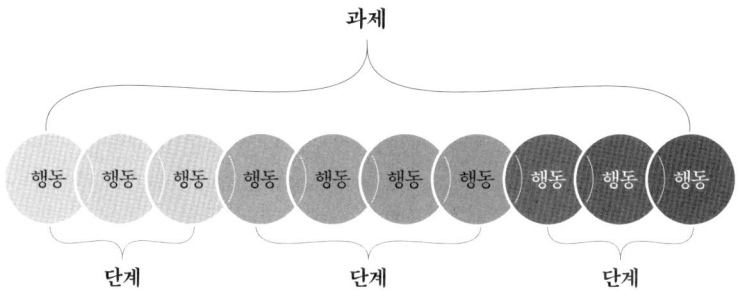

 과제, 단계, 행동에 대해서도 알아보자. 이들 개념은 AMPS Assessment of Motor and Process Skills라는 평가가 도입되면서 구체적으로 알려졌다. AMPS는 일상생활과 관련된 과제 수행 중 관찰되는 행동의 질을 측정하는 평가도구다. AMPS 채점 시 고려해야 할 부분으로 과제, 단계, 행동의 용어와 정의가 소개되었으며 그 내용은 다음과 같다.

 행동은 목적을 위한 일련의 행동 중 관찰할 수 있는 가장 작은 단위를 일컫는 말이다. 예컨대, 침대 옆에 놓인 셔츠를 입는 것이 목적이라면 셔츠를 향해 팔 뻗기, 셔츠 집기, 셔츠 들어올리기, 셔츠를 무릎 위에 놓기, 셔츠 펼치기, 팔 넣는 구멍 찾기, 구멍에 팔 넣기 등과 같은 관찰 가능한 최소한의 단위가 바로 행동이다. 하나의 행동은 다른 행동과 일정한 연관성을 두고 이어져 단계나 과제가 된다.

 단계는 행동이 연속적으로 연결되어 만들어진, 과제의 일부분에 해당하는 결과물을 일컫는 말이다. 예컨대, 셔츠를 향해 팔 뻗기 → 셔츠 집기 → 셔츠 들어올리기 → 셔츠를 무릎 위에 놓기 → 셔츠 펼치기 → 팔 넣는 구멍 찾기 → 구멍에 팔 넣기 등의 각 행동이 연결되어 '셔츠 소매에 팔을 넣는다'라는 결과물이 만들어지고, 이는 '침대 옆에 놓인 셔츠를 입는다'라는 전체 과제의 일부에 해당한다. 여러 단계가 계속해서 연결되면 최종 결과물인 과제가 된다.

과제는 중간 결과물인 단계가 끊이지 않고 이어져서 완성된 전체를 일컫는 말이다. 즉, 일련의 행동이 모여 과제의 일부분인 단계가 되고 그 단계가 연속적으로 연결되어 과제가 된다. 과제는 모든 행동의 최종 결과물이다. 앞서 예를 든 행동이 연결되면 단계가 되고, 그런 단계가 이어져서 결국 침대 옆에 놓인 셔츠를 입게 되면 과제가 완성된다.

앞서 말한 대로 과제, 단계, 행동은 AMPS 채점 시 신뢰할 수 있는 결과를 얻기 위해 고안된 개념이다. 따라서 과제인지, 단계인지를 기준으로 작업인지 아닌지를 결정해서는 안 된다. 작업의 여부는 과제, 단계, 행동인지에 달린 것이 아니라 행동에 의미나 목적이 부여되었는가에 달린 것이기 때문이다. 그러므로 과제가 아닌 단계나 행동이라 하더라도 그것에 행위자의 의미나 목적이 부여되었다면 그것은 작업이다. 즉, 단계나 행동도 작업일 수 있다. 반대로 과제라 하더라도 그것에 행위자의 의미나 목적이 부여되지 않았다면 그것은 작업이 아니다. 다시 말해, 과제라도 작업이 아닐 수 있다는 의미다. 과제나 단계가 아닌 행동의 의미와 목적 부여 여부가 기준인 이유는 과제든, 단계든 모두 행동으로 이루어진 것이기 때문이다. 요컨대 작업인지는 '과제냐, 단계냐, 행동이냐'로 결정되는 것이 아니라 행동에 부여된 의미와 목적이 있느냐 없느냐에 의해 결정된다는 얘기다. 게다가 과제, 단계, 행동은 AMPS의 정확한 시행을 위해 고안된 개념이므로 그 출처나 용어의 개념을 정확히 이해하지 못한 상태에서 다른 상황으로 끌어와 쓰는 것은 문제가 될 수 있어 주의가 필요하다.

물론 AMPS를 사용하지 않더라도 과제, 단계, 행동의 개념을 이해하는 것은 의미가 있다. 치료 현장에서 다양한 과제의 수행을 관찰하고 행동의 질을 평가할 때 유용하게 활용할 수 있는 개념이기 때문이다. 또 치료의 장단기 목표를 정하거나 세부적인 치료 계획을 세울 때도 유용하게 활용할 수 있다. 그러기 위해서는 우선 기본적으로 각 용어에 따른 개념을 정확하게 이해해야 하며, 더 나아가 과제와 단계가 어떻게 결정되는지 알아야 한다. 그렇지 않으면 옷 입기, 식사하기, 요리하기는 과제이고 침대에서 일어나기, 휠체어로 옮겨 앉기는 단계라는 식으로 생각하거나 마치 과제인 것과 단계인 것이 정해져 있고 고정된 것처럼 착각하기 쉽다. 또 과제와 단계가 어떻게 결정되는지 알아야 AMPS를 쓰지 않고 다른 과제에 대한 수행 분석을 시행할 때나 치료의 장단기 목표를 정하고 세부적인 치료 계획을 세울 때 과제, 단계, 행동의 개념을 적절하고 효과적으로 활용할 수 있다.

과제와 단계는 무엇을 과제로 정하느냐에 따라 결정된다. '침대에서 일어나서 앉는다'를 과제로 정한다면 이를 위한 행동이 연결되어 만들어진 일부 결과물은 단계가 된다. 예컨대, 몸을 돌리기, 몸을 구부리기, 다리 끌어올리기, 손바닥으로 머리 받치기, 팔꿈치로 바닥 밀기, 자세 유지하기 등과 같은 행동이 연속적으로 이어져서 '침대에서 상체를 일으켜 세운다'라는 단계가 되는 것처럼 말이다. 만약 '침대 옆에 놓인 셔츠를 입는다'를 과제로 정한다며 '침대에서 일어나 앉는다'는 무엇이 될까? 셔츠를 입기 위해 침대에서 일어나야 한다면 '침대에서 일어나 앉는다'는 '침대 옆에 놓인 셔츠를 입는다'라는 최종 과제의 일부에 해당하는 중간 결과물, 즉 단계가 된다. 마찬가지로 '침대 옆에 놓인 셔츠를 입는다'도 단계가 될 수 있다. '옷을 갈아입고 마트에 가서 장을 본다'를 과제로 정하면 '침대 옆에 놓인 셔츠를 입는다'는 '침대에서 일어나 앉는다'와 함께 '옷을 갈아입고 마트에 가서 장을 본다'라는 과제의 중간 결과물인 단계가 된다. 이처럼 과제와 단계는 변할 수 있고 상대적이다. 모든 행동의 최종 목표이자 완성된 결과물인 과제가 무엇이냐에 따라 단계가 결정되기 때문이다. 따라서 과제인 것과 단계인 것이 정해져 있다거나 고정된 것으로 생각하는 것은 적절치 않다.

참고로 덧붙이자면, AMPS에는 평가용 과제가 따로 정해져 있다. 과제가 이미 정해져 있으므로 그에 따른 단계도 정해져 있다. 무엇이 과제이고 단계인지가 분명히 정해져 있어야만 평가를 정확히 시행할 수 있기 때문이다. 이 역시 과제를 무엇으로 정하느냐에 따라 단계가 정해진다는 사실을 뒷받침한다.

작업인지는 과제냐, 단계냐, 활동이냐에 따라 결정되는 것이 아니다. 과제, 단계, 활동을 이루는 행동에 목적과 의미가 있는지 여부에 따라 결정된다. 누구의 작업인지 역시 행동의 목적과 의미가 누구에게 있는지에 따라 결정된다. 이것이 바로 무엇이 작업인지, 누구의 작업인지를 가장 분명하게 알려주는 결정적인 기준이다.

치료에 관해 환자, 보호자와 견해가 다르면

치료에 관한 견해 차이를 적절히 다루지 못하면 치료를 제대로 할 수 없다. 치료란 목적을 향해 함께 나아가는 과정이라 할 수 있다. 그런데 목적이나 그 달성 방법에 대한 견해가 다르다면 함께 나아가기가 어려울 수밖에 없다.

예컨대, 일상생활동작치료가 곧 작업치료라 착각하던 시기에 나는 상지 회복이나 걷기에 관한 치료만을 요구하는 환자와 보호자를 만나면 그들이 요구하는 것이 작업치료가 맞는지 아닌지 따지느라 여념이 없었다. 그때 나는 치료에 관해 내가 생각하는 것이 맞고 환자와 보호자가 생각하는 것은 틀렸다고 믿었다. 그건 환자와 보호자도 마찬가지였다. 그들이 보기에는 본인들의 요구가 당연한 것이었기에 내 생각을 틀린 것으로 여겼다. 그러다 보니 치료 시작부터 순탄치 않았다. 서로 자기주장만 내세우다 보니 치료에 관해 제대로 소통할 수 없었고 소통이 제대로 되지 않으니, 치료에 관한 의사결정과 실행도 제대로 되지 않았다.

옳고 그름을 따지다가 환자와 보호자가 결국 본인들의 뜻을 꺾고 내 말에 따르기로 하면 마치 경쟁이나 싸움에서 이긴 것처럼 기쁘고 통쾌했다. 그러면 신이 나서 치료했다. 그러나 반대로 내가 환자와 보호자의 고집을 꺾지 못해 어쩔 수 없이 그들이 원하는 대로 치료해야 할 때면 쓰디쓴 패배감을 안고 낙심한 상태로 하기 싫은 치료를 억지로 했다. 물론, 어느 쪽이든 치료는 제대로 되지 않았다. 내가 이겼을 때는 환자와 보호자가 치료에 별 의미나 목적을 느끼지 못했고, 환자와 보호자가 이겼을 때는 내가 치료에 별 의미나 목적을 느끼지 못했다. 의미나 목적이 없는 것에 동기나 의욕이 생길 리 만무했다. 그냥 해야 하니 하는 것일 뿐 그 이상도 그 이하도 아니었다. 서로 다른 생각과 목적으로 치료에 임했으니 함께하긴 했지만, 결코 함께하는 것이 아니었다. 당연히 기대한 치료의 성과도 얻을 수 없었다. 이런 경험을 통해 나는 치료에 관한 견해 차이를 잘 다루는 것이 치료의 성패를 가를 만큼 중요한 문제라는 사실을 깨닫게 되었다.

견해 차이를 해결하고 극복할 해법을 나는 견해 차이가 생기는 이유에서 찾을 수 있었다. 사람은 누구나 자기 자신을 중심으로 생각한다. 그래서 서로 다른 입장과 생각이 생기기 마련이며 다른 사람의 견해를 인정하고 수용하는 것이 쉽지 않다. 이는 치료에 관해서도 마찬가지다. 그래서 나는 환자, 보호자와 치료에 관한 견해 차이가 생길 때면 제일 먼저 속으로 이렇게 되뇐다.

'나의 견해와 다를 뿐 그들의 견해가 틀린 것은 아니다.'

견해차란 말 그대로 어떤 상황이나 현상을 바라보는 입장과 생각의 차이일 뿐이다. 견해 차이를 인정한다는 의미는 다를 수 있음을 긍정하는 것이고, 그 사실을 이해하고 인정하면 새로운 시선으로 상황이나 현상을 바라볼 수 있게 된다. 그 새로운 시선이란 나를 중심으로 보고 생각하고 말하기를 잠시 멈추고 '그래, 저 사람은 어떻게 생각하는지 들어보자. 무엇을 원하는지 알아보자. 어떤 입장과 생각에서 그런 것인지 살펴보자'와 같이 상대방의 관점을 먼저 궁금해하고 들어보고 알고자 하는 마음이자 노력이다. 새로운 시선은 견해 차이로 생길 수 있는 어려움을 해결하고 극복할 활로를 열어준다.

이러한 사실을 깨달은 뒤로 나는 치료에 관해 나와 다른 견해를 가진 환자나 보호자를 만나면 우선 그들의 견해부터 들어보고 이해하는 데 주력한다. 그들의 입장이 어떠하고 무슨 생각을 하는지, 왜 그런 생각을 하게 되었는지, 진정으로 원하는 게 무엇인지, 치료에서 얻고자 하고 기대하는 바가 어떠한 것인지 등을 먼저 살피고 알려고 노력한다. 그들의 견해에 관해 충분히 듣고 이해한 후에는 치료에 관한 지식과 정보, 경험을 바탕으로 그들이 원하고 필요로 하는 것에 초점을 맞추어 나의 견해를 밝힌다. 그러면 그들은 나의 이야기에 귀를 기울이고 주의 깊게 듣기 시작한다. 그리고 자신들의 관점에서뿐만 아니라 치료사의 관점에서도 본인들에게 필요한 치료에 관한 것을 알고 이해하고 생각해 볼 수 있게 된다. 그런 과정을 거치면서 치료에 관한 견해 차이는 자연스럽게 좁혀지고 결국 각자의 견해는 서로의 관점에 대한 이해와 수용을 바탕으로 하나로 통합되고 수렴된다. 나는 이런 방식이 견해 차이를 가장 자연스럽고 효과적으로 극복하고 해결할 수 있는 방법이라 믿는다.

나의 견해를 앞세웠을 때는 그럴 수 없었다. 환자와 보호자의 말을 들으면서도, 머릿속에서는 '지금 말하는 건 작업치료에서 다룰 게 아닌데. 이걸 어떻게 설명해야 하나? 저 말에 뭐라고 반박해야 할까? 어떻게 하면 저 생각을 바꿀 수 있을까? 언제 치고 들어가서 내 말을 해야 할까?'와 같은 생각이 끊임없이 떠올라서 그들의 말에 온전히 주의를 기울일 수 없었기 때문이다. 또 아무리 설명하고 반박해도 생각을 바꾸거나 고치지 않는 환자나 보호자를 만나면, 싸움이나 경쟁에서 진 것이 아닌데도 그때와 똑같은 패배감을 맛봐야 했다. 당연히 환자와 보호자가 왜 그런 견해를 가지게 되었는지, 그것이 그들에게 왜 중요하고 필요한지, 그래서 원하는 것이 무엇인지 등을 알 수 없었으며 그 결과 작업치료를 제대로 하는 것은 고사하고 치료 시간을 무사히 넘기는 일조차도 버겁게 느껴졌다.

그러나 환자와 보호자의 견해를 '틀렸다'가 아닌 '다르다'로 받아들이자 더는 머릿속이 복잡하지 않았다. 그들의 말에 반박하거나 그들을 설득하려 애쓰지 않아도 되었다. 그들의 견해를 더 정확하게 알고 더 분명하게 이해하는 데 내 주의를 온전히 기울일 수 있었고, 그 덕분에 나는 그들이 치료에서 원하고 기대하는 바가 무엇인지, 왜 그것이 그들에게 중요하고 필요한지, 더 나아가 치료가 어떻게

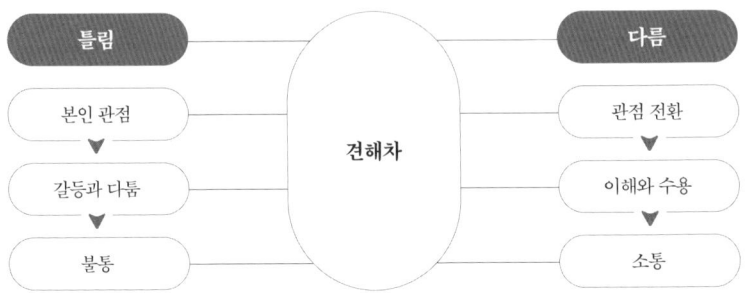

진행되기를 바라는지 등을 쉽고 명확하게 파악할 수 있었다. 그러자 나의 견해도 자연히 그들이 원하고 필요로 하는 것을 중심으로 형성되었다. 나의 견해는 그들을 위한 것이었고 그들 역시 나의 견해를 본인들을 위한 것으로 받아들였다. 내 말과 설명에 고개를 끄덕이고 '아!' 하는 감탄사를 연발하였으며 치료에 관한 나의 제안을 기꺼이 수용했다. 내가 그들이 원하고 필요로 하는 것에 관하여 말하고 그들이 궁금해하고 듣고 싶어 하는 이야기를 했기 때문이었다. 들어보니 환자, 보호자 본인들에게 도움이 되고 이익이 되는 이야기였기 때문이었다.

견해 차이를 극복하고 해결해야 하는 이유와 목적은 무엇일까? 그렇다. 작업치료를 하기 위해서다. 즉, 환자와 보호자는 자신들의 작업에 관한 목적을 이루는 데 필요한 도움을 작업치료사에게 받기 위함이고, 작업치료사는 환자와 보호자가 필요로 하는 작업과 관련된 전문적인 도움을 제공하기 위함이다. 즉, 작업치료에 필요한 소통을 위한 것이지, 자기 생각과 논리로 상대를 굴복시키거나 자신이 옳다는 것을 입증하기 위한 것이 아니다. 그러나 소통의 목적이 단순히 상대를 설득하는 것이 되는 순간, 견해 차이는 '다름'이 아닌 '옳고 그름'으로 변질되고 다툼과 갈등의 원인이 되며 불통으로 가는 지름길이 된다.

  이러한 사실을 몸소 체험하며 깨달았기에, 나는 더 이상 환자, 보호자와 옳고 그름을 따지거나 가리려 하지 않는다. 견해 차이가 생겼을 때 그것을 해결하고 극복해야 하는 이유와 목적을 늘 염두에 두고 환자, 보호자와 만난다. 먼저 환자와 보호자가 본인들의 치료와 관련하여 무엇을 어떻게 생각하는지 들어보고 파악한 후에 그들이 바라고 중요하게 생각하는 것에 초점을 맞추어 나의 견해를 밝힌다. 그들이 알고 싶어 하고 듣고 싶어 하는 부분이 무엇인지 알고 그것에 초점을 맞춰 나의 견해를 나누고 그들이 원하고 선택한 것을 중심으로 치료를 시작하고 진행한다. 이것이 내가 환자, 보호자와 치료에 관한 견해 차이를 해결하고 극복하기 위해 반드시 지키고 실천하는 원칙이다. 돌이켜보건대, 이 원칙을 충실히 지킴으로써 나는 환자, 보호자와의 견해 차이로 발생할 수 있는 문제나 어려움에 대해 언제나 현명하고 효과적으로 대비하고 대처할 수 있었다.

탑다운은 맞고, 바텀업은 틀린가

작업치료를 할 때 하향식 접근top-down approach을 해야 할지, 상향식 접근bottom-up approach을 해야 할지 고민하는 작업치료사들이 있다. 또 하향식 접근법으로만 작업 기반 치료를 할 수 있다고 생각하여, 하향식 접근법을 지향하면서도 상향식 접근법의 특성이 반영된 치료top-to-bottom-up approach를 금기시하는 작업치료사도 있다.

  어떤 접근법이 작업 기반 치료를 실행하는 데 효과적이고 유익할지 고민하는 일은 필요하다. 하지만 어느 하나의 접근법을 정해두고 그것을 모든 클라이언트에게 획일적으로 적용하려는 것은 문제가 있다. 예를 들어, 작업치료 관련 접근법을 공부하면서 '작업 기반 치료를 하려면 하향식 접근법으로 치료해야만 해. 그렇게 하는 치료가 진짜 작업치료야'라고 생각했다. 주변의 다른 작업치료사들도 마찬가지였다. 모두 하향식 접근법으로 치료하는 게 옳다고 여기며 그렇게 하려고 애썼다. 그래서 자기도 그렇게 해야 한다고 생각하여 하향식 접근법으로 작업치료를 하려고 한다. 이는 곧 하향식 접근법에 규정되어 있는 단계와 절차에 따라 치료하겠다는 얘기다. 규정된 절차를 제대로 따르지 않거나 임의로 특정 단계를 생략하면 하향식 접근법에 따라 치료했다고 할 수 없을 것이기 때문이다.

하향식 접근법으로 치료할 때 빼놓을 수 없는 절차 중 하나가 바로 수행 분석performance analyses이다. 과제를 수행하는 클라이언트의 행동을 직접 관찰하여 수행에 관한 행동의 질quality이나 유효성effectiveness을 평가하는 과정이다. 수행 분석을 통해 클라이언트가 과제를 수행할 때 어떤 행동을 잘하고 못하는지, 어떤 행동이 능숙하고 서툰지, 어떤 행동이 과제의 목표를 달성하는 데 문제가 되고 도움이 필요한지 등을 파악할 수 있다.

하향식 접근법을 실천할 때 수행 분석이 얼마나 중요하냐면, 수행 분석을 하지 않으면 그건 진정한 하향식 접근법true top-down approach의 치료가 아니라고 할 정도다. 그만큼 수행 분석은 하향식 접근법의 핵심적인 절차라 말할 수 있다. 수행 분석을 하려면 과제가 클라이언트에게 익숙하면서도 도전적인 것이어야 한다. 다시 말해, 클라이언트가 해본 적이 있어야 하고, 현재 능력으로 수행할 수 있어야 하며, 모든 능력을 최대로 발휘해야 할 수 있을 정도의 수준에 해당하는 과제여야 하는 것이다. 과제 수행도 이전의 수행 환경과 똑같거나 그와 최대한 유사하게 조성된 상태에서 이루어져야 한다. 이는 수행 분석을 위한 가장 기본적이면서도 필수적인 전제 조건이다.

그런데 클라이언트가 유일하게 원하고 가장 필요로 하는 과제가 당장 수행 분석을 할 수 없는 과제라면 어떻게 될까? 예컨대 전동 휠체어나 전동 스쿠터를 직접 몰고 외출하는 것인데, 클라이언트가 발병 전이나 후에 전혀 해본 적이 없고, 현재 클라이언트의 능력상 수행 시 안전에 문제가 있을 것으로 예상되며, 클라이언트가 본인 능력으로 안전하게 수행하려면 적어도 한 달 이상은 배우고 연습해야 할 것 같은 과제라면. 한동안 해당 과제의 수행을 가르쳐주고 연습하게 한 뒤에 수행 분석을 하면 될까?

하향식 접근법에 따라 치료하기 위해서는 그럴 수 없다. 왜냐하면 하향식 접근법의 핵심이라 할 수 있는 수행 분석이라는 절차를 생략한 채 중재가 이루어지는 것이기 때문이다. 그런 식으로 수행 분석을 미루거나 건너뛴다면 수행 분석뿐만 아니라 그와 연계된 다른 단계마저도 제대로 시행할 수 없으므로 그렇게 해서는 하향식 접근법으로 치료했다고 할 수 없게 된다. 그렇다고 수행 분석을 하기 위해 클라이언트에게 다른 과제를 선택하라고 요구할 수도 없다. 그러면 중재할 작업을 결정하는 기준이 클라이언트의 욕구와 기대, 의미와 목적, 동기와 가치 등이 아닌 수행 분석의 가능 여부가 될 것이기 때문이다. 게다가 수행 분석이 가능한 작업만 중재 대상이 될 수 있다는 얘기인데, 이 역시 작업치료의 이치에 맞지 않기는 마찬가지다.

사실, 이때는 수행 분석보다 클라이언트 본인이 원하는 과제를 안전하게 수행할 수 있도록 돕는 치료 중재가 먼저 이루어져야 한다. 수행 분석이 꼭 필요하다면 클라이언트가 원하는 과제를 본인의 능력으로 안전하게 수행할 수 있게 되었을 때 클라이언트의 승낙을 얻은 후에 수행 분석을 진행해야 한다. 그런데도 하향식 접근법으로 치료하는 게 옳다고 믿는 이들은 어떻게든 수행 분석을 하기 위해 애쓰기 마련이다. 그들에게는 오로지 하향식 접근법만이 정답이므로 다른 선택지가 없는 까닭이다. 수행 분석이 꼭 필요하기 때문에 어쩔 수 없이 일단 클라이언트에게 수행 분석을 위한 과제를 미리 경험하거나 학습하게 한다. 그런 다음, 클라이언트가 과제를 수행할 정도가 되었을 때 수행 분석을 진행한다. 앞서 말했듯이 이는 벌써 치료 중재가 이루어진 상황이다. 수행 분석에 앞서 클라이언트의 수행을 돕기 위한 중재가 이미 진행된 것이다. 그 순간 하향식 접근법에서는 벗어난 것이고, 이는 지금 당장 수행 분석이 아닌 목적한 수행에 관한 경험과 학습이 클라이언트에게 필요하다는 사실을 작업치료사 스스로 행동을 통해 증명하고 인정한 것이나 다름없다.

클라이언트에게 필요한 치료 중재가 제대로 이루어졌는가 하면, 그렇지도 않다. 중재 목적이 목표한 작업 수행이 아닌 수행 분석이 가능한 상태를 만드는 데 있기 때문이다. 따라서 목표한 작업 수행과 관련된 측면과 요인을 충분히 고려하고 분석하여 합당한 근거를 바탕으로 한 체계적인 중재일 수가 없다. 그보다는 수행 분석을 진행하는 데 필요한 측면과 요인만을 우선으로 선별하여 수행 분석이 가능한 수준을 만드는 데 초점을 둔 임시방편에 가까운 중재에 지나지 않는다.

이는 작업치료사 본인이 그렇게라도 해야 한다고 믿어야만 가능한 일이다. 거칠게 말해, 특정 방식을 지나치게 맹신한 나머지 클라이언트가 목표하는 작업 수행을 돕기 위함이라는 본래의 목적을 잊은 채 본인이 해야 한다고 믿는 치료를 실행하기 위해서 하는 일이란 얘기다. 그러면 클라이언트를 중심으로 한 작업치료를 할 수 없다. 본인이 옳다고 믿는 치료를 하기 위한 형식과 절차를 따르는 것이 무엇보다 중요해지는 까닭이다. 겉으로는 그럴듯한 치료처럼 보일지 모르지만, 실상은 작업치료의 본질과 이치에서 벗어난 허울 좋은 치료에 불과하다. 이 사실을 알지 못하는 작업치료사 본인은 옳은 방식에 따라 작업치료를 하고 있다고 생각하며 스스로 뿌듯해 할지 모르지만, 이는 큰 착각이자 모순이다. 클라이언트가 치료의 중심에 있지도, 클라이언트의 작업과 목표, 수행과 관련된 맥락이 제대로 고려되지도 않은 치료이기 때문이다.

수행 분석을 위해 당장 자기 힘으로 할 수 없는 과제를 치료사의 요구에 따라 어쩔 수 없이 해야 하는 클라이언트는 어떨까? 치료사의 요구가 이해되지 않을뿐더러 부당하다고 느낄 것이다. 그러한 자신의 의사를 치료사에게 밝히는 클라이언트도 있기는 하지만, 치료사가 하라는 대로 하는 클라이언트가 더 많다. 과제를 수행하는 내내 어려움을 경험할 수밖에 없다. 계속해서 문제를 맞닥뜨리지만 스스로 해결할 수도 없다. 자기 뜻대로 되지 않는 상황과 본인 능력으로 극복할 수 없는 문제를 경험하며 이전과 달라진 자기 상태를 반복해서 확인하는 클라이언트의 심정이 어떨지 생각해 봐야 한다. 그 과제를 계속하고 싶을까? 의욕적으로 더 열심히 해보려고 하게 될까? 더 나아지리라는 기대나 희망을 품을 수 있을까? 과연 자기 자신을 어떻게 생각하고 느끼게 될까?

클라이언트는 의욕을 잃을 것이다. 실패했다고 생각할 것이며 그로 인해 실망하고 좌절할 것이다. 무리하게 수행 분석을 강행한 데 따른 결과이지만, 그 사실을 클라이언트는 알지 못할 것이기 때문이다. 설령 그 사실을 알게 되더라도 그렇게 받아들이지 못할 것이다. 오히려 과제를 수행하며 경험한 자신의 무능함, 무력감, 결점, 문제 등에 마음을 빼앗기고 애초에 하고자 했던 일에 대한 욕구, 동기, 이유, 목적, 의미 등을 까맣게 잊어버리게 될지도 모른다. 어쩌면 이를 계기로 잃어버린 능력의 회복에만 더더욱 몰두하게 될 수도 있다. 그 때문에 본인이 좋아하는 일, 하고 싶은 일, 해야 하는 일, 필요로 하는 일은 몸이 완전하게 나아야만 할 수 있고 그때 해야 하는 것으로 여기게 될지도 모른다. 아니면 몸이 좋아지면 그런 일들은 저절로 할 수 있게 된다고 착각하거나. 그러면 좋아하는 일, 하고 싶은 일, 해야 하는 일, 필요로 하는 일을 클라이언트 스스로 선택하고 수행하며 살아가기까지 얼마나 많은 시간과 노력이 필요할지는 알 수 없는 일이다.

지금까지 살펴본 문제를 맞닥뜨린 작업치료사들의 반응을 보고 놀랄 때가 있다. 문제의 원인을 직시하여 그에 따른 올바른 해결책을 찾기보다는 오히려 본인이 옳다고 믿는 치료에 더 집착하거나 잘못된 방식으로 문제를 해결하려는 경우가 의외로 더 많았기 때문이다. 이를테면 앞서 살펴본 것처럼 특정 치료 접근법이 클라이언트에게 맞지 않는 것이 주된 원인임에도 불구하고, 이를 인정하지 않고 오히려 해당 접근법에 대한 공부와 지식 쌓기에 더욱 매달리는 경우가 그렇다. 그러나 치료 접근법에 대한 공부나 지식 부족이 근본적인 원인이 아니므로, 이러한 방식으로는 문제를 해결할 수 없다. 아무리 노력해도 문제가 해결되지 않고 원하는 대로 치료가 이루어지지 않으니, 치료사는 자연스럽게 스트레스를 받게 된다. 자신의 능력이 부족하다고 생각하기도 하고, 더 이상 어떠한 노력도 하지 않게 되기도 한다. 너무 괴로운 나머지 클라이언트 탓을 하며 잠시나마 그 괴로움을 회피하는 경우도 있다. 본인은 열심히, 그리고 제대로 치료해 보려고 하지만, 클라이언트가 잘 따라주지 않거나 능력이 부족해서, 성격에 문제가 있어서, 혹은 의욕이나 동기가 부족해서라고 여기며 문제의 원인을 클라이언트에게서 찾고 그것을 위안 삼는다.

    그런다고 해서 문제가 해결되지는 않는다. 또 설령 그게 사실이라고 해도 클라이언트의 탓만 하고 있어서는 안 된다. 정말 그렇다면 클라이언트가 왜 그러한지 파악해서 그에 따라 적절한 해결책을 찾아보는 것이 마땅하다. 그러나 자기가 믿는 치료가 옳다고 생각하면 그렇게 할 수 없다. 어떻게 하면 클라이언트로 하여금 본인이 옳다고 믿는 치료 방식을 따르게 할 수 있을 것인지에만 더욱더 몰두하게 되는 까닭이다. 그 결과 치료사 자신도 클라이언트도 괴로움을 피할 수 없게 된다. 치료는 나아지지 않고 괴로움의 악순환만 계속되는 것이다.

이렇듯 무조건 '특정 접근법으로 치료하는 게 옳다' 또는 '특정 치료법으로 치료해야만 작업치료를 할 수 있다'라고 생각하거나 믿는 것은 위험하다. 이미 정해져 있는 틀로 클라이언트를 보게 되고 클라이언트를 그 틀에 끼워 맞추려 하게 될 수 있어서다. 게다가 그런 사실조차 알아차릴 수 없기 때문에 본인의 생각이나 믿음을 스스로 점검하거나 바꾸기도 어렵다. 이 밖에도 많은 문제가 치료사의 입장에서 특정 접근법을 미리 정해두고 모든 클라이언트에게 획일적으로 적용하려 할 때 발생한다. 그중 가장 위험하고 심각한 일부 문제를 많은 작업치료사들이 주목하고 지향하는 하향식 접근법을 예로 들어 살펴보았을 뿐이다. 치료 관련 이론이나 모델도 마찬가지다. 치료사 입장에서 특정 이론이나 모델을 미리 정해두고 모든 클라이언트에게 획일적으로 적용할 때도 같은 문제에 직면하게 된다.

작업치료를 제대로 하기 위해서는 치료 과정조차도 클라이언트를 중심으로 이루어져야 한다. 클라이언트가 치료 과정에서 해야 하는 행위들 역시 클라이언트에게 의미가 있고 목적이 있는 것이어야 한다. 클라이언트가 아닌 다른 것이 치료의 중심이 되거나 그것이 우선시되어서는 안 된다. 특정 접근법이나 이론, 모델, 틀이 아닌 클라이언트를 우선에 두고 클라이언트가 치료의 중심이 되도록 해야 한다. 그러기 위해서는 가장 먼저 클라이언트에 대해 잘 알아야 한다. 클라이언트가 자신과 삶, 작업에 대해 어떻게 생각하고, 어떤 욕구와 필요를 느끼며, 관련된 핵심 맥락과 원하는 작업에 대한 도움이 무엇인지 먼저 이해해야 한다. 그런 다음 그 도움을 어떠한 방식으로 제공하는 것이 가장 효율적이고 효과적이며 성공적일지 연구해야 한다. 그렇게 하는 데 도움이 될 작업치료의 접근법, 이론, 모델, 틀이 있다면 치료에 적절하게 활용할 방안을 모색하고 이를 클라이언트와 공유한다. 치료 진행에 필요한 구체적인 내용을 클라이언트와 상의하여 결정하고 합의된 내용을 중심으로 치료를 진행한다.

클라이언트가 원하고 요구하는 작업에 관한 목표를 달성하는 데 이미 존재하는 작업치료의 접근법, 이론, 모델, 틀 가운데 적합한 것이 있다면 그중 클라이언트에게 가장 잘 맞는 것을 골라 치료에 적절하게 활용하면 된다. 이를테면 클라이언트를 이해하고 목표한 작업 수행을 돕는 데 하향식 접근법이 가장 적합하다면, 하향식 접근법으로 치료하면 된다. 상향식 접근법이 가장 적합하다면, 상향식 접근법으로 치료하면 된다. top-to-bottom-up approach가 가장 적합하다면, 그렇게 치료하면 된다. 이미 존재하는 접근법, 이론, 모델, 틀 중 클라이언트에게 적합한 것이 있는데 쓰지 않을 이유가 없다.

만약 기존의 접근법, 이론, 모델, 틀 가운데 클라이언트에게 적합한 것이 없다면 다른 방안을 마련해야 한다. 클라이언트에게 맞지 않는 것을 억지로 쓰거나 고집할 필요가 없다. 이때는 과감히 새로운 해결책을 향해 시선을 돌려야 한다. 기존의 작업치료 접근법, 이론, 모델, 틀 가운데 클라이언트에게 도움이 되는 부분들만 추려서 클라이언트에 맞춰 새롭게 조합하거나 수정하고 보완하여 치료에 적용해 볼 수도 있고, 그렇게 해도 안 된다면 그동안 쌓은 치료적 경험과 지식을 바탕으로 클라이언트에게 알맞은 새로운 치료적 관점과 방식을 고안하여 이를 치료에 적용해 볼 수도 있다. 치료에 정답은 없다. 다만, 더 나은 해답이 있을 뿐이다. 그러므로 모든 가능성을 열어두고, 클라이언트와 함께 유연하고 창의적인 노력과 시도를 통해 가장 적합한 치료적 관점과 방안을 찾고 만들어야 한다. 그 과정조차 클라이언트에게 의미와 가치를 전달할 수 있도록 노력해야 한다. 그것이 진정한 클라이언트 중심의 맞춤형 작업치료다.

모든 클라이언트는 각기 다른 고유한 존재다. 클라이언트에 따라 필요한 치료적 관점과 방식이 달라질 수밖에 없고 달라져야 하는 이유다. 그러므로 이미 존재하는 몇몇 치료적 관점과 방식에만 기대어 모든 클라이언트를 치료하려 하거나 그것만이 유일하게 옳다고 믿어서는 안 된다. 만약 특정한 작업치료의 접근법, 이론, 모델, 틀만이 옳고 그것으로만 치료해야 한다고 주장하는 이가 있다면, 그것을 맹신하는 사람이거나 추종하는 사람일 수 있다. 아니면 그것을 만든 사람이거나 그것만 할 수 있는 사람 또는 그것으로 어떤 이득을 취하는 사람일지도 모른다. 따라서 그것을 맹목적으로 따를 게 아니라 먼저 그것이 타당한지부터 잘 따져 봐야 한다. 그것이 정말 클라이언트에게 가장 적합한 것인지 신중하게 고려해 봐야 한다. 특정 치료 접근법이나 이론, 모델, 틀은 클라이언트에 적합할 때 선택하여 활용하면 되는 수단에 불과하다. 진정한 작업치료는 클라이언트를 정해진 틀에 맞추는 것이 아니라, 클라이언트의 개별적인 요구와 상황에 맞춘 유연하고 창의적인 접근에서 비롯된다는 것을 기억해야 한다.

일상생활동작치료를 못 하면 작업치료를 할 수 없나

일상생활동작치료를 하고 싶지만 못 해서 고민하는 작업치료사들이 "어떻게 하면 일상생활동작치료를 할 수 있을까요?"라고 물었다. 나는 "클라이언트가 자기 힘으로 일상생활을 하려고 하나요?" 혹은 "클라이언트가 일상생활동작치료를 원하나요?"라고 되물었다. 그러면 보통은 "그렇지는 않아요. 팔 좀 낫게 해달라고 하세요"라거나 "그렇지는 않아요. 걸을 수 있게 해달라고 하세요"라거나 "아니요. 몸이 나으면 생활은 그때 가서 할 수 있다고 하세요"라는 대답이 돌아온다.

왜 일상생활동작치료를 할 수 없는지 짐작하겠는가? 그렇다. 클라이언트가 당장 원하거나 요구하는 일이 아니기 때문이다. 클라이언트의 답변을 다시 한번 살펴보자. 클라이언트가 바라는 게 당장 자기 힘으로 생활하는 것인가? 생활하는 데 도움이 되는 치료를 해달라고 하는가? 아니다. 다른 것을 원하고 요구하고 있다. 작업치료사가 일상생활동작치료를 하고 싶어도 할 수 없는 이유다.

당장 본인 힘으로 생활할 수 없는데도 클라이언트는 왜 스스로 생활하는 데 도움이 되고 필요한 치료를 요구하지 않을까? 그런 치료를 최우선에 두지 않는 이유는 무엇일까? 그것은 지금 당장 자기 힘으로 생활하지 않아도 되는 맥락이 있어서다. 예컨대 회복에만 전념하도록 생활에 필요한 일을 대신해 주는 누군가가 곁에 있다거나, 환자 본인이 생활의 자립보다는 몸의 회복을 최우선에 두고 치료에 임하고 있다거나, 아니면 혼자 힘으로 생활하는 것을 환자 본인뿐만 아니라 주변 사람들도 딱히 기대하거나 요구하지 않아서일 수 있다.

이처럼 클라이언트에게 당장 일상생활동작치료가 필요하지 않은 맥락이 있는데도 이를 모르거나 살펴보지 않으면 클라이언트가 무조건 일상생활동작치료를 거부한다고 생각하게 될 수 있다. 그리고 실제로 그런 경우가 많다. 클라이언트에게 당장 생활의 자립보다 우선하는 다른 목적에 관한 맥락이 있고 그것이 가장 중요하다면, 일상생활동작치료는 클라이언트에게 가장 중요하거나 시급한 치료가 아닐 수 있다. 대신 다른 목적에 관한 치료를 가장 중요하고 더 시급하게 여기기 마련이다.

그렇다고 앞으로도 계속 그럴 거라는 말은 아니다. 지금은 그렇더라도 본인 힘으로 직접 생활해야만 하는 맥락이 생겨서 생활의 자립이 가장 시급하고 중요해지면 그때는 클라이언트가 나서서 일상생활동작치료를 원하고 요구할 것이다. 지금이 그때가 아니라면 그 사실을 받아들이고 클라이언트가 지금 당장 원하고 필요로 하는 것에 관심을 두고 전념해야 한다. 그것이 설령 작업치료사인 내 생각과 판단, 바람과 다르더라도 말이다. 그래야 지금 당장 클라이언트가 원하고 요구하는 작업과 관련된 치료를 할 수 있고 그것이 바로 진정한 클라이언트를 위한 작업치료다.

내게 질문한 작업치료사들도 이 사실을 모를 리 없다. 이는 내 질문에 대한 작업치료사들의 답변만 봐도 알 수 있다. 그들도 자신들의 클라이언트가 지금 당장 일상생활동작치료를 원치 않는다는 사실을 알고 있다. 심지어 클라이언트가 현재 무엇을 가장 원하고 필요로 하는지도 이미 알고 있다. 그런데도 왜 그들은 일상생활동작치료를 못 해서 고민하는 것일까? 클라이언트가 원하고 요구하는 것에 관해 치료하면 되는데 그러지 못하고, 클라이언트가 원하지도 요구하지도 않는 일상생활동작치료를 못 해서 고민하고 때로는 그 때문에 괴로워하기까지 하는 것일까?

나는 이 고민이 '작업치료사는 일상생활동작치료를 해야 한다', '작업치료사니까 일상생활동작치료를 하는 게 당연하다'라는 생각에서 비롯된다고 본다. 즉, 작업치료사로서 마땅히 해야 한다고 생각하는데 그럴 수 없으니 고민하게 된다는 얘기다. 일례로 작업치료와 관련하여 무엇이 가장 먼저 떠오르는지 작업치료를 전공하는 학생이나 작업치료사에게 물어보면 거의 반사적으로 일상생활동작이나 일상생활동작치료라고 답한다. 그들이 작업치료를 '일상생활을 할 수 있게 돕는 치료'라고 소개하거나 작업치료사를 '생활에 필요한 일들을 할 수 있게 돕는 사람' 내지 '자기 힘으로 생활하게 돕는 사람'이라고 소개하는 것도 같은 이유에서다. 그러한 영향으로 작업치료를 '생활과 관련된 치료', 작업치료사를 '생활할 수 있게 치료해 주는 사람'으로 알고 말하는 환자나 보호자도 있다. 정작 환자 본인의 작업치료 시간에는 일상생활동작치료가 아닌 다른 치료를 하고 있으면서도 말이다.

  나도 그랬던 적이 있지만, 일상생활동작과 작업을, 일상생활동작치료와 작업치료를 동일한 것으로 생각하고 믿는 작업치료사들이 있다. 너무나 당연하게 일상생활동작은 작업, 일상생활동작치료는 작업치료라고 여겨서 그게 정말 맞는지조차 따져 보지 않고 그냥 그렇다고 생각하고 믿는 경우가 많다. 그러한 생각과 믿음에 사로잡혀 있으면 '작업치료사는 당연히 일상생활동작치료를 해야 하고 일상생활동작치료를 해야만 작업치료를 제대로 하는 것'으로 생각하게 된다. 특히, 클라이언트가 자기 힘으로 생활하지 못하거나 다른 사람의 손을 빌려서 생활하고 있다면 그런 생각은 더욱더 확고해지기 마련이다. 클라이언트가 일상생활동작치료를 거부하고 다른 것에 관해 치료를 요구해도 이를 이해하고 그대로 들어주지 못한다. 이미 클라이언트를 위해 작업치료사 본인이 해야 한다고 믿는 작업치료가 정해져 있는 까닭이다. 그러면 클라이언트가 왜 일상생활동작치료를 거부하는지, 진정으로 원하고 필요로 하는 게 무엇인지, 그와 관련된 핵심적인 맥락이 무엇인지 등을 더 알려 하거나 고려할 수 없게 된다. '나는 작업치료사로서 마땅히 해야 할 일을 하는 거야', '클라이언트가 뭘 몰라서 그런 거야', '자기 힘으로 생활할 수 있어야 집으로 돌아갈 수 있을 거 아니야', '이게 다 클라이언트를 위한 거야'라는 식으로 자신의 신념과 행동을 끊임없이 합리화하고 정당화하기 때문이다.

　클라이언트의 거부로 결국 일상생활동작치료를 못 하게 되면 좌절하고 괴로워한다. 일상생활동작치료를 못 해서가 아니라 작업치료사 본인이 하고 싶은 치료를 못 해서, 자기 마음대로 되지 않아서 좌절하고 괴로운 것이지만 이런 사실은 모른 채로 말이다. 설령 작업치료사 본인의 뜻대로 일상생활동작치료를 하게 되더라도 치료가 제대로 되기는 어렵다. 클라이언트가 원한 것도, 지금 당장 필요로 하는 것도 아니기 때문이다. 단적인 예로 클라이언트는 치료 시간에 치료실에서 작업치료사가 시킬 때만 목표한 일상생활동작을 수행할 것이다. 치료 시간이 아닐 때나 치료실이 아닌 곳에서 또 작업치료사가 시키지 않을 때는 목표한 일상생활동작을 수행하지 않을 것이다. 본인의 의지와 결정으로 하는 일이 아닌 까닭이다. 환자를 돌보는 보호자에게서는 이러한 말을 듣게 될지도 모른다.

"선생님하고 치료실에서는 하는데 병실에서는 안 하려고 해요."
"선생님하고 할 때처럼 해보라고 해도 말을 안 들어요."
"치료할 때만 하지 생활에서는 절대 안 해요."
"치료 전이나 지금이나 제가 다 해줘야 하는 건 마찬가지예요."
"치료실에 안 가려고 해요. 하기 싫은 것만 시킨다고요. 그래서 억지로 데려가야 해서 힘들어요."

그런 경우 일상생활동작은 클라이언트의 작업이 아닌 작업치료사와 작업치료 시간에 하기로 한 치료용 과제나 활동에 지나지 않는다. 그래서 클라이언트의 자발적인 수행을 기대할 수 없고 실생활로의 연계나 확장도 잘 이루어지지 않는다. 사실 이는 당연한 결과다. 처음부터 클라이언트에게 혼자 힘으로 생활해 보려는 의지나 동기, 이유나 목적, 구체적인 목표나 의미가 없었을 뿐만 아니라 꼭 그래야만 하는 맥락도 없었기 때문이다. 생활의 자립이 클라이언트의 주된 관심사도, 치료의 최우선 순위도 아니었으므로 이는 충분히 예상하고 납득할 만한 결과라 할 수 있다. 또한 일상생활동작치료가 곧 작업치료라는 작업치료사의 믿음과 달리 작업치료를 한 것도 아니다. 일상생활동작이 클라이언트의 작업이 아니었으므로 일상생활동작치료 역시 클라이언트의 작업에 관한 치료가 아니었기 때문이다.

클라이언트는 어떨까?

원하는 게 따로 있는데도 어쩔 수 없이 치료에 임해야 하니 치료 시간이 고역일 수밖에 없다. 원치도 않고 딱히 필요성을 느끼지도 못하는 일을 시키는 작업치료사를 신뢰하지 못하고 치료에 불만을 품게 될지도 모른다. 바라던 치료가 신체 회복을 위한 치료였다면 이를 더 바라게 될 것이다. 그럴수록 일상생활동작치료가 더 하기 싫어질 것이고 그러다 보면 치료를 거부하는 일이 생길 수도 있다.

두 번째 이야기, 고민

다른 병원에서 새로운 작업치료사를 만나면 "생활에 관한 치료는 필요 없어요. 여기 오기 전까지 했었는데 도움이 안 되더라고요. 생활이야 몸이 나으면 그때 가서 해도 괜찮으니까, 몸이나 빨리 낫게 해주세요"라고 하면서 신체 회복에 관한 치료를 더욱더 강력하게 요구할 것이다. 그러면 새로운 작업치료사와 다시 원점에서 치료를 시작해야 할 뿐만 아니라 그동안 치료에 들인 시간과 노력과 돈도 소용없게 된다. 이렇듯 클라이언트가 원치도 않고 필요성을 절감하지도 못하는 상황에서 일상생활동작치료를 강행하는 것은 작업치료사와 클라이언트 모두에게 무익하고 무용한 일이다.

일상생활동작 자체는 작업이 아니다. 그저 과제나 활동에 지나지 않는다. 작업인지는 과제나 활동이 무엇인지에 따라 결정되는 것이 아니라 과제나 활동에 누군가의 의미나 목적이 부여되었는지에 따라 결정되는 까닭이다. 이를테면 옷 입기가 클라이언트의 작업이라면, 그것은 옷 입기가 일상생활동작이어서가 아니라 클라이언트가 옷 입기에 자기만의 의미와 목적을 부여해서라는 것이다. 따라서 일상생활동작과 작업을 무조건 같은 것으로 여겨서는 안 된다.

일상생활동작치료도 마찬가지다. 일상생활동작치료를 작업치료라고 당연하게 여겨서는 안 된다. 일상생활동작치료가 클라이언트를 위한 작업치료가 되려면, 우선 일상생활동작이 클라이언트의 작업이어야 하고, 클라이언트가 일상생활동작에 관한 치료를 원하고 요구해야 한다. 만약 일상생활동작이 클라이언트의 작업이 아니거나 작업이 맞기는 하지만 클라이언트가 당장 그에 관한 치료를 원치 않거나 요구하지 않는다면, 그때의 일상생활동작치료는 클라이언트를 위한 작업치료가 아니다. 그러므로 작업치료사라면 이런 상황에서 일상생활동작치료를 강행하려 해서는 안 된다.

"일상생활동작치료가 필요하다는 걸 클라이언트가 몰라서 그럴 수 있지 않은가. 그렇다면 일단 작업치료사가 주도해서라도 일상생활동작치료를 진행하는 게 필요하지 않을까. 그런 경험을 통해서 클라이언트가 자기 힘으로 생활해야 하는 필요성을 느끼고 그렇게 하겠다고 결심하게 될지도 모르는 일 아닌가."라고 반박하고 싶은 이들이 있을지도 모르겠다.

맞다. 그럴 가능성이 없지는 않다. 그러나 타인에 의해 혹은 억지로 하는 경험을 통해서 본인의 목적을 발견하고 그 경험에 자기만의 의미를 부여하는 것은 생각만큼 쉬운 일이 아니다. 더구나 자발적으로 그 경험을 다시 선택하고 지속하는 것은 더더욱 어려운 일이다. 만일 그것이 쉽고 그렇게 해서 클라이언트가 저절로 일상생활동작치료를 선택하게 된다면 일상생활동작치료를 못 해서 고민하는 일은 애초에 생기지도 않았을 것이다. 클라이언트의 뜻이 어떠하든 간에 필요하면 그냥 일상생활동작치료를 하면 될 테니까.

그러나 그것이 가능하지 않고 그렇게 해서 해결되는 문제가 아니기 때문에 고민하게 되고 다른 해결책이 필요한 것이다. 무엇보다 일상생활동작치료가 클라이언트에게 꼭 필요하다면 그 필요성을 클라이언트가 이해하고 수긍하게 하는 일이 먼저지 무턱대고 치료부터 진행하고 볼 일이 아니다. 클라이언트가 일상생활동작치료의 필요성을 납득하고 스스로 선택해야만 진정으로 클라이언트에게 도움이 되고 또 그래야만 클라이언트를 위한 작업치료로써 일상생활동작치료를 할 수 있기 때문이다.

따라서 클라이언트에게 일상생활동작치료가 꼭 필요하다면 클라이언트가 그 필요성을 이해하고 스스로 일상생활동작치료를 선택하게 만드는 과정이 선행되어야 한다. 훗날 자기 힘으로 생활해야 할 때를 대비해서 당장 클라이언트가 원치 않더라도 일상생활동작치료를 강행하는 게 옳다고 믿는 이들도 마찬가지다. 클라이언트의 미래가 걱정된다고 해서 작업치료사 본인 마음대로 일상생활동작치료를 할지 말지를 결정하려 해서는 안 된다. 우려되는 부분에 관해 클라이언트와 먼저 의논해 보고 클라이언트가 혼자 힘으로 생활해야 할 때를 대비해서 일상생활동작치료를 하는 게 좋겠다고 동의할 때 해야 한다.

그렇게 했음에도 클라이언트가 일상생활동작치료를 원치 않으면 그러한 클라이언트의 의사를 존중하고 받아들여야 한다. 작업치료사로서 걱정되고 안타까운 부분이 있더라도 그것이 클라이언트의 선택이라면 수용해야 한다. 그리고 일상생활동작치료 대신 클라이언트가 현재 의미와 목적을 두는 과제나 활동에 관해 치료하면 된다. 그것이 지금 클라이언트에게 필요한 작업치료이기 때문이다. 일상생활동작치료에 연연할 필요가 없다. 일상생활동작치료는 클라이언트가 원하고 필요해서 요구할 때 하면 된다. 그럴 때 클라이언트를 위한 작업치료로써 일상생활동작치료를 할 수 있다.

뇌졸중 이후에 F는 여동생에게 전적으로 의존하여 생활하고 있었다. 내 생각에는 식사하기, 씻기, 화장실에 가서 용변 보기 등의 기본적인 일상생활동작은 그가 연습하면 충분히 해낼 수 있을 것 같았다. 그러나 F와 그의 여동생은 다리의 힘을 키우고 지팡이를 사용해서라도 걸을 수 있는 게 급선무라면서 그와 관련된 치료를 요구했다.

나는 먼저 그들이 원하는 치료에 관해 의논한 뒤에 생활과 관련된 치료에 대한 나의 의견을 나누었다. 그리고 그들이 바라는 치료와 생활의 자립을 위한 치료를 병행하는 것에 관해 어떻게 생각하는지 물었다. F의 여동생은 "오빠가 지금은 운동에만 전념하는 게 좋지 않을까 해요. 생활은 제가 도와주고 있어서 당장 문제 될 게 없거든요. 오빠가 열심히 운동해서 다리에 힘도 더 생기고 잘 걷게 되면 생활은 저절로 할 수 있게 될 거 같아요. 지금 오빠를 씻기고 입히고 먹이는 게 저한테 그리 힘든 일도 아니거든요. 회사도 오빠를 돌보려고 그만둔 거고요. 생활에 대한 건 나중에 필요하면 그때 가서 해도 될 거 같아요"라고 했다. F도 여동생과 같은 생각이라고 했다. 두 사람의 생각이 확고했기에 나는 그들의 생각을 받아들이고 그들이 당장 필요하다고 하는 치료에 전념했다.

그렇게 한 달 정도가 지났을 때 F의 여동생이 면담을 요청했다.

"제가 다니던 직장을 그만두고 오빠를 돌보기 시작한 건 다른 형제들이 생활비와 치료비를 대주기로 해서였어요. 그래서 일을 그만두고 지금까지 간병해 왔던 건데, 최근 다들 형편이 어렵다며 더는 생활비와 치료비를 대줄 수 없다고 하더라고요. 그래서 어쩔 수 없이 제가 다시 일을 시작해야 할 것 같아요. 당장은 아니고 한 달 정도 후에 일을 다시 시작할 생각이에요. 일을 다시 시작하게 되면 제가 퇴근해서 집에 올 때까지 오빠 혼자 있어야 하는데 걱정이에요. 혼자 밥도 차려 먹고 화장실도 가고 양치질도 해야 하는데, 치료하면 한 달 안에 가능할까요? 이것만 오빠가 혼자 할 수 있으면 제가 일을 나갈 수 있거든요. 오빠한테도 이야기했더니 혼자서 해보겠다고 하더라고요. 그래서 처음에 저희한테 이야기하셨던 생활에 관한 치료를 부탁드리려고 오늘 뵙자고 했어요."

F가 일상생활동작을 혼자 힘으로 해야 하는 맥락이 생기자, F와 그의 여동생은 내게 일상생활동작치료를 요구했다. 그렇게 해서 일상생활동작치료를 시작하게 되었고 그들 모두 치료에 적극적으로 협력하고 참여했다. 그 덕분에 그들이 바라는 대로 한 달 안에 목표한 일상생활동작을 F 혼자 힘으로 할 수 있게 되었고 그 후 F의 여동생은 직장을 얻어서 다시 일을 시작하게 되었다. 그들을 처음 만났을 때 나는 F에게 일상생활동작치료가 필요하다고 생각했기에 그 필요성을 그들에게 알렸다. 그러나 당시 그들은 다리의 힘을 키우고 걷는 데 도움이 되는 과제나 활동에 의미와 목적을 두었고 그에 관한 치료를 가장 먼저 원했다. 일상생활동작치료를 당장 필요로 하

지 않았기에 나는 그러한 그들의 의사와 선택을 존중하고 '그때 그들이 원하고 선택한 작업'에 관한 치료에 열중했다. 그러던 중 일상생활동작치료가 필요한 맥락이 생기고 중요해지자 그들은 일상생활동작치료가 필요해졌고 나는 그들의 요구로 일상생활동작치료를 하게 되었다. 그들에게 필요할 때 그들을 위한 작업치료로써 말이다.

F의 사례에서 볼 수 있듯이 클라이언트에게 스스로 생활해야 하는 맥락이 생기고 그것이 다른 맥락보다 중요해지면, 클라이언트는 직접 일상생활동작치료를 작업치료사에게 요구하거나 작업치료사가 제안하거나 권유하는 일상생활동작치료를 순순히 받아들이게 된다. 그리고 클라이언트가 의미와 목적을 두는 일상생활동작은 클라이언트의 작업이 되고 작업치료사는 그 작업에 관해 치료할 수 있게 된다. 그럴 때 일상생활동작치료는 클라이언트를 위한 작업치료가 되므로 작업치료사는 그때 일상생활동작치료를 하면 되는 것이다.

지금이 때가 아니라면 기다릴 줄도 알아야 한다. 그런 때가 오지 않으면 어쩌나, 하고 미리 걱정할 필요는 없다. 그런 때가 아직 오지 않았다면 그럴 만한 맥락이 있어서일 테고 그런 때가 왔다면 기꺼이 일상생활동작치료를 하면 될 일이다. 만약 클라이언트를 위해서 일상생활동작치료를 해야 할 시기를 앞당길 필요가 있다면 그러기 위해 노력하되, 노력했는데도 안 된다면 그 상황을 받아들이고 클라이언트가 지금 당장 원하고 요구하는 작업에 관해 치료하면 된다. 그 작업이 일상생활동작이 아니더라도 말이다. 일상생활동작치료만 고집할 필요가 없다. 또 일상생활동작치료가 아니어도 괜찮다. 클라이언트가 원하고 요구하는 작업에 관한 치료라면, 그 치료에 충실하면 되는 것이다.

그러기 위해서는 클라이언트의 현재 욕구와 기대에 집중해야 한다. 클라이언트가 정말 원하고 당장 필요하다고 하는 것에 관심을 두어야 한다. 클라이언트가 의미 있게 여기고 중요하게 생각하는 것이 무엇인지 살펴보고 그와 관련된 작업에 치료의 초점을 맞춰야 한다. 그 작업이 일상생활동작이고 그에 관한 치료를 원하고 요구한다면 일상생활동작치료를 하면 된다. 그렇지 않으면 클라이언트가 의미와 목적을 두는 다른 과제나 활동에 관해 치료하면 된다. 핵심은 일상생활동작치료를 하는 것이 아닌 클라이언트를 위한 작업치료를 하는 것이기 때문이다.

작업치료사는 일상생활동작치료만 전문으로 하거나 일상생활동작치료만 해야 하는 사람이 아니다. 작업치료사는 말 그대로 작업치료를 전문으로 하고 작업치료를 해야 하는 사람이다. 만약 일상생활동작치료만 전문으로 하거나 일상생활동작치료만 해야 한다면 작업치료사가 아닌 일상생활동작치료사라고 해야 했을 것이다. 그러므로 일상생활동작치료와 관련해서 작업치료사는 클라이언트의 작업이 일상생활동작에 해당하는 과제나 활동이고, 클라이언트가 그에 관해 치료를 원하고 요구할 때 작업치료로써 일상생활동작치료를 해야 한다. 일상생활동작치료를 할지 말지는 클라이언트가 결정하는 것이다. 일상생활동작치료가 필요하면 작업치료사는 클라이언트에게 어떠한 이유로 일상생활동작치료가 필요한지 이야기해 주면 된다. 그리하여 클라이언트 본인이 원하고 필요하다고 하면 일상생활동작치료를 하면 되고, 그렇지 않으면 안 하면 되고, 클라이언트가 다른 작업에 관한 치료를 원하고 필요로 하면 그것에 관해 치료하면 된다. 그러지 않고 작업치료사 본인이 결정해서 억지로 하려고 하니까 힘들고 괴로운 것이다.

  이러한 사실을 알고 이해했다면 앞으로 일상생활동작치료를 언제, 누구와 어떻게 해야 작업치료로써 할 수 있는지 판단할 수 있을 것이다. 일상생활동작치료를 작업치료사답게 할 수 있을 것이다. 일상생활동작치료만 고집하지 않고 클라이언트를 위한 작업치료를 하는 데 온 힘을 쏟을 수 있을 것이다. 일상생활동작치료를 못 한다고 고민하거나 괴로워하는 일도 더는 없을 것이다. 일상생활동작치료가 아니어도 작업치료를 할 수 있고, 그렇게 하면 된다는 사실을 깨닫게 되었을 테니.

치료를 위한 초기 상담이 어려운 환자는
어떻게 해야 하나

"영유아를 치료하고 있습니다. 아이가 어려서 상담할 수 없는 경우가 많습니다. 부모와 상담해서 치료해도 괜찮을까요?"

"실어증이 있는 환자를 만났습니다. 이해는 가능한데 말을 못 합니다. 이럴 때 어떻게 상담해야 할까요?"

"상담할 때 환자에게 물어보면 다 모른다고 합니다. 제가 볼 때 본인이 아프다는 사실을 모르는 것 같아요. 이렇게 병식이 없는 환자와는 어떻게 상담해야 할까요?"

"치매가 있거나 인지 능력이 손상된 환자와 어떻게 상담해야 할까요? 상담이 가능하긴 한가요?"

치료에 필요한 정보를 환자에게 물었다. 그런데 환자가 그 정보를 줄 수 없다. 그때 어떻게 질문해야 하는지 고민한다고 해서 치료에 필요한 정보를 얻을 수 있을까? 또 그렇게 해서 환자와 치료에 필요한 의사소통, 상호작용, 의사결정을 할 수 있을까? 질문하는 방법을 찾는 데만 열중해서는 그럴 수 없을 것이다. 왜냐하면 이는 '어떻게 질문해야 하는가?'의 문제가 아닌 '누구에게 질문해야 하는가?'의 문제이기 때문이다. 치료에 필요한 정보를 얻기 위해서는 그 정보를 알고 있을 뿐만 아니라 알고 있는 정보를 정확하게 알려줄 수 있는 사람에게 물어야 한다. 어떻게 질문해야 할지는 그다음 문제다.

초기 상담의 목적은 클라이언트와 작업치료에 필요한 의사소통, 상호작용, 의사결정을 하는 데 있다. 그러므로 상담은 당연히 작업치료에 필요한 의사소통, 상호작용, 의사결정이 가능한 클라이언트와 해야 한다. 영유아, 실어증이 있는 사람, 병식이 없는 사람, 치매나 인지 능력의 저하가 있는 사람과 상담하려 한다. 이들이 작업치료사와 작업치료에 필요한 의사소통, 상호작용, 의사결정을 할 수 있는 사람인가? 그것을 자기 힘으로 문제없이 해낼 수 있는 사람인가? 그렇다면 그들과 상담할 수 있을 것이다. 하지만 그렇지 않다면 그들과 상담할 수 없거나 다른 사람의 도움이 필요할 것이다. 즉, 상담하기에 앞서 누구와 상담할 것인지를 고려하고 정해야 한다.

환자와 목적에 부합하는 상담을 할 수 있다면 환자하고만 상담해도 괜찮다. 이때 환자와 관련된 다른 사람의 참여 여부는 선택 사항이 될 수 있다. 그러나 환자와 상담하는 데 문제나 어려움이 있거나 환자와 상담이 아예 불가능하다면 환자에 대해 잘 알고 있고 환자를 대변할 수 있는 사람을 찾아서 환자와 함께 상담하거나 환자 대신 상담해야 한다. 이런 경우 환자와 관련된 다른 사람의 참여는 선택이 아닌 필수다. 이를테면 영유아여서 상담이 불가능하다면 아이를 대신해서 치료에 필요한 의사소통, 상호작용, 의사결정을 할 수

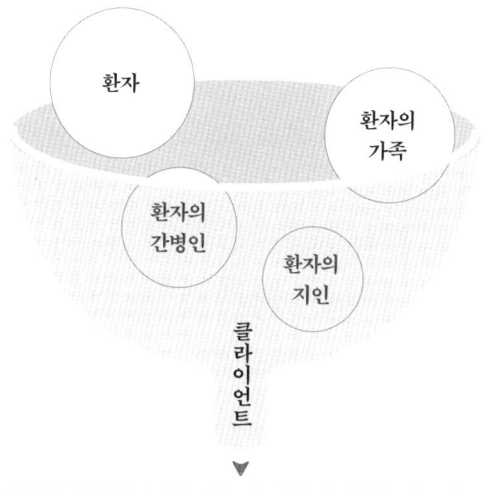

누구와 상담 할 수 있는가? 누구와 상담해야 하는가?

있는 사람과 상담하면 된다. 그런 사람이 아이의 부모라면, 부모와 상담하여 아이에게 가장 필요하고 도움이 될 치료에 관해 이야기를 나누고 치료에 필요한 사항을 결정하여 치료를 진행하면 된다. 실어증이 있는 환자, 병식이 없는 환자, 치매나 인지 능력의 저하가 있는 환자와 상담할 때도 마찬가지다. 환자와 상담하는 데 문제나 어려움이 있다면 상담에 도움을 줄 수 있는 사람을 찾아 함께 상담하면 된다. 그런 사람은 환자의 배우자, 부모, 자녀 같은 가족이나 친구와 같은 가까운 지인일 수도 있고 환자를 돌보는 간병인이나 의료진이 될 수도 있다.

이때 주의할 점은 환자가 상담에서 소외되지 않도록 해야 한다는 것이다. 아무래도 대화가 원활한 사람끼리 이야기를 주고받게 되기가 쉽기 때문이다. 치료사는 물론이고 환자를 돕기 위해 상담에 함께하는 사람도 이 사실을 염두에 둬야 한다. 이를 위해서는 환자의 행동과 반응을 주의 깊게 살피고 적절하게 대처하는 것이 중요하다. 특히 의사 표현과 관련된 환자의 특징적인 행동과 습관을 알아두고 이를 적절히 활용하면 유용하다. 이를테면 환자가 말은 못 하지만 "응", "아니"와 같은 단어나 고갯짓으로 '그렇다'와 '아니다'를 표현하여 자기 의사를 밝힐 수 있다면, 이야기의 맥락상 짐작되는 부분을 환자가 "응", "아니" 또는 고갯짓으로 답할 수 있도록 물어보면서 환자의 의사를 파악해 볼 수 있다. 마치 스무고개를 하듯이 말이다.

의사 표현에 어려움이 있는 환자의 경우 자기 의사를 표현하는 데 무척 소극적일 수 있다. 예컨대 실어증으로 말을 제대로 할 수 없는 환자는 '말해봐야 상대가 알아듣지 못할 테고, 그러면 서로가 답답하고 괴로워지므로 차라리 말하지 않는 게 낫겠다.'라고 생각해서 말하려는 시도 자체를 포기하기도 한다. 답답하고 괴로운 상황을 스스로 만들 필요도 없고 자신의 무능함을 재차 확인하고 싶지도 않기 때문이다. 그러면 아예 입을 꾹 닫고 무반응으로 일관한다. 이때 무조건 의사 표현을 독려하는 것은 오히려 역효과가 날 수 있다. 하기 싫은 것을 강제로 시키는 것이 될 수 있기 때문이다. 그보다는 의사를 표현하고 싶을 때 언제든 자유롭게 본인이 할 수 있는 방식으로 의사를 나타낼 수 있는 편안하고 안정된 분위기와 환경을 만들어주는 것이 더 나은 방법일 수 있다. 타인의 요구에 의해서가 아닌 본인의 욕구와 의지에 따라, 원할 때 본인이 할 수 있는 능력과 방식으로, 자기 의사를 나타내고 표현해도 된다고 환자가 느낄 수 있는, 자유롭고 자연스러운 소통의 장을 마련해 주는 것이 말이다.

그러려면 환자가 함께하는 이들과 연결된 느낌을 받아야 한다. 함께하는 이들이 편안하고 친밀하게 느껴져야 한다. 그들로부터 진심으로 이해받고 깊이 존중받는다고 느껴야 하며 그들을 신뢰할 수 있어야 한다. 본인 모습 그대로 진솔하게 소통하고 싶어져야 하며 무조건적인 이해와 수용 그리고 공감을 경험할 수 있어야 한다. 환자가 그렇게 느끼고 생각하고 행동할 수 있도록 상담에 함께하는 모두가 합심하여 다 같이 노력해야 한다.

그렇다고 해서 환자가 반드시 자기 의사를 표현할 거라고 장담할 수는 없다. 자유롭고 자연스러운 소통 분위기와 환경을 마련했음에도 환자가 여전히 자기 의사를 밝히기를 꺼리거나 표현하기를 어려워할 수도 있다. 그렇다 하더라도 환자에게 의사 표현을 강요해서는 안 된다. 다 준비해 주었으니 반드시 해야 한다고 주장해서도 안 된다. 본인 의사를 밝힐지 말지는 환자의 자유이며, 환자의 선택에 달린 문제이기 때문이다. 치료사와 환자를 대변하는 사람이 해야 하는 일은 환자가 상담 과정에서 최대한 주체적이고 핵심적인 역할을 할 수 있도록 돕는 것이다. 그리하여 환자에게 진정으로 도움이 되고 필요한 치료가 이루어질 수 있게 하는 것이다. 그것까지가 돕는 사람이 해야 할 일이자 역할이다. 그에 따른 선택은 환자의 몫으로 남겨두어야 한다. 환자가 어떠한 선택을 하든지 그 선택을 이해하고 존중해야 한다. 설령 그것이 기대한 것과 다르더라도 말이다. 이러한 사실을 알고 이해하는 것 역시 치료사와 환자를 대변하는 사람이 해야 할 노력과 준비에 속한다.

  환자가 본인 의사를 밝히려고 하면 치료사는 물론이고 환자를 대변하는 이 역시 주의를 기울여 환자의 말과 행동을 경청하고 관찰해야 한다. 환자가 충분히 의사를 표현할 수 있게 기다려주고 그때그때 필요로 하는 도움을 제공해야 한다. 대화의 맥락을 고려하며 환자의 의사를 파악해 보려는 노력도 중요하다. 어떤 맥락에서 환자의 말과 행동이 비롯되었는지 살펴보고 관련 맥락과 연관 지어 유추해 보면 말과 행동 자체만으로는 이해하기 어려운 부분을 이해할 수 있는 단서나 실마리를 찾을 수 있다. 알고 이해했다고 생각한 것은 환자에게 다시 물어보고 제대로 알고 이해했는지 확인해야 한다. 그 과정에서 잘못 이해했거나 더 알아야 하는 것이 있다면 그것이 무엇인지 다시 묻고 확인하여 최대한 정확하게 환자의 의사를 파악하기 위해 노력해야 한다. 그랬을 때 환자가 귀찮아하거나 싫어할 거로 생각하면 오산이다. 오히려 환자는 '치료사가 내 말을 열심히 듣고 있구나.', '나에게 진심으로 관심을 두고 있구나.'라고 느낄 것이다. 그러면 환자도 치료사를 믿고 용기를 내서 더 적극적으로 소통하기 위해 노력하게 된다. 게다가 치료사의 피드백을 통해 본인 의도와 달리 전달된 내용을 알고 바로잡을 수 있으므로 환자에게도 좋은 기회가 된다. 그러니 환자에게 다시 묻고 확인하는 것을 너무

두 번째 이야기, 고민

어렵게 생각하지 않아도 된다.

환자가 의도한 것을 제대로 알고 이해했다면 환자로부터 긍정적인 신호를 받을 수 있을 것이다. 이를테면 밝은 표정과 눈빛, 미소나 웃음, 긍정적인 감정 표현, 적극적인 의사 표현의 시도 등을 말이다. 설령 이러한 신호를 받지 못하더라도 걱정할 필요는 없다. 자기가 표현하는 것을 상대가 정확히 알고 이해하는 일이 결코 쉽지 않은 일임을 환자 본인도 알고 있기 때문이다. 이때 중요한 것은 일관된 모습과 태도다. 쉽지 않은 일임에도 불구하고 환자의 의사를 알고 이해하기 위해 끝까지 최선을 다하는 모습과 그러한 한결같은 태도 말이다. 그러면 환자도 힘을 내고 용기를 낸다. 소통하기 위해 조금이라도 더 노력하게 된다. 당장 말은 통하지 않을지언정 마음은 이미 통했기 때문이다.

환자와 소통하는 데 숙달되고 능숙한 사람의 도움을 받는 것도 좋은 방법이다. 예긴대 환사의 보호자 중에는 환자의 말이나 행동에 담긴 생각이나 감정을 읽어내고 이해하는 데 능한 이들이 있다. 같은 말과 행동을 듣고 보더라도 다른 사람은 짐작조차 못 하는 환자의 의사를 그들은 기가 막히게 알아챈다. 생활에서 직면하는 여러 상황에서 매번 환자의 의사를 최대한 빠르고 정확하게 파악하려는 부단한 노력의 결과로 상황적인 맥락과 환자의 특징적인 말과 행동을 단서 삼아 환자의 의도와 의사를 다른 사람보다 신속하고 정확하게 파악할 수 있게 된 것이다. 그들의 도움을 받으면 환자의 의사를 보다 효율적이고 효과적으로 파악할 수 있을 뿐만 아니라 환자와 더욱더 원활하게 소통할 수 있게 된다. 따라서 환자와의 소통에 숙련되고 능숙한 이를 찾아보고 그들의 도움을 받는 것이 좋다.

 지금까지 실어증으로 말하기 어려운 환자를 중심으로 이야기했지만, 병식이 없는 환자, 치매나 인지 능력의 저하가 있는 환자와 상담할 때도 마찬가지다. 다른 점이 있다면 이들 환자와 상담할 때 환자를 대변하는 사람의 영향력이 상대적으로 더 클 수 있다는 점이다. 환자가 단지 의사 표현에만 어려움이 있는 것이 아니라 사고와 판단 같은 인지 능력과 관련된 문제나 어려움으로 본인의 의사를 갖는 것 자체가 어려울 수 있기 때문이다. 그러면 상담에서 환자를 대변하는 사람의 역할이나 비중이 더 중요해지고 더 커질 수밖에 없다. 따라서 치료사와 환자를 대변하는 사람 모두가 이러한 사실을 염두에 두고 환자가 상담 과정에서 배제되는 일이 없도록 또 본인이 할 수 있는 역할을 최대한 할 수 있도록 돕기 위해 더욱더 세심한 주의를 기울여야 한다.

 환자를 대변할 사람을 당장 만나서 상담할 수 없다면 전화로 해도 된다. 또 환자와 환자를 대변할 사람을 다른 시간에 다른 장소에서 상담할 수도 있다. 즉, 환자와 반드시 같은 시간, 같은 장소에서 함께 상담하지 않아도 된다는 얘기다. 그게 가능하고 그것이 더 좋다면 그렇게 하면 되고, 그것이 가능하지 않거나 좋을 게 없다면 꼭 그렇게 하지 않아도 된다. 가령, 환자를 대변할 사람이 환자를 존중하고 치료사와 마찬가지로 환자를 중심으로 치료에 필요한 의사소통, 상호작용, 의사결정을 하기 위해 노력한다. 이럴 때는 환자와 환자를 대변할 사람을 같은 시간에 같은 장소에서 함께 상담하는 것이 좋다. 환자에게 중요하고 필요한 치료를 위해서 다 같이 머리를 맞대고 마음을 모은다면 더 나은 상담을 할 수 있고 더 나아가 이것이 환자를 위한 유익한 치료로도 이어질 수 있기 때문이다. 그러나 환자와 환자를 대변할 사람 사이에 갈등이 있거나 어느 한쪽이 상대적 우위를 점하고 있어서 그 사람을 위주로 상담이 이루어질 소지가 있다면 양측을 따로 상담하여 각각의 의견을 들어보고 수렴한 뒤에 이견을 조율하고 합의를 도출해 나가는 방식이 더 적합할 수 있다. 이렇듯 상담 방식은 환자와 환자를 대변할 사람 간의 관계뿐만 아니라 상담에 임하는 이들의 목적과 태도, 상담에 대한 이해 수준과 협력 정도, 그 밖의 여러 요인에 따라 얼마든지 달라질 수 있고 달라져야 하는 것이다. 그러므로 상담에 영향을 줄 수 있는 요인들을 폭넓게 살펴보고 상세하게 고려하여 상담 대상과 주어진 상황과 조건에 가장 적합한 상담 방식을 찾고 연구하여 실제 상담에 적용할 수 있어야 한다.

 클라이언트와 상담하는 이유는 작업치료에 필요한 의사소통, 상호작용, 의사결정을 클라이언트와 함께하기 위함이다. 이러한 목적에 부합하는 상담을 하기 위해서는 먼저 그것이 가능한 대상이 누구인지 알아야 한다. 다시 말해, 누구와 상담할 수 있고 상담해야 하는지부터 파악해야 하는 것이다. 환자와 목적에 부합하는 상담을 할 수 있고 그것으로 충분하다면 환자와 상담하면 된다. 만약 그렇지 않다면 상담이 목적에 맞게 이루어질 수 있도록 도울 수 있는 사람을 찾아서 환자와 함께 상담해야 한다. 그런 다음 상담할 대상과 상담 여건을 고려하여 가장 효율적이고 효과적인 상담 방법을 연구하여 결정해야 한다. 즉, 누구와 상담할지를 먼저 알고 나서 그에 맞는 상담 방법을 찾아야 한다는 뜻이다. 자, 이제 누구와 어떻게 상담하겠는가?

클라이언트가 알아서 해달라고 할 때

클라이언트가 알아서 치료해 달라고 할 때는 어떻게 해야 할까? 고민하지 말고 "네, 알겠습니다." 하면 된다. 클라이언트가 "알아서 해주세요."라고 했을 때 "네, 알겠습니다." 한다고 해서 클라이언트 중심의 작업치료를 할 수 없는 것도, 작업치료를 잘못하는 것도 아니다. 오히려 클라이언트를 이해하는 것으로 작업치료를 시작할 수 있다. 상대의 입장에서 '그럴 수 있다'고 받아들이는 것이 바로 이해의 본질이자 핵심이기 때문이다.

 클라이언트를 중심으로 작업치료를 하려면 클라이언트에 대한 이해가 기본적으로 진세되어야 한다. 그래야만 클라이언트와 관련된 맥락을 클라이언트의 관점에서 파악할 수 있고, 이것이 가능해야만 클라이언트에게 의미와 목적이 있는 일, 즉 작업에 관해서도 알 수 있는 까닭이다. 또 클라이언트의 작업에 관해 알아야 작업치료를 할 수 있고, 치료의 필수 요소라 할 수 있는 '라포르 rapport' 역시 이해를 바탕으로 생겨나고 형성되는 것이므로 클라이언트에 대한 이해야말로 작업치료의 시작점이자 핵심이라 할 수 있다.

'알아서 해주세요'라는 말의 의미를 잘 해석하는 것도 중요하다. '무조건 작업치료사가 하라는 대로 하겠다' 내지는 '작업치료사가 하고 싶은 대로 해도 된다'라는 의미가 아니기 때문이다. 그렇게 잘못 해석해서 작업치료사 본인 마음대로 하려 했다가는 큰 낭패를 볼 수 있다. 그것은 작업치료사 마음대로 하라 혹은 마음대로 해도 된다는 의미가 아니다. 내 경험에 따르면 클라이언트가 말한 '알아서 해달라'의 진정한 의미는 '치료사가 나를 위해 무엇을 어떻게 해줄 것인지, 혹은 해줄 수 있는지 알고 싶다' 내지 '치료사와 함께할 치료를 통해 내가 무엇을 얻을 수 있는지, 혹은 치료사가 무엇을 얻게 해줄 수 있는지 알려 달라'는 것일 때가 많았다. 이런 경우 가장 먼저 해야 할 일은 클라이언트의 궁금증을 풀어주고 알고 싶어 하는 것을 알려주는 것이다. 즉, '클라이언트 당신이 치료에 관해 궁금해하고 모르는 부분 때문에 불안해하지 않도록 이제부터 무엇을 어떻게 해나가는 게 좋고 필요한지 알려주겠으니 안심하라', '들어보고 당신이 선택한 것에 맞추어 치료할 테니 안심하라'라는 메시지를 확실하게 전달하는 것이 중요하다는 얘기다. 클라이언트가 알아서 해달라고 하는 데는 그럴 만한 사정과 이유가 있다. 당장 그 사정과 이유를 알면 좋겠지만 지금은 치료에 관한 클라이언트의 궁금증을 풀어주고 앞으로 함께할 치료에 대해 알려주는 것이 먼저다. 알아서 해달라고 한 클라이언트의 사정이나 이유는 앞으로 적절한 시기에 차차 알아가도 괜찮다. 문제 될 게 없다.

문제는 알아서 해달라고 하는 클라이언트에게 클라이언트가 알아서 해주길 바라는 것과 관련이 없거나 적은 것부터 작업치료사가 해주려고 할 때 발생한다. 이를테면, 클라이언트가 묻거나 궁금해하지도 않는데 작업과 작업치료가 무엇인지에 대해 설명한다거나 작업치료사로서 자신이 추구하는 치료가 무엇인지에 관해 이야기하면서 그러한 내용에 맞춰 작업치료사 자신이 해주고 싶고 하고 싶은 치료를 하려고 할 때가 그렇다. 쉽게 말해 작업치료사 본인이 하고 싶은 대로 하려고 할 때 문제가 생긴다는 얘기다.

클라이언트가 순순히 "제게 중요하고 의미 있는 일은 (   )입니다. 그 일을 할 때 겪는 문제나 어려움은 (   )입니다."라고 말해주길 바라며 그런 말을 클라이언트에게 직접 듣고 그에 따라 치료하고 싶어 하는 작업치료사도 있고 그래야만 작업치료를 제대로 할 수 있다고 믿는 작업치료사도 있다. 그렇게 바라고 믿는 것은 작업치료사 개인의 자유지만, 그런 말을 클라이언트에게 직접 듣지 못해도 클라이언트 중심의 작업치료, 작업 기반의 치료를 할 수 있다. 클라이언트가 궁금해하고 바라는 것을 우선에 두고 대화의 초점을 클라이언트의 관심사와 우선순위에 맞춘다면 말이다.

이러한 사실을 알고 클라이언트가 알아서 해달라고 하면 그럴 만한 이유가 있다고 긍정하고 흔쾌히 "네, 알겠습니다." 하고 치료를 시작해 보자. 이어 "(클라이언트) 님에게 어떤 치료가 필요하고 무슨 치료를 해드려야 도움이 될지 알아보기 위해 몇 가지 질문을 드리겠습니다."라고 해보자. 그러면 클라이언트가 '치료사가 나를 위해 알아서 해주려고 이러는구나.', '내가 바라고 필요한 것이 무엇인지 알고 싶어 하는구나.', '내가 말하는 것에 관심을 두겠구나.'라고 생각하고 자기 이야기를 해주려고 할 것이다. 이때 클라이언트가 쉽게 대답할 수 있고 이야기하고 싶어 할 만한 것부터 물어보는 것이 좋다. 가령 그동안 어떤 치료를 어떻게 해왔는지, 치료해 오면서 어떠했는지, 그동안의 치료에서 좋았던 점과 아쉬웠던 점은 무엇인지, 앞으로의 치료에 관해 특별히 바라는 것이 있는지 등 클라이언트가 경험하고 느끼고 생각한 것을 중심으로 질문하면 그와 관련된 이야기를 쉽게 들어볼 수 있다.

묻고 난 후에는 클라이언트가 하는 이야기를 주의 깊게 들어본다. 그러면서 클라이언트가 무엇을 어떻게 해달라고 직접적으로 말하지 않더라도 치료에서 바라고 기대하는 것이 무엇인지, 중요하게 여기는 것이나 주된 관심사가 무엇인지, 치료가 어떻게 진행되길 원하는지, 익숙하거나 선호하는 치료 방식이 있는지, 있다면 그것이 무엇인지 등을 파악해 봐야 한다. 클라이언트의 이야기 가운데 비중이 큰 내용이나 반복해서 말하는 것, 혹은 유독 길게 이야기하거나 감정을 실어 강조하는 내용 등을 주목하면 어렵지 않게 알 수 있다. 더 알고 싶거나 확인이 필요한 부분이 있다면 추가 질문을 하거나 보충 설명을 요청하면 된다.

치료사가 클라이언트에게 하고 싶은 이야기를 할 수 있게 물어봐주고 이야기를 주의 깊게 들어주면 클라이언트도 치료사에게 호감을 느끼고 호의적인 태도를 취하기 마련이다. 특히 자기가 바라고 기대하는 대로 해주기 위해 정성을 다하는 치료사에게는 더더욱 그렇다. 클라이언트가 '뭐 이렇게 물어보는 게 많아?' 하는 반응을 보인다면 묻는 이유를 다시 한번 알려주자. 이를테면, "알아서 해달라고 하셨는데 묻는 것이 많아 불편하게 해드렸다면 죄송합니다. (클라이언트) 님에게 도움이 되는 치료를 해드리기 위해 꼭 알고 확인해야 하는 내용이어서요. 답변해 주시면 앞으로 (클라이언트) 님에게 필요한 치료를 해드리는 데 큰 도움이 될 것입니다."라고 말이다. 묻는 이유가 클라이언트 본인이 요구한 대로 해주기 위함이라는 점을 떠올려 볼 수 있게 하자.

    클라이언트의 답변이 충분치 않거나 만족스럽지 않을 수도 있다. 그럴 때 당장 치료해야 하는 상황을 모면하기 위해 일단 아무 치료나 하고 보는 것은 적절치 않다. 조급한 마음에 한 치료가 클라이언트에게 도움이 되지 않거나 클라이언트가 만족할 수 없는 것이라면 나중에 더 큰 문제가 될 수 있으므로 침착함과 여유를 잃지 말고 클라이언트에게 도움이 되고 필요한 치료가 무엇인지 파악하는 데에 더욱더 집중해야 한다. 치료사에게는 새로운 클라이언트를 만나고 그와 치료에 관해 이야기를 나누는 것이 당연하고 익숙한 일이지만 클라이언트에게는 그렇지 않다. 특히, 처음 만난 치료사에게 본인의 이야기를 충분하고 명확하게 하는 일은 더더욱 낯설고 어려운 일이다. 그러므로 클라이언트가 자기 이야기를 자연스럽고 편안하게 할 수 있는 여건을 마련해주는 것이 필요하다. 예컨대, 어떤 클라이언트에게는 치료사와 더 가까워질 시간이 필요할 수도 있고 또 다른 클라이언트에게는 본인의 욕구와 필요를 주의 깊게 살피고 이해할 시간이 필요할 수도 있으며 자기 생각을 정리하고 언어화하는 시간이 필요한 클라이언트도 있을 수 있다. 이때는 각 클라이언트에게 필요한 시간을 주고 스스로 해내야 하는 일을 잘해낼 수 있도록 돕는 것이 바로 치료사가 클라이언트를 위해 알아서 해줘야 하는 일이다.

그렇게 해주면서 우선 클라이언트의 답변을 통해 알게 된 내용을 토대로 클라이언트에게 필요하고 도움이 될 만한 치료에 관해 치료사로서의 견해를 밝히자. 가령, 치료사로서 볼 때 어떤 치료가 필요하다고 생각하는지, 그렇게 생각한 이유와 근거는 무엇인지, 치료를 진행했을 때 예상되는 결과와 그에 따라 클라이언트가 얻을 수 있는 이득은 무엇인지 등을 클라이언트에게 알려주는 것이다. 클라이언트가 동의하면 치료에 관한 세부적인 사항을 구체적으로 의논하고 합의한 내용에 따라 치료를 진행한다. 치료를 진행하면서 더 알게 되고 추가로 고려해야 하는 부분이 생기면 그때그때 클라이언트와 의논하여 치료를 수정, 보완, 변경해 나간다. 치료에 필요한 정보를 사전에 충분히 파악하고 그것을 바탕으로 목표와 계획을 세워 그에 따라 치료를 진행하는 방법도 있지만, 그럴 수 없는 경우에는 그때의 상황과 여건에 맞춰 유연하고 적절하게 치료할 줄도 알아야 한다. 알아서 해달라고 하는 클라이언트의 경우가 특히 그렇다.

이러한 방법을 소개하고 권하는 또 다른 현실적인 이유가 있다.

대부분의 클라이언트가 평가나 상담은 최대한 짧고 신속하게 마치 길 바라고 치료는 최대한 길고 오래 진행되길 바란다는 것이 바로 그 이유다. 치료에 관해 의논하는 시간이 길어지거나 치료 시간에 치료에 관해 의논만 하다 끝나는 건 클라이언트가 바라는 것이 아니다. 만약 그렇게 되면 클라이언트는 '치료는 안 하고 얘기만 하다 끝나겠네.', '도대체 치료는 언제 하려고 이러나?'라고 생각하며 첫 치료부터 불만족할 수 있다. 알아서 해달라고 했는데 이야기만 하고 끝낸다면 더더욱 그럴 것이다. 그런 까닭에 최대한 신속하고 정확하게 치료에 필요한 의논과 결정을 마치고 클라이언트가 '치료'라고 납득할 만한 치료를 시작하는 것이 좋다. 클라이언트가 알아서 해달라고 한 것은 클라이언트가 치료라고 납득할 수 있는 행위이지 이야기 나누는 것 자체가 아니기 때문이다. 물론, 치료에 관해 충분히 이야기를 나누는 것은 필요한 일이다. 다만, 그것이 클라이언트의 주된 관심사나 목적이 아니라면 현실적으로 대비하고 대처하는 것이 필요하다는 얘기다. 그러기 위해서 우선 알고 있는 정보를 바탕으로 할 수 있는 치료를 먼저 시작하되 치료하면서 추가로 고려하고 반영해야 할 것이 생기면 그때그때 클라이언트와 상의하여 치료를 수정, 보완, 변경해 나갈 것을 권한다.

클라이언트가 제안한 치료를 원치 않거나 다른 의견을 내놓는 경우도 있을 수 있다. 그렇다고 '알아서 해달라더니 이제 와서 딴소리야!'라고 생각해서는 안 된다. 선택은 결국 클라이언트의 몫이고,

클라이언트가 치료사의 제안이나 견해를 듣고 본인이 바라는 치료에 대한 의사를 분명하게 밝히게 되었으니 오히려 잘된 일이라 할 수 있다. 그것을 통해 클라이언트가 바라고 기대하는 것이 무엇인지를 더 자세하고 분명하게 알 수 있는 기회가 생겼으니 말이다. 보통 치료사는 클라이언트가 무엇을 원하고 필요로 하는지 알아내는 데만 관심을 둔다. 하지만 클라이언트가 원하지 않고 필요로 하지 않는 것이 무엇인지 아는 것도 그에 못지않게 중요하다. 치료 과정에서 생기는 문제와 갈등의 상당 부분이 클라이언트가 원하지 않고 필요로 하지 않는 것을 제대로 파악하지 못했거나 간과하는 데서 발생하기 때문이다. 이러한 측면에서도 치료에 관한 클라이언트의 의사를 확실히 알게 된 것은 치료에 도움이 되는 일이라 할 수 있다. 또 치료에 관한 클라이언트의 의사를 알기 위해 치료사로서의 견해를 밝히고 클라이언트에게 필요하다고 생각하는 치료를 제안한 것이니 본래 목적대로 된 셈이다.

    클라이언트가 거부 의사를 밝히거나 다른 의견을 내놓는다면 그것을 들어본다. 그러면서 의견이 어디서 무엇이 왜 다른지 살펴보면서 치료에 관한 이견을 조율하고 치료에 필요한 사항을 다시 의논해서 결정한다. 그리고 합의된 내용을 중심으로 치료를 진행하면서 상황과 여건에 맞춰 치료를 다듬고 완성해 나가면 된다. 클라이언트가 제안한 치료를 거부하면서 다른 의견도 없다면 의논을 멈추고 이미 알고 있는 정보를 토대로 가장 도움이 될 만한 치료를 그 판단 이유와 근거를 들어 클라이언트에게 추천한다. 그렇게 하면 클라이언트는 추천하는 이유와 근거를 들어보고 추천받은 치료를 할지 말지만 판단하여 선택하면 되기 때문에 클라이언트의 판단과 선택을 도울 수 있다. 본인에게 필요한 것을 판단하거나 선택하기 어려울 때 그 방면에 조예가 깊고 경험이 풍부한 사람이나 전문가의 추천을 받으면 판단과 선택이 쉬워진다. 클라이언트가 아직 본인에게 필요한 치료가 무엇인지 스스로 생각하고 판단하고 선택하기 어려워할 때도 마찬가지다. 그때는 치료사의 추천이 클라이언트의 판단과 선택에 큰 도움이 될 수 있다.

프랑스 여행을 갔을 때의 일이다. 식당에 들어가서 음식을 주문하려고 메뉴판을 봤는데 음식 사진도 없고 온통 프랑스어로만 적혀 있었다. 적힌 것이 어떤 음식을 가리키는지 알아야 먹고 싶은 음식을 선택할 수 있을 텐데 뭐라고 쓰였는지 알 수 없어서 난감했다. 알아볼 수 있는 건 가격뿐이었다. 배가 고프다고 아무거나 주문하고 싶지는 않았다. 또 무모한 도전을 좋아하지 않는 성격 탓에 고민하다가 안 되겠다 싶어서 내 테이블을 담당하는 식당 종업원을 불렀다. 안타깝게도 식당 종업원은 영어가 서툴고 나는 프랑스어를 못 했다. 나는 고민하다가 간단한 영어로 음식을 추천해달라고 요청했다. 식당 종업원은 간단한 영어 단어로 각 음식의 주재료를 소개하며 몇몇 메뉴를 추천했다. 나는 그중 하나를 골라서 주문했고 음식을 먹으면서 추천해 달라고 하길 잘했다고 생각했다. 나의 결정과 선택을 도와준 식당 종업원이 고마워서 팁도 평소보다 후하게 두고 나왔다.

본인에게 필요한 치료가 무엇인지 모르는 클라이언트에게는 도움이 될 만한 치료를 추천해 주면 된다. 꼭 한 가지 치료만 추천해야 하는 것은 아니다. 여러 가능성과 선택사항을 제시해도 되며 그것이 클라이언트에게 더 도움이 된다면 그렇게 하는 것이 좋다. 한 가지 치료를 추천했다면 그 치료를 해볼 것인지 말 것인지를, 두 가지 이상을 추천했다면 가장 원하는 치료를 선택하고 결정하게 하면 된다. 추천할 때는 추천하는 이유와 근거, 각 치료의 목표, 특징, 이점, 제한점과 같이 판단과 선택에 고려하고 참고해야 하는 정보를 함께 제공해야 한다. 이는 그러한 정보를 명확하게 제공할 수 있을 만큼 충분히 숙고하고 준비한 치료를 클라이언트에게 추천해야 한다는 의미이기도 하다. 그렇게 했는데도 판단이나 선택을 어려워하거나 망설인다면, 그때는 추천한 치료를 직접 경험해 보게 한다. 두 가지 이상을 추천했다면 가장 관심 있어 하는 치료부터 경험해 보게 한다. 대형 마트에 가면 시식 코너가 마련되어 있다. 판매하는 식품을 직접 먹어보고 구매를 결정하게 하기 위해서다. 보고 듣는 것만으로는 그 식품을 사야 할지 알 수 없지만, 직접 먹어보면 안다. 사고 싶은지 아닌지, 사야 할지 말아야 할지를. 치료도 그럴 때가 있다. 하고 싶은지 아닌지, 해야 할지 말아야 할지 모른다면 직접 해보고 결정하고 선택하게 하면 된다. 직접 해봐야 추천한 치료에 대해 판단하고 선택할 수 있는 클라이언트도 있기 마련이다. 그런 클라이언트에게는 체험할 기회를 제공하면 된다.

지금까지 말한 모든 과정의 핵심은 치료에 관한 클라이언트의 판단과 결정과 선택을 돕는 데 있다. 본인에게 어떤 치료가 필요하고 도움이 될지 스스로 생각하고 판단하고 결정하고 선택할 수 있도록 돕는 것이 작업치료사가 클라이언트를 위해 알아서 해줘야 하는 일이며, 해줄 수 있는 일이라는 얘기다. 이러한 핵심을 알면 클라이언트에 따라 알아서 해줘야 하는 것이 무엇인지, 그것을 어떻게 해줘야 하는지도 알 수 있게 된다. 또 클라이언트가 "알아서 해주세요."라고 요구하더라도 능히 클라이언트 중심의 작업치료, 작업 기반의 치료를 할 수 있다. 클라이언트가 알아서 해달라고 하면, 그래도 된다. 알아서 해줘야 하는 것이 무엇인지 정확히 알고 그것을 해줄 수 있다면 말이다. 클라이언트에게 알아서 해줘야 할 것을 해줄 수 있는 작업치료사가 되길 바란다.

열악한 치료 환경을 극복하기 위해서는

"치료 공간도 치료에 필요한 도구나 재료도 없는데 어떻게 치료하라는 거야?"
"저 병원은 치료 환경이 참 좋던데, 우리 병원은 왜 이래."
"병원에서 지원을 안 해주는데 뭘 어떻게 할 수 있겠어."
"작업치료가 뭔지도 모르고 작업치료사가 뭐 하는 사람인지도 알아주지 않는데 어떻게 작업치료를 제대로 하겠어."
"치료 환경이 나쁘니까 이렇게 치료할 수밖에 없지."

치료 환경이 열악해서 고민이라는 작업치료사들의 이야기다. 이럴 때 어떻게 해야 할지를 조언하기에 앞서 생각해 볼 것이 있다. 지금 있는 곳의 치료 환경이 좋지 않다는 것은 사실일까, 해석일까? 사실이란 거짓이나 상상이 아닌, 있는 그대로의 현상이나 상태를 의미한다. 객관적이고 입증할 수 있는 것이며 '언제', '어디에서', '무엇을'에 대해 명확히 밝힐 수 있는 것이다. 그와 달리 해석은 사실을 접한 사람이 자신의 기준, 바람, 기대, 느낌 등에 따라 이해하고 판단한 결과로 '왜', '어째서'로 이야기할 수 있는 것이다. 즉, 해석은 실제 현상이나 상태가 아닌 그것에 대한 사람의 인식과 감정의 산물이다. 그래서 하나의 사실에도 사람마다 다르게 생각하고 말할 수 있는 것이다.

'어떤 환경이어야 해', '어떤 환경이어야만 치료를 잘할 수 있어'라는 식의 자기 기준으로 환경을 보면 그에 따라 환경을 이해하고 판단하게 된다. 사실이 아닌 해석을 바탕으로 환경을 인식하게 되는 것이다. 더구나 환경의 긍정적 측면보다 부정적 측면에 더 초점을 맞추게 되고 본인의 기준에 미치지 못하거나 만족스럽지 않은 부분을 선택적으로 더 주목하게 될 수 있다. 그러다 보면 주어진 상황과 조건을 왜곡해서 받아들이고 시간과 에너지를 환경을 탓하는 데만 헛되이 쓰게 될 수 있다.

그런 상태에서 치료에 정성을 다하고 본인의 역량을 힘껏 발휘할 수 있을까? 클라이언트가 겪고 있는 문제나 어려움에 온전히 관심을 기울이고 클라이언트와 함께 그것을 해결하기 위해 최선을 다할 수 있을까? 오로지 클라이언트를 위한 치료에만 전념할 수 있을까? 본인의 문제에 시달리면서 치료에 최선을 다하기란 결코 쉬운 일이 아니다. 그렇기 때문에 이 고민을 계속 붙들고 있거나 반복해서는 안 된다. 회피하려 해서도 안 된다. 최소한 클라이언트를 위한 치료에 전념할 수 있을 만큼은 해결하고 넘어가야 한다.

이 고민을 해결하기 위해서는 우선 뒤섞인 사실과 해석을 정확하게 구분할 수 있어야 한다. 해석을 걷어내고 사실을 있는 그대로 받아들여야 한다. 사실에 근거하여 본인이 무엇을 해야 하고 어떻게 할 수 있을지 스스로 묻고 답해야 한다. 남이 아닌 자기 자신에게 묻고 답해야 본인만의 해답을 얻을 수 있다. 요컨대 나만의 해답이 필요하며 그래야 스스로 이 고민을 해결할 수 있다는 얘기다.

사실을 있는 그대로 받아들인다는 것은 주어진 환경을 객관적으로 이해하는 것이다. 자신의 주관에서 벗어나 환경을 대상으로 바라보고 인식하는 것이다. 무엇이 있고 없는지를 그저 알아차릴 뿐 그것을 판단하거나 평가하지 않는 것이다. 그 자체에 의미를 부여하거나 더 바라거나 기대하지 않음으로써 고민하거나 괴로워하지 않는 것이다. 예컨대, 일상생활동작치료실이 따로 없다면 '일상생활동작치료실이 없다'라고 인식할 뿐 '일상생활동작치료를 하려면 일상생활동작치료실이 당연히 있어야지. 그게 없는데 어떻게 일상생활동작치료를 할 수 있겠어. 하기 싫어서 안 하는 게 아니라 하고 싶어도 못 하는 거야'와 같이 주관적으로 판단하고 평가하지 않는 것이다. 없는 것을 문제 삼고 기대와 바람대로 되지 않는다고 스스로 고민하거나 괴로워하지 않는 것이다.

그러려면 먼저 환경을 자기 기준과 기대에 따라 습관적 또는 무의식적으로 평가하고 판단할 때마다 이를 스스로 알아차릴 수 있어야 한다. 그래야 자기 기준, 바람, 기대, 주장, 감정 등을 고집하는 마음을 돌이켜 주어진 환경을 지금 있는 그대로 알고 받아들일 수 있다. 해석을 멈추고 사실을 인식할 수 있다. 그리고 이 정도만 되어도 이 고민에서 한결 자유로울 수 있다. 다음으로 할 수 있는 선택은 주어진 환경에서 더 나은 치료를 위한 방법을 찾고, 연구하며, 이를 시도해 보는 것이다. 예를 들어, 이런 고민을 한다고 해보자.

'일상생활동작치료실이 없어서 일상생활동작치료는 아예 시도조차 할 수 없어.'
'일상생활동작치료실이 있지만 일상생활동작치료에 필요한 도구나 재료가 갖춰져 있지 않아서 일상생활동작치료를 하기가 어려워. 일상생활동작치료실이 없는 거나 마찬가지야.'

우선 사실과 해석을 구별한다.

일상생활동작치료실이 없다. → 사실
일상생활동작치료를 아예 시도조차 할 수 없다. → 해석
일상생활동작치료실이 있다. → 사실
일상생활동작치료에 필요한 도구나 재료가 없다. → 사실
일상생활동작치료를 하기가 어렵다. → 해석
일상생활동작치료실이 없는 거나 마찬가지다. → 해석

이제 해석을 걷어내고 사실에 주목하여 지금 여건에서도 목표하는 치료를 할 수 있는 방법을 찾아본다. 어떤 환경인지가 아니라 어떻게 환경을 활용할지에 초점을 맞추고 현재 상황이나 조건에 따른 문제나 어려움을 극복할 대안을 연구하고 시도해 보는 것이다. 예컨

대, 일상생활동작치료실이 없지만 어떻게 하면 클라이언트에게 필요한 일상생활동작치료를 할 수 있을지, 일상생활동작치료를 하는 데 필요한 도구나 재료가 없지만 어떻게 하면 치료에 필요한 도구나 재료를 구할 수 있을지 방법을 모색해 본다.

일상생활동작치료실이라고 하면 대개 일상생활동작치료에 필요한 도구와 재료가 갖춰진 치료실 안에 마련된 특정 공간과 장소를 떠올린다. 그렇게 일상생활동작치료실을 정의하면 치료실 내에 특정한 공간과 장소를 마련하고 필요한 도구와 재료를 갖추는 것 외에 다른 방법이 없다. 그런데 일상생활동작치료실을 클라이언트가 일상생활동작을 직접 수행하거나 연습할 수 있는 모든 장소와 공간이라고 정의한다면 어떻게 될까? 말 그대로 클라이언트가 일상생활동작을 수행하거나 연습할 수 있는 장소와 공간이면 어디든 일상생활동작치료실이 될 수 있다.

예컨대 환자가 본인 힘으로 양치질과 세수를 하고 싶어 한다. 그런데 치료실 안에 양치질과 세수를 수행해 보고 연습할 수 있는 시설이 갖춰진 공간이나 장소가 따로 없다. 그러면 그런 공간과 장소를 치료실 안에서만 찾을 것이 아니라 클라이언트가 양치질과 세수를 해볼 수 있고 연습할 수 있는 다른 공간과 장소가 어디에 있는지 찾아보면 된다. 만약 클라이언트가 생활하는 병실이나 병동에 있는 세면장이 그런 장소라면, 그곳이 바로 클라이언트를 위한 일상생활동작치료실이 될 수 있다. 게다가 매일 생활하는 익숙한 환경을 치료에 활용함으로써 실제 생활과 자연스럽게 연결될 수 있는 치료적 경험과 훈련을 제공하는 데도 유용하다. 병실이나 병동 내 세면장이 클라이언트만을 위한 훌륭한 일상생활동작치료실이 될 수 있는 것이다.

물론 치료실에 속하지 않은 다른 공간과 장소를 치료에 사용하려면 사전에 고려하고 준비해야 할 사항이 생기기 마련이다. 예를 들어, 세면장을 관리하는 부서와 세면장을 함께 사용하는 이들에게 미리 허락을 구하고, 이용자들에게 피해가 가지 않도록 적절한 조치를 취해야 한다. 예컨대, 이용자들에게 양해와 협조를 구해 치료에 사용할 시간을 조율하거나, 아니면 아무도 사용하지 않는 시간에 맞춰 치료를 진행해야 할 수도 있다. 그렇다 하더라도 세면장이 공용 시설인 만큼, 치료 시에는 만약의 경우에 대비해 사용 시간과 치료 중임을 알리는 팻말을 걸어 두는 것이 필요하다.

새로운 장소가 준비되면 클라이언트에게 알리고, 치료실이 아닌 다른 장소에서 치료하는 것에 대해 동의를 구해야 한다. 먼저 클라이언트의 동의를 얻고 준비를 시작하는 것도 좋지만, 막상 확인해 보니 클라이언트에게 말한 장소를 치료에 사용할 수 없는 상황이라면 곤란해질 수 있으므로, 사용 가능 여부를 먼저 확인한 후 클라이언트에게 알리는 것이 더 낫다. 클라이언트가 동의하면, 그 장소까지 어떻게 이동할지 클라이언트와 의논하여 정한다. 치료 시간의 일분일초가 아쉬운 클라이언트에게는 이동 시간마저도 아까울 수 있기 때문이다. 따라서 치료실에서 함께 이동할지, 아니면 약속한 시 각에 치료할 장소에서 만날지를 클라이언트와 상의하고 미리 계획을 세우는 것이 좋다.

치료에 필요한 도구와 재료도 마찬가지이다. 클라이언트가 실제로 양치질과 세수를 할 때 사용하는 도구를 직접 챙겨오게 해서 그것을 치료에 사용하면 된다. 치료실에 구비된 도구와 재료만을 사용해야 한다는 법은 없다. 만약 클라이언트가 준비해 올 수 없는 도구나 재료가 필요하다면, 그것을 구할 수 있는 다른 방법을 찾아본다. 치료에 필요한 도구나 재료가 치료사에게 있다면, 개인 물품이라도 가져와서 치료에 사용하면 된다. 그렇지 않으면 주변 사람들에게 물어봐서 빌리거나 기증을 받는 방법도 있다. 또는 소속 기관에 건의하거나 지원을 요청할 수도 있다. 가만히 앉아 누군가가 해결해 주기만을 기다리기보다는 여러 가지 대안을 고민하고 시도하는 것이 훨씬 더 현실적인 해결책이다.

만약 클라이언트가 그렇게까지 해서 치료하는 것을 원치 않는다면, 그 필요성을 다시 설명하고 클라이언트의 의견을 들어본다. 그래도 클라이언트가 원치 않으면, 그때는 상황을 이해시키고 현재 주어진 환경에서 가능한 치료를 정해 진행하면 된다. 들어주고 싶어도 들어줄 수 없는 요구가 있을 수 있고, 노력해도 극복할 수 없는 환경적 제약이 있기 마련이다. 그럴 때는 그 사실을 인정하고 겸허히 받아들여야 한다. 극복할 수 있다면 최선을 다하고, 그렇지 않다면 받아들이고 인정해야 한다.

그렇지 않으면 안 되는 일에 시간과 에너지를 낭비하게 된다. 클라이언트에게 해줄 것처럼 해놓고 실제로 해주지 못하면 원성을 사고 신뢰를 잃게 된다. 그로 인한 괴로움을 자초하는 것은 어리석은 일이다. 주어진 환경에서 더 나은 치료를 위해 최선을 다하되, 불가능하거나 명백한 한계가 보일 때는 그 사실을 인정하고 현실에 맞게 대처해야 한다.

이를테면, 처음 클라이언트를 만났을 때 치료실을 소개하는 것이 하나의 대안이 될 수 있다. 어떤 환경에서 치료하게 될지 미리 알려준 후 치료에 대해 의논하는 것이다. 이렇게 하면 주어진 환경에서 할 수 있는 치료에 대해 클라이언트와 의논하기가 훨씬 수월해진다. 만약 클라이언트가 주어진 환경에서 시도하기 어렵거나 불가능한 치료를 요구하더라도, 이미 공유된 환경 정보를 바탕으로 현실적인 타협안이나 합의점을 찾을 수 있다. 또한 그 과정에서 발생할 수 있는 갈등이나 문제를 선제적으로 예방하거나 최소화하는 데도 큰 도움이 된다.

어떻게 하면 환경을 개선할 수 있을지 연구하고 시도해 보는 선택도 있다. 치료 환경이 나아지기를 바라는 사람은 많지만, 치료 환경을 개선하기 위해 행동하는 사람은 드물다. 치료 환경이 좋지 않다고 불평하는 사람은 흔히 볼 수 있지만, 부족하거나 불만족스러운 부분을 변화시키기 위해 직접 나서는 사람은 보기 드물다. 이처럼 자신은 가만히 있으면서 다른 사람이 알아서 나서주기를 바란다면, 아무것도 바뀌지 않는다. 오히려 불평만 늘고 불만만 쌓일 뿐이다.

치료 환경이 나아지기를 바란다면, 우선 본인이 할 수 있는 일부터 찾아 힘닿는 데까지 시도해야 한다. 본인이 원하는 치료 환경과 현재 환경 사이에 어떤 차이가 있는지 생각해 보고, 그 차이를 좁히기 위한 방법을 고민한 뒤, 직접 실천해야 한다. 머리와 가슴으로 생각하고 느끼는 데 그치지 말고, 몸을 움직여야 한다. 그래야만 변화의 동력이 생기고, 도전을 지속할 힘을 얻을 수 있다. 환경 개선을 원한다면, 그것을 위해 행동하는 사람이 되어야 한다. 일단 해보는 것, 시작은 그렇게 하는 것이다.

물론 노력한다고 해서 항상 원하는 결과를 얻을 수 있는 것은 아니다. 노력과 결과는 서로 다른 영역에 속한 것이다. 노력해서 원하는 결과를 얻으면 다행이지만, 그렇지 못해도 괜찮다. 시도하고 경험하고 배운 것을 바탕으로 더 연구해 다시 시도해 보면 된다. 그러면 원하는 결과를 얻지 못하더라도 그것은 실패가 아니라 배움의 기회가 된다. 그 과정에서 자신의 역량을 키우고 변화를 이루는 데 필요한 경험, 지식, 정보, 자원 등을 얻을 수 있다. 무엇보다 일단 해봐야 그다음도 있는 법이다. 할 수 있는 데까지 힘껏 해봤지만 그래도 소용없다면 그만두면 된다. 그러면 최소한 미련이나 후회는 남지 않을 것이다. 오히려 그 과정에서 배우고 성장한 자신을 발견하게 될 것이다.

그러기 위해서는 본인의 의지로 선택하고 결정한 것을 시도해야 한다. 다시 말해, 자발적으로 원해서 해야 한다는 것이다. 힘들 수 있지만, 그조차 감수하고 해보겠다는 마음으로 해야 한다. 또한, 남을 위해서가 아니라 자기 자신을 위한 일이라는 생각으로 해야 한다. 남을 위해 한다고 생각하면, 남이 알아주지 않을 때 쉽게 의욕을 잃게 된다. 그로 인해 서운함이나 원망이 생길 수도 있다. 하지만 자기 자신을 위해 한다면, 남들이 알아주든 말든, 뭐라 하든 상관없이 묵묵히 노력할 수 있다.

환경 개선을 위한 노력도 중요하지만, 그 전에 본인에게 맡겨진 일을 문제없이 잘해내는 것이 기본이다. 예를 들어, 할당된 치료 성과를 제대로 달성하지 못하거나, 치료를 제대로 하지 못해 클라이언트에게 지속적으로 항의를 받거나, 매일 처리해야 할 기본적인 행정 업무에서 실수를 반복하면서 환경 개선을 운운하거나 거기에만 신경을 쓰고 시간과 에너지를 쏟는다면, 이를 옳다고 인정하거나 지지할 사람은 없을 것이다. 기본적으로 해야 할 일을 문제없이 해내는 것이 우선이다. 이는 선택이 아닌 의무이다.

환경 개선에 필요한 시간과 에너지를 확보하는 것도 중요하다. 삶의 여러 영역 중 어디에서 시간과 에너지를 끌어와 쓸 수 있는지, 무엇을 어느 정도 포기하고 양보할 수 있는지 생각하여 환경 개선을 위한 노력과 맞바꿔야 한다. 아무것도 포기할 수 없다는 것은 아무것도 하지 않겠다는 말이나 마찬가지다. 포기할 수 있어야 얻을 수 있으며, 무언가 얻었다는 것은 그 전에 무언가를 포기했다는 것임을 알아야 한다.

자기 위치와 권한에 걸맞은 노력과 시도를 해야 한다는 점을 명심해야 한다. 즉, 주제와 분수를 알고 그에 맞는 노력과 시도를 해야 한다는 것이다. 예를 들어, 이제 막 병원에 들어와 아직 환자 치료나 기본적인 업무 파악도 제대로 하지 못한 상태에서 열악한 환경을 바꾸겠다고 뛰어다니는 것은 무모할 뿐만 아니라 무익하다. 뜻하는 바를 이룰 수 없을 뿐만 아니라, 자기 역량을 발휘할 기회도 없이 자포자기에 빠질 수 있다. 본인의 위치와 권한을 넘는 일에 감정, 시간, 에너지를 낭비하지 말라. 주제와 분수를 알고 그에 맞는 노력과 시도부터 해나가라. 작은 것이어도 괜찮다. 일단 작은 성공과 성취를 경험하는 것이 중요하다. 성공과 성취는 해본 사람이 더 잘할 수 있으며, 학습을 통해 이루어지는 것이기 때문이다.

다른 사람의 도움이 필요할 때는 먼저 그들의 이해와 공감을 얻는 것이 중요하다. 그런 다음에 도움을 요청하는 것이 바람직하다. 그렇지 않으면 나만의 일방적인 요구로 비칠 수 있고, 그러면 요구가 받아들여질 가능성이 낮아진다. 요구할 때는 상대방이 쉽게 받아들이고 승낙할 수 있는 것부터 요청하는 것이 좋다. 처음부터 들어주기 어려운 요구나 무리한 부탁을 한다면, 승낙을 얻기 어려울 뿐만 아니라 다음 기회를 잃을 수도 있다. 따라서 상대방의 처지를 잘 헤아리고, 현실적으로 받아들일 수 있는 도움부터 요청해야 한다.

당장 성과가 나지 않더라도 할 수 있는 만큼 최선을 다해 보기를 권하고 싶다. 성과가 바로 나타나면 좋겠지만, 그렇지 않은 경우가 훨씬 많을 것이다. 어떤 일이 이루어지기 위해서는 노력 외에도 시간, 인연, 운 등 여러 요인이 필요하기 때문이다. 그래서 결과가 어떻게 될지는 당장 알기 어렵다. 개선된 환경을 원하고 필요하다고 생각한다면, 인내심과 근성을 발휘하여 끝까지 해보기를 바란다.

지금 있는 곳에서 더 나은 치료 환경을 갖춘 곳으로 옮기는 것도 하나의 대안이 될 수 있다. 단, 옮기기 전에 철저한 준비가 필요하다. 무작정 그만두고 찾아보니 마땅히 갈 만한 곳이 없거나, 원하는 곳에 채용 계획이 없다면 예상치 못한 경력 단절을 겪을 수 있다. 그러한 기간이 길어지면 정신적·심리적·경제적 타격은 그만큼 커지기 마련이다. 따라서 지금 있는 곳에서 원하는 곳을 잘 조사하고 준비하여, 갈 수 있는 상황이 되었을 때 떠나는 것이 더 현명하다.

원하는 곳을 찾을 때는 자신이 가장 중요하게 생각하는 것이 무엇인지 정확히 파악하는 것이 중요하다. 현재 있는 곳의 치료 환경이 열악하다고 느끼는 이유와 개선이 필요한 부분, 그리고 어떤 조건들이 갖춰져야 더 나은 환경으로 여겨질지를 스스로 인식해야 한다. 자신이 중요하게 여기는 환경 조건을 명확히 알게 되면, 그에 맞는 장소를 찾아낼 수 있다.

원하는 곳을 찾았다면, 그곳이 정말 나에게 맞는지 확인하는 과정이 필요하다. 겉보기에는 현재 있는 곳보다 치료 환경이 더 나아 보이기 때문에 입사를 결심했지만, 실제로 들어가 보니 이전과 크게 다르지 않거나, 물리적인 공간이나 시설은 더 나은 반면, 예상치 못한 다른 측면에서 문제가 있을 수 있다. 예를 들어, 치료사들과의 가치관 차이나 지향점의 불일치, 경력에 따른 대우 부족, 텃세 등으로 인해 다시 고민하거나 괴로워질 수도 있다. 겉으로 보이는 것이 전부가 아닐 수 있기 때문이다. 따라서 지원하려는 곳이 본인의 기준에 얼마나 부합하는지, 그곳에 들어가기 위해 무엇을 어떻게 어필해야 하는지, 무엇을 얻을 수 있고 무엇을 감수해야 하는지 등을 철저히 조사하고 신중하게 고려한 후에 결정을 내려야 한다.

물론 쉽지 않은 일이다. 그렇게 해야 한다는 것은 알지만, 막상 어떻게 해야 할지 몰라서 실행에 옮기지 못할 수도 있다. 내가 추천하는 방법은 지원하려는 곳을 직접 방문하는 것이다. 그곳의 환경을 눈으로 확인하고, 그곳에서 만나는 사람들에게 궁금한 점을 물어보거나 정보를 제공해 줄 수 있는 부서를 찾아가 자료를 요청하는 것이다.

나는 이직을 위해서는 아니지만, 실습을 위해 그렇게 해본 적이 있다. 실습 장소를 알아보고 해당 기관의 실습 허락을 받는 것까지 내가 직접 해야 했던 적이 있었다. 나는 다양한 사례를 접할 수 있고, 확실한 근거 기반의 치료가 이루어지는 곳에서 실습을 하고 싶었다. 나는 그런 장소라고 생각되는 두 곳을 정해 실습을 요청하기 전에 직접 가 보았다. 가서 어떤 사람들이 주로 치료를 받고, 치료가 어떻게 이루어지며, 치료실의 환경이나 분위기, 그리고 치료사들의 표정이나 태도는 어떠한지 등을 유심히 살펴보았던 기억이 난다. 또 보호자로 보이는 사람들에게 다가가 그곳에 관해 물어보고, 그들이 해주는 이야기도 들어보았다. 치료사들과 이야기를 나눠볼 수는 없었지만, 그곳에서 실습하고 있는 학생에게 사정을 말하고 연락처를 얻어 나중에 전화로 궁금한 점을 물어 필요한 정보를 얻기도 했다. 그렇게 직접 가서 보고, 묻고, 듣고, 느끼고, 겪어봤던 것이 원하는 실습 장소를 정하는 데 큰 도움이 되었다. 아직 이직을 위해 그렇게 해본 적은 없지만, 만약 이직을 해야 한다면 그때와 똑같이 할 것이다. 다만, 그때는 비공식적인 경로로도 가능했지만, 지금은 공식적인 절차를 통해야 할 것이다.

  옮길 곳을 찾고 알아보는 과정에서 현재 있는 곳이 그리 나쁘지 않거나 오히려 더 나은 점이 있다는 생각이 들 수도 있다. 그러면 현재 있는 곳에 그냥 있으면 된다. 실감하지 못했던 이점을 발견했다면, 그것에 감사하며 주어진 환경에서 최선을 다해 치료하면 된다. 아무런 조사나 준비 없이 다니는 곳을 무작정 그만두면 이 선택지는 그 순간 사라지게 된다. 이런 이유에서도 현재 있는 곳에서 옮기고 싶은 곳이나 옮길 만한 곳이 있는지 충분히 찾아보고, 만약 있다면 그곳에 대해 철저하게 조사하고 신중하게 결정한 후에 행동으로 옮겨야 한다.

  지금 있는 곳의 치료 환경이 마음에 들지 않거나 치료에 여러 가지 제약이 있다면, 다음과 같은 선택을 할 수 있다. 주어진 환경을 그대로 받아들이고 그 안에서 더 나은 치료를 위해 노력할 수도 있고, 환경을 개선하기 위해 지금 당장 할 수 있는 일을 시작할 수도 있다. 아니면 더 나은 치료 환경을 갖춘 곳을 찾아 옮길 수도 있다. 무엇을 선택하든, 그것은 지금 이 고민을 하는 당신의 자유이며, 결과에 대한 책임도 당신에게 있다. 고민만 해서는 아무것도 달라지지 않는다. 할 수 있는 선택을 하고, 그 결과를 스스로 책임지는 것이 이 고민을 해결하는 가장 신속하고 효과적인 방법이다.

세 번째 이야기, 치료

작업을 통해
뇌를 변화시킨다

상지 매뉴얼의 한계

상지 회복을 원하는 뇌졸중 환자와 보호자가 많다. 그들은 작업치료사에게 "팔과 손을 좋아지게 해주세요.", "팔 좀 주물러 주세요.", "손 좀 만져 주세요."라고 요구한다. 거의 예외가 없다. 작업치료사들은 이러한 요구를 편의상 '상지 매뉴얼'이라고 부른다. 그들의 바람대로 상지 매뉴얼을 잘 받으면 마비된 팔과 손을 다시 움직이고 쓸 수 있게 될까?

이 질문에 답하기에 앞서, 먼저 뇌졸중 환자들이 팔과 손을 움직이지 못하고 쓸 수 없는 원인이 어디에 있는지부터 살펴보자. 그렇다. 그 원인은 팔과 손이 아닌 뇌에 있다. 팔과 손을 담당하는 뇌의 영역이 뇌졸중으로 손상되어 팔과 손을 움직이지 못하고 쓸 수 없게 된 것이다. 따라서 환자와 보호자가 원하는 상지 회복을 위해서는 뇌의 회복이 전제되어야만 한다.

뇌의 회복과 관련하여 반드시 고려해야 할 개념이 있다. 바로 '신경가소성'이다. 이를 간단히 설명하자면 신경세포^{neuron}가 자극과 사용에 따라 변할 수 있는 능력이다. 즉 상지 회복을 원한다면 신경가소성에 대한 이해를 바탕으로 상지와 관련된 뇌의 회복을 극대화할 수 있는 치료를 선택해야 한다.

뇌의 신경가소성은 자극과 요구에 따라 발현된다. 뇌가 활성화되면 신경세포들 사이에 새로운 연결이 형성되고, 반복된 자극과 요구는 그 연결을 강화한다. 이렇게 형성된 신경회로는 뇌의 영역을 재조직하며, 사용하지 않는 회로는 사라지고, 뇌의 영역도 달라진다. 뇌는 자극과 요구에 따라 신경회로를 만들고 없애며 유연하게 변화한다.

이를 위해서는 다음 세 가지 조건이 필수적이다.

1. 뇌를 사용해야 한다.
2. 뇌의 학습이 필요하다.
3. 위의 두 가지를 바탕으로 한 체계적·단계적·반복적 연습이 있어야 한다.

이를 고려한다면, 상지 회복에 가장 도움이 되는 치료는 바로 상지와 관련된 뇌의 신경가소성을 최대한 활용하는 치료일 것이다. 다시 말해, 상지와 관련된 새로운 신경회로를 형성하고 뇌의 영역을 재조직하는 데 있어, 앞서 언급한 세 가지 조건을 모두 충족하고 이를 극대화할 수 있는 치료가 필요하다.

그렇다면 환자와 보호자가 요구하는 상지 매뉴얼, 즉 팔과 손을 만져 주고 주물러 주는 치료는 어떨까? 과연 이러한 뇌의 신경가소성을 활용하고, 나아가 극대화할 수 있을까?

　환자가 받는 상지 매뉴얼을 보자. 환자의 팔과 손의 움직임, 그에 필요한 근육의 긴장도와 관절의 위치, 그리고 다른 신체와의 조절과 관련된 사고와 판단을 하고, 그에 따른 움직임을 만들어내는 주체는 환자가 아닌 치료사다. 즉 치료사가 환자의 팔과 손의 움직임, 조절, 사용에 관한 일체의 결정을 도맡아 하고, 그 결정을 환자의 팔과 손을 통해 실행하는 것이다.

　이때 팔과 손을 움직이는 사람은 누구인가? 환자 자신인가, 치료사인가? 맞다. 치료사다. 그러면 결국 누구의 뇌가 사용될까? 환자의 뇌인가, 치료사의 뇌인가? 그렇다. 치료사의 뇌다. 치료사가 해주는 상지 매뉴얼을 받는 과정에서 환자의 뇌가 전혀 자극되지 않는다고 단정하긴 어렵다. 무의식적인 경로를 통해서 자극되긴 할 것이다. 하지만 그런 자극은 그다지 뇌에 의미 있는 변화를 만들어 내지 못한다. '듣기'와 '경청'의 차이와 같다.

　한 가지 더 살펴보자. 상시 매뉴얼을 받고 있는 환자를 떠올려 보자. 그때 환자는 어떻게 하고 있는가? 자기 팔과 손의 움직임을 의식하고 있는가? 팔과 손을 어떻게 움직여야 하는지 배우고 있는가? 또 자기 스스로 반복해서 팔과 손을 움직이려 노력하고 있는가?

　그렇지 않을 것이다. 대개 눈을 감고 있거나 치료사와 담소를 나누거나, 아니면 본인만의 생각에 잠겨 있을 것이다. 이런 상태에서는 상지 회복에 필요한 뇌의 학습이 이루어지기 어렵다. 학습이란 말 그대로 배우고 익히는 과정이다. 그러기 위해서는 배워야 할 것에 의식적으로 주의를 기울여야 한다. 또 그것을 되풀이해서 연습해야 한다. 상지 매뉴얼을 받는 환자들을 보라. 그러한 모습을 볼 수 있는가?

마지막으로 무엇을 반복하는가? 그렇다. 자기 뇌를 쓰지 않고 팔과 손의 학습에도 무관한 것들을 반복한다. 치료사는 환자의 상지와 관련하여 본인의 뇌를 사용하고, 환자는 특별히 배우고 익히는 것이 없는 과정을 되풀이할 뿐이다. 결국 환자는 자기 뇌를 쓰지도 상지와 관련된 것을 배우지도 못한다. 그러니 당연히 상지 회복을 위한 체계적·단계적·반복적 연습도 가능할 리 없다.

정리하자면 이렇다. 환자와 보호자의 목적이 상지 회복이라면, 그 목적을 이룰 수 있는 가장 효과적인 치료가 필요하다. 그것은 상지와 관련된 뇌의 신경가소성을 극대화하는 치료다. 즉 다음 세 조건이 치료에서 충족되어야 한다.

1. 환자가 자신의 뇌를 써야 한다. 다시 말해, 본인이 직접 자신의 팔과 손을 움직이려고 해야 한다.
2. 환자는 의식적으로 주의를 기울여 팔과 손의 기능을 다시 배우고 익혀야 한다.
3. 환자는 위의 두 가지에 기초한 체계적·단계적·반복적 연습을 해야 한다.

이때 보호자도 환자가 이들 조건에 부합하는 활동들을 치료 시간 뿐만 아니라 생활에서 제대로 또 꾸준하게 해나갈 수 있도록 도와야 한다. 이러한 보호자의 협력과 지원 또한 상지 회복을 위한 뇌의 신경가소성을 극대화하는 데 필수적이다.

이제 대답해 볼 차례다. 환자와 보호자가 요구하는 상지 매뉴얼은 상지 회복에 가장 도움이 되는 치료인가? 아니, 과연 도움은 되는 치료인가?

핵심은 뇌의 변화

환자와 보호자는 왜 꼭 상지 매뉴얼을 해달라고 하는 걸까? 상지 회복을 위한 치료에 대해 이야기할 때, 상지 매뉴얼 외의 다른 요구를 듣는 일은 드물다. 거의 없다고 봐도 무방할 정도다. 심지어 모두 입을 맞춘 듯 "손 좀 잘 만져 주세요."라고 비슷한 말을 한다. 이는 많은 것을 시사한다. 각기 다른 상태와 증상 그리고 바람을 가진 이들이 모두 하나같이 동일한 치료만을 요구하다니, 이것은 분명 생각해 볼 문제다.

경험에 비춰보면 여기에는 다양한 이유가 있다. 일일이 열거한다면 책 한 권은 족히 되지 않을까 싶으니, 주된 이유라고 생각되는 세 가지를 주목해 보고자 한다.

하나는 작업치료에 대한 경험이다. 경험하는 만큼 알게 되고, 아는 만큼 경험하는 법이다. 재활치료를 시작하기 전부터 작업치료가 어떤 치료이고, 작업치료사가 무엇을 하는 사람인지 알고 있는 환자와 보호자는 거의 없다. 심지어 그 존재조차 모르고 있던 경우가 대부분이다. 그러다가 뇌졸중에 걸리고 나면 그제야 작업치료사를 만나고 작업치료를 접한다.

   뇌졸중 초기의 환자는 대개 감각과 운동능력을 상실하게 된다. 그 결과 자기 신체를 뜻대로 움직일 수 없다. 이때 치료사는 기능을 잃은 환자의 신체를 대상으로 어떤 행위를 하고, 환자와 보호자는 그 행위를 받아들이고 경험하면서 자연스레 치료라고 인식한다. 또 그런 행위를 통해 치료사가 무엇을 하는 사람인지 알게 된다. 그때 흔히 경험하는 작업치료가 바로 환자와 보호자가 '치료사가 팔과 손을 주물러 주거나 만져 주는 것'이라고 말하는 상지 매뉴얼이다.

   게다가 여러 병원을 거치면서 이러한 경험을 반복하면 환자와 보호자의 머릿속에는 '작업치료 = 상지 매뉴얼을 받는 치료', '작업치료사 = 상지 매뉴얼을 해주는 사람'과 같은 고정 관념이 형성된다. 즉 그게 너무 당연해서 다른 생각은 못 하게 되는 것이다. 특히 상지 치료는 작업치료사가, 하지 치료는 물리치료사가 담당하는 식의 경험을 반복했다면 이러한 경향은 더욱 두드러진다. 이와 같은 경험을 했을 때 환자와 보호자는 작업치료사에게 무엇을 기대하게 될까? 또 어떤 치료를 요구하게 될까? 그 답은 이미 정해진 것이나 다름없다.

   다른 하나는 상지 매뉴얼의 방식이다. 사람은 괴로움을 피하고 싶어 한다. 실망하기 위해 온 힘을 쏟아부을 사람은 없다. 환자의 입장에서 생각해 보자. 팔과 손을 움직이고 싶은데 움직일 수 없다. 계속 움직여 보고 싶을까? 이를 악물고 시도해 봤는데, 역시 움직이지 않는다. 어떤 심정일까? 실망을 넘어 좌절할 것이다. 그 쓰디쓴 실패를 다시는 경험하고 싶지 않아서 더 이상 시도하지 않을 것이다.

반면, 상지 매뉴얼을 받을 때는 어떨까? 환자는 대개 눕거나 앉아 있다. 치료사는 그런 환자의 팔이나 손을 잡고, 자기가 알아서 각 관절들을 움직여 주고 근육들을 긴장 또는 이완시켜 준다. 이것이 환자가 경험하는 상지 매뉴얼의 방식이다.

치료사가 해주는 걸 받기만 하면 되는 이러한 방식은 앞서 말한 환자의 괴로움을 덜어준다. 자신이 할 수 없는 걸 억지로 하려 애쓸 필요도 그것 때문에 실망하고 좌절할 일도 없다. 환자를 보라. 상지 매뉴얼을 받는 동안 무엇을 하고 있는가? 치료사와 잡담하거나 눈을 감고 있다가 서서히 잠들거나 딴생각에 잠겨 있지 않은가? 그런 환자에게서 상지 회복을 위한 자발적 노력은 찾아보기 어렵다. '치료사가 알아서 해주겠지', '치료를 받으면 좋아지겠지'라고 믿고 치료사에게 자기 팔과 손을 맡겨두면 되는 방식, 이렇게 편하고 쉬운 것을 선호하지 않을 이유가 없다.

나머지 하나는 변화에 대한 체험이다.

"팔을 주물러 주면 뻣뻣한 게 덜해져요."
"무겁던 팔과 손이 한결 가볍고 부드러워져요."
"작업치료사 선생님이 주물러 줬더니 처음에는 꼼짝도 하지 않던 팔과 손이 이제는 움직여요."

치료사의 손길이 닿으면 뻣뻣하고 무겁던 팔과 손이 부드럽고 편해진다. 또 상지 매뉴얼을 계속 받다 보니 어느덧 전혀 움직이지 못했던 팔과 손을 움직일 수 있게 되었다. 변화는 몸으로 직접 느끼며 확인하는 것이다. 이러한 변화를 체험한 환자와 보호자가 상지 매뉴얼을 요구하는 것은 어쩌면 당연한 일인지도 모른다.

그러나 직시해야 할 사실이 있다. 이러한 변화가 일시적이라는 점이다. 순간적인 근육의 이완, 잠깐의 가벼움과 편안함은 안타깝지만 지속되지 못한다. 그마저도 누가 해줘야만 맛볼 수 있는 변화다.

그러한 까닭에 나는 상지 매뉴얼은 성냥에, 상지 매뉴얼로 생기는 변화는 성냥불에 비유한다. 성냥 자체는 불을 일으키지 못한다. 반드시 누군가 성냥을 켜야만 불이 일어난다. 그렇게 일어난 불은 오래가지 못한다. 성냥팔이 소녀가 많은 성냥을 가지고도 추운 곳에서 동사한 이유가 여기 있다. 아무리 많은 성냥을 가지고 있어도 성냥불로는 몸을 녹일 수 없기 때문이다.

한계는 분명하다. 상지 매뉴얼을 해주는 사람이 있어야만 하고 그 순간에만 경험할 수 있는 변화라는 명백한 한계. 환자와 보호자가 계속해서 상지 매뉴얼을 원하고, 그것을 위해 끊임없이 병원을 찾게 되는 원인도 바로 여기에 있다. 잠깐 추위를 피하려고 성냥을 켜고 또 켜는 것과 다름없다. 이건 회복이 아닌 체험에 불과하다.

그렇다면 뇌졸중 초기에는 움직일 수 없던 팔과 손을 몇 개월 뒤 움직일 수 있게 되는 극적인 변화는 어떨까? 환자와 보호자의 믿음처럼 상지 매뉴얼을 받았기 때문일까? 사실 이는 뇌가 가진 자연적 회복 능력이 크게 작용한 결과라고 보는 편이 타당하다. 앞서 말했듯이 환자가 일방적으로 받기만 하는 방식의 상지 매뉴얼로는 상지와 관련된 뇌의 신경가소성을 제대로 발현시킬 수 없기 때문이다.

뇌졸중 이후 뇌의 운동피질에서 일어나는 변화를 통해 더 자세히 알아보자. 뇌졸중이 생긴 직후에는 운동 능력을 완전히 잃어버려서 반사 작용조차 없다. 소위 이완성 마비 flaccid paralysis가 생긴 시기다. 이때 마비된 팔과 손은 축 늘어지고 전혀 움직이지 않는다. 그러다가 환자에 따라 차이가 있지만, 며칠에서 몇 주가 지나면 반사 작용이 돌아온다. 이어서 팔이나 손이 뻣뻣해지면서 나중에는 움직일 수 있게 된다. 심지어는 물건을 쥘 수 있을 만큼 좋아지기도 한다. 이러한 변화는 손상된 뇌가 자체적으로 복구되는 과정에서 일어난다.

이와 관련된 예를 더 들어보자. 뇌경색의 경우 허혈반음영 ischemic penumbra(혈류가 다시 공급되면 살아날 수 있는 부위)에서 부종 및 혈종의 흡수, 혈액순환의 개선, 뇌압의 정상화, 대사 이상이 개선될 때 앞서 말한 변화가 생긴다. 또한 해부학적 손상이 없는 신경이 갑자기 다른 신경으로부터 신호를 받지 못해 기능이 억제되었다가 신호 차단이 개선될 때도 변화가 일어난다. 여기에 시간이 지나면서 손상된 뇌세포들이 담당했던 기능을 다른 뇌세포들이 떠맡게 되면 변화는 더욱 분명해진다. 이웃한 다른 뇌 부위가 그 기능을 대신하는 신경가소성이 크게 작용한 덕분이다.

이처럼 뇌의 자연적 회복이 가장 활발한 시기에 상지 매뉴얼을 집중적으로 받았다면 어떻게 믿게 될까? 치료사가 환자의 마비된 팔과 손을 열심히 만져 주고 주물러 준 결과라고 믿게 되지 않을까? 또 그렇게 하면 앞으로도 계속 좋아질 거라고 믿게 되지 않을까? 당신이 그들이라면 어떨 것 같은가?

안타깝지만 이러한 극적인 변화도 분명한 시기적 한계가 있다. 일정 기간이 지나면 그러한 변화는 미약해진다. 이러한 사실을 모른 채 어느 날 갑자기 그 한계에 직면했다고 가정해 보자. 그때까지 가지고 있던 믿음을 곧바로 포기할 수 있을까? 과연 쉽게 생각을 바꿀 수 있을까?

이성적으로 생각하면 그래야 마땅하다. 하지만 실제로 그러기는 쉽지 않다. 오히려 믿어 왔던 것을 더 믿으려는 경향이 강해진다. 지금까지 들인 시간과 노력과 비용에 대한 자기 합리화이자 인지 부조화를 해결하기 위한 고육지책인 셈이다.

결국 이러한 자기 합리화와 인지 부조화의 오류는 맹신을 낳는다. 묻지도 따지지도 않고 무작정 믿게 된다. 도리어 믿어야 하기 때문에 묻지도 따지지도 않는다는 말이 더 적확한 표현일지도 모른다.

지금까지 살펴본 내용이 바로 환자와 보호자가 상지 매뉴얼을 받으면서 경험하는 변화의 실체이자 그들이 가진 상지 매뉴얼에 대한 믿음의 맨얼굴이다. 또한 그들이 상지 매뉴얼이라는 굴레에서 벗어나기 힘든 주된 이유다.

작업을 통해 뇌를 변화시킨다

새로운 시도가 없이는 변화도 없다

앞서 살펴본 이유들로 상지 매뉴얼을 받다 보면 환자와 보호자에게 다음과 같은 인식이 생긴다.

  작업치료 = 상지 매뉴얼을 받는 치료
  작업치료사 = 상지 매뉴얼을 해주는 사람
  상지 매뉴얼 = 팔과 손이 좋아지는 편하고 쉬운 치료

환자와 보호자가 이러한 인식을 갖게 되면 자연히 치료사에게 의존해서 자신들의 목적을 이루려 하게 된다. 곧 마비된 상지를 회복시킬 사람은 자기 자신이 아닌 치료사라고 믿고 스스로 노력하기를 멈추는 것이다. 대신 "선생님이 알아서 해주세요."라는 말과 함께 치료사에게 전적으로 치료를 맡겨 버린다. 그러면 치료에 대한 의사결정과 책임은 고스란히 치료사의 몫이 되고 만다.

이럴 때 환자와 보호자는 어떤 치료사를 선호할까? 그렇다. 팔과 손을 만족스럽게 만져 주고 정성스럽게 주물러 주는 치료사다. 그런 만큼 상지 매뉴얼을 해주는 치료사의 기술이 중요해지고 자연히 그들의 관심은 치료사가 몇 년 차인지, 어떤 직책을 맡고 있는지, 상지 매뉴얼을 얼마나 잘하는지로 향하게 된다. 그리고 상대적으로 더 오래 치료한 경력이 있고 더 높은 직책을 맡고 있으며 상지 매뉴얼에 더 능숙한 치료사를 좋은 치료사라 여기고 선호하게 된다.

그러면 환자와 보호자의 목적은 상지 회복이 아닌 이런 치료사에게 상지 매뉴얼을 받는 것으로 왜곡된다. 본인이 직접 골랐거나 마음에 둔 특정 치료사에게 치료를 받게 해달라고 요구하는 이유도 여기에 있다. 상지 회복이라는 본래의 목적이 아닌 상지 매뉴얼이라는 수단이 목적인 양 왜곡되어 그들의 선택과 결정을 좌우하는 기준이 되기 때문이다.

이러한 경우 상지 매뉴얼 외의 방법으로 상지 회복을 위한 치료를 시도하는 치료사는 환자와 보호자로부터 외면받기 일쑤다. 그들이 그런 치료를 기대하지도 원치도 않기 때문이다.

마찬가지의 이유로 상지 회복을 위한 환자와 보호자의 노력과 시도를 요구하는 치료사는 이상한 치료사, 자기가 하고 싶은 대로 하려는 치료사, 쓸데없는 것만 시키는 치료사, 도움이 안 되는 치료사가 된다. 환자와 보호자는 오히려 상지 매뉴얼을 열심히 해주는 다른 환자의 담당 치료사를 보면서 '저 치료사가 내 담당이면 얼마나 좋을까?' 하며 그 치료사의 환자들을 부러워한다. 심지어 어떤 환자와 보호자는 상지 매뉴얼을 해주지 않는 치료사의 험담을 다른 사람들에게 늘어놓거나 부서장을 찾아가 치료사를 바꿔 달라고 강력히 항의하기도 한다.

이쯤 되면 치료사도 어쩔 수 없다. 그들의 요구대로 해줄 수밖에 없는 최악의 상황에 직면했기 때문이다. 결국 상지 회복이라는 목적 달성과는 무관하게 치료 시간 내내 환자의 팔과 손을 움직여 주느라 굵은 땀방울을 쏟거나 곤란한 상황을 무사히 넘기기 위해 식은땀으로 옷을 적셔야 한다. 이러한 일이 반복되면 치료사도 '상지 매뉴얼을 저렇게 원하는데 그냥 해주고 말자' 하고 체념해 버리게 된다. 그리고 더 이상 상지 회복을 돕기 위한 어떤 노력도 하지 않게 된다. 자기 힘으로 어떻게 해볼 수 없다는 무력함을 학습한 결과다.

처음에는 불편한 마음이 들 것이다. 자신을 자책하며 괴로워할 수도 있다. 그러나 치료사도 사람인지라 시간이 지나면서 점차 쉽고 편한 선택을 하는 데 익숙해진다. 그러다 보면 어느새 환자와 보호자 그리고 치료사의 목적은 하나가 된다. 상지 매뉴얼을 받고 해주는 것! 이러한 상황에서 상지 회복이라는 원래의 목적을 달성하는 데 필요한 상호 간의 소통과 협력이 가능할까? 클라이언트 중심의 작업치료를 할 수 있을까? 어렵다. 작업 기반의 치료는 말할 것도 없다.

그뿐만이 아니다. 치료사에 대한 환자와 보호자의 과도한 의존성과 익숙한 치료에 안주하려는 타성은 원래의 목적을 이루는 데 필요한 새로운 기회를 박탈한다. 예컨대 더 이상 변화를 느낄 수 없고 치료에 만족하지 못하더라도, 여태껏 해왔던 것을 그대로 유지하려 한다. 으레 그래 왔듯이 작업치료 시간이 되면 습관적으로 상지 매뉴얼을 요구하고 받을 뿐이다. 그런 그들에게 상지 회복을 위한 고민과 노력의 여지는 존재하지 않는다.

　새로운 시도는 없다. 새로운 시도가 없으니 새로운 변화도 없다. 이 냉혹한 진리는 환자와 보호자 그리고 그들의 삶을 관통한다. 기존의 방식을 고수하기 위해 시간과 비용과 노력을 허비하고, 환자 자신뿐만 아니라 주변 사람들의 삶까지도 허비하게 만든다.

　이러한 현실을 직시하지 못한 채 '언젠가 상지가 회복되겠지' 하는 막연한 기대를 품고, '이렇게라도 치료를 받지 않으면 상지가 굳어버릴지 모른다'라는 불안감으로 더 이상 받아주는 병원이 없을 때까지, 여러 병원을 고르고 들르는 '병원 쇼핑'을 하거나 2~3개월마다 병원을 옮겨 다니며 재활치료를 하는 '재활 난민'이 되어 이 병원 저 병원을 전전하는 환자와 보호자를 보는 것은 무척 안타까운 일이다. 또 그런 환자와 보호자에게 어떠한 변화의 기회도 제공할 수 없어 좌절하는 치료사들을 보는 것도 안타깝기는 마찬가지다.

그들만의 문제가 아니다

날씨가 제법 선선해질 무렵 30대 후반의 남성 G가 새로 입원했다. 그는 뇌경색으로 인한 왼쪽 편마비Lt. hemiplegia d/t basal ganglia infarction로 몇몇 병원을 거치며 작업치료를 받아 왔다. 작업치료 시간이면 늘 작업치료사가 해주는 상지 매뉴얼을 받았다. 그러한 까닭에 새로 만난 작업치료사에게도 마비된 팔을 잘 주물러 달라고 요구했다.

작업치료사는 올 것이 왔다고 생각했다. 적잖이 당황했지만 내색하지 않고 차분하게 마음을 가라앉힌 후, 그와 이야기를 더 나눠 보았다. 그 과정에서 작업치료사는 그가 정말 원하는 것은 상지 매뉴얼 자체가 아니라 마비된 팔의 회복이라는 사실을 알게 되었다.

진심으로 그를 돕고 싶었던 작업치료사는 그에게 상지 매뉴얼보다 마비된 팔의 회복에 훨씬 도움이 될 치료에 대해 정성껏 설명했다. 설명을 들은 G는 고심했다. 왜냐하면 지금까지 자신이 경험해 온 상지 매뉴얼과는 전혀 다른 방식의 치료였기 때문이다. 그러나 작업치료사의 진심 어린 이야기와 태도에 그의 마음이 움직였다. 그래서 앞으로 작업치료사가 제안한 새로운 방식의 치료를 해보기로 결심했다.

세 번째 이야기, 치료

그렇게 입원 첫날을 지낸 G는 병실에서 휴식을 취하며 주변 사람들과 이러저러한 이야기를 나눴다. 도중에 그는 그날 작업치료사와 있었던 일을 이야기했다. 이를 듣고 있던 한 보호자가 이렇게 말했다. "우리 남편도 처음에는 팔을 전혀 못 움직였어요. 근데 이전 병원에서 작업치료사 선생님이 땀을 뚝뚝 흘려가며 열심히 팔을 주물러 줬어요. 그러고 얼마 지나더니 팔이 확 좋아지더라고요! (옆에 있던 남편에게 팔을 들어보라고 한 후) 이거 봐요. 이제는 팔이 이렇게 움직인다니까. 괜히 다른 거 하느라 시간 낭비하지 말고 선생님한테 팔이나 잘 좀 만져 달라고 해요. 팔만 나으면 다른 건 다 할 수 있을 텐데, 뭘." G와 안면이 있는 보호자였다. 여러 병원을 다니며 뇌졸중에 걸린 남편의 치료와 간병을 꽤 오랫동안 해온 사람이 해준 말이라 그에게는 심상찮게 들렸다.

다음 날이 되었다. 작업치료사는 G와 함께할 첫 치료를 열심히 준비했다. 상지 매뉴얼이 아닌 다른 치료를 시도해 볼 수 있게 되었고, 그것을 통해 그를 도울 수 있을 거라는 생각에 설레기도 하고 떨리기도 했다. 더구나 자기 이야기를 듣고 기꺼이 새로운 시도를 해 보겠다는 G에게 새삼 고마움을 느꼈다.

드디어 치료 시간이 되었다. 작업치료사는 먼저 G에게 그날 함께할 치료에 대해 자세히 설명했다. 그런데 그의 반응이 전날과 다르게 영 시원찮았다. 설명을 듣는 내내 굳은 표정으로 뭔가를 고민하는 기색이 역력했다. 잠시 후, G는 마음을 굳힌 듯 입을 열었다. "곰곰이 생각해 봤는데요. 그냥 팔이나 잘 좀 만져 주세요. 말씀하신 건 팔이 더 좋아지면 그때 가서 해볼게요."

자기와 같은 처지에 있는 사람의 말에는 귀가 솔깃해지기 마련이다. 그러므로 G의 행동은 충분히 이해할 만하다. 하지만 그렇다고 해서 그가 새로운 기회를 스스로 포기했다는 사실이 변하는 건 아니다.

앞서 살펴본 대로 상지 매뉴얼을 받는 데 익숙해지면 상지 회복을 위해 스스로 노력하기보다는 치료사에게 의존하게 된다. 또한 목적을 이루기 위한 선택과 시도보다는 기존에 해왔던 것을 그냥 그대로 따르게 된다. 더욱이 자기와 비슷한 처지에 있는 사람들까지도 자신과 같은 상황에 놓이게 만들 수 있다. 즉 자기만의 문제로 끝나지 않을 수 있는 것이다.

이 모든 것이 상지회복이라는 목적에 반하는 상지 매뉴얼의 결과를 주목해야 하는 이유다. 이러한 결과를 초래하는 상지 매뉴얼로는 상지 회복이라는 목적을 결코 이룰 수 없다. 또 그것은 당사자만의 문제가 아닐 수 있다.

다시 선택할 수 있다

나는 '인간은 스스로의 선택으로 자신을 결정하는 존재'라고 생각한다. 아니, 그렇다고 믿는다.

상지 매뉴얼을 받는 데 익숙해지고 치료사에게 의존하게 되는 것이 외적인 영향으로 인해 생긴 불가피한 결과처럼 보일 수 있다. 작업치료사가 제공하는 경험, 상지 매뉴얼이 이루어지는 방식, 그로 인한 변화와 같은 외적 요인이 환자와 보호자로 하여금 본래 목적을 왜곡해 바라보게 하고, 치료사에게 의존하게 만들며, 타성에 젖게 하는 것이라고. 또한 환자와 보호자는 애초에 작업치료가 무엇인지, 작업치료사가 어떤 일을 하는 사람인지 몰랐으니 그럴 수밖에 없다고. 이러한 시선으로 그들과 그들의 상황을 바라보는 이들도 있을 것이다.

그렇다. 인간은 상황의 영향을 받는다. 그러나 상황에 의해 결정되는 존재는 아니다. 빅토르 프랑클Viktor Frankl은 오스트리아에서 태어난 유대인이자 정신과 의사였다. 그는 나치 독일의 유대인 수용소에서 말로 형용할 수 없을 정도로 참혹하고 고통스러운 경험을 했다. 그런 상황 속에서 프랑클은 '인간이 가진 가장 마지막 자유'

가 무엇인지 깨닫는다. 그것은 바로 주어진 상황에서 자신의 태도를 선택할 수 있는 자유였다. 그는 '인간은 자신의 태도를 선택함으로써 외부의 영향으로부터 얼마든지 자유로워질 수 있다'라는 위대한 통찰을 보여 주었다.

프랑클이 자신의 삶을 통해 입증했듯이, 상황 자체가 인간을 결정할 수는 없다. 상황이 자신을 결정했다고 느끼는 순간조차, 실상은 자신이 상황에 따라 결정되기를 선택한 것이다. 인간은 스스로의 선택으로 자신의 존재를 결정한다. 이것이 존재가 가진 힘이다.

환자와 보호자도 마찬가지다. 그들은 다시 선택할 수 있다. 지금까지 해왔던 선택을 유지할지, 아니면 자신의 목적에 부합하는 새로운 시도를 선택할지는 여전히 그들에게 달려 있다. 또한 어떤 존재가 될지를 결정할 선택권도 상황이 아닌 그들 자신에게 있다. 이때 우리가 해야 할 일은 환자와 보호자가 올바른 최선의 선택을 통해 자신의 목적을 향해 나아가도록 돕는 것이다. 더불어 주체적인 선택을 통해 자기 자신을 결정해 나가도록 지원하는 것이다.

목적을 이루기 위한 선택도, 자신을 결정할 수 있는 선택도 환자와 보호자가 언제든 마음만 먹으면 다시 할 수 있다. 그들은 선택의 자유를 가진 존재다.

어떤 선택이 필요한가

상지 회복을 원하는 환자와 보호자에게 필요한 선택은 무엇일까? 어떤 선택이 필요한지 알기 위해서는 환자와 보호자의 목적을 정확히 파악해야 한다. 과연 그들이 진정으로 원하고 궁극적으로 추구하는 것은 무엇인가?

그것은 바로 회복이다. 회복이란 원래 상태로 되돌리거나 원래 상태를 되찾는 것을 뜻한다. 즉 환자와 보호자의 목적은 다시 온전한 신체를 갖는 것이다. 치료는 그 목적을 이루기 위한 행위의 총체다.

그렇다면 상지 회복을 원하는 환자, 보호자와 작업치료사가 해야 할 선택은 명료해진다. 그것은 마비된 상지를 최대한 원래의 좋은 상태로 되돌린다는 목적에 부합하는 행동을 숙고하여 실천하는 선택이다. 그리고 앞서 말했듯이 마비된 상지에 관한 뇌의 신경가소성을 활용하고 극대화할 수 있어야 한다.

그러한 선택을 환자와 보호자가 주도하고 책임지려 할 때, 자기 행동에 정성을 쏟고 마음을 다할 수 있다. 또 기존의 익숙한 치료를 답습하려는 타성에서 벗어나 자신이 추구하는 궁극적인 목적에 합하는 삶을 살 수 있다. 그런 삶이 그들의 미래가 될 수 있다.

작업치료사가 그러한 환자와 보호자의 선택과 실행을 돕는다면 어떨까? 그것을 돕는 치료가 작업치료라면 어떨까? 그렇다면 환자와 보호자가 여전히 작업치료사를 팔이나 손을 주무르고 만져 주는 사람이라고 여길까? 이전과 같은 치료를 기대할까?

단언컨대 달라질 것이다. 그럴 수 있다면 또 그렇게 된다면 작업치료사는 목적을 성취하기 위해 필요한 일, 원하는 일, 해야 할 일을 돕는 사람, 작업치료는 그런 일들을 문제없이 해나가도록 도와주는 치료라고 여겨질 것이다. 나아가 환자와 보호자를 중심으로 한 작업 기반의 작업치료도 가능해질 것이다.

이를 위해서는 환자, 보호자뿐만이 아니라 우리도 다시 선택해야 한다. 상지 매뉴얼을 해달라는 요구를 받았을 때 습관처럼 해왔던 선택을 멈춰야 한다. 또 자기도 모르게 이미 그런 선택에 길들여져 있는 것은 아닌지 반성해 봐야 한다.

그렇게 우리 자신부터 작업치료사로서 환자와 보호자의 목적 달성을 돕는 데 기여할 수 있는 최선의 선택을 하고 그 선택에 대한 책임을 스스로 질 수 있을 때 작업치료사가 꿈꾸는 미래, 즉 작업치료사에게 작업과 작업 수행에 관한 전문적인 도움을 기대하고 요구하는 것이 상식이 되는 세상이 올 것이다.

미래는 전적으로 지금 이 순간, 환자와 보호자 그리고 우리의 선택에 달려 있다.

무지의 무지

목적에 부합하는 선택과 실행을 위해서는 그에 합당한 앎이 필요하다. 앎이란 자기가 무엇을 알고 모르는지 아는 것이다. 우리는 아는 것을 활용하고 모르는 것을 배우면서 필요한 선택과 행동을 한다. 그래서 선택과 행동을 보면 앎의 정도와 수준을 가늠해 볼 수 있다. 그렇다면 상지 회복과 관련하여 환자와 보호자는 무엇을 얼마나 알고 있을까?

나의 경험에 비춰보건대, 그들은 상지 회복에 관해 알고 있는 것이 거의 없다. 단적인 예로 마비된 팔과 손이 움직이지 않는 이유조차 제대로 모른다. 게다가 그것을 알아야 할 필요성이나 중요성을 인식하고 있는 이들도 거의 없다. 그러니 그것에 대해 알아야 한다는 생각 자체를 하지 못한다. 대신 밑도 끝도 없이 일단 힘만 생기면 다시 팔과 손을 움직일 수 있을 거라고 생각한다. 자기 뜻대로 근육을 움직이고 조절할 수 없는데 어떻게 근육의 힘을 생기게 하고 또 키울 수 있다는 말인가.

그럼, 상지 매뉴얼에 대해서는 얼마나 알고 있을까? 거리낌 없이 요구하는 것이니만큼 잘 알고 있지 않을까? 환자와 보호자가 상지 매뉴얼에 대해 알고 있는 것은 '팔과 손이 마비된 사람들이 받는 치료더라', '팔과 손을 주물러 주는 치료더라', '작업치료사가 해주는 거더라', '받고 나면 팔과 손이 좋아지는 것 같더라'와 같이 대체로 '…하더라', '…이더라'는 식의 주관적 경험에 근거한 생각과 느낌 정도다. 그럼에도 불구하고 환자와 보호자 대부분은 상지 매뉴얼이 상지 회복에 어떻게 영향을 미치는지, 어떤 효과가 있는지 생각해 보거나 알려고 하지 않는다. 오히려 본인의 체험이 확실한 효과인 양 맹신하며 그렇게 아는 정도에 머문다.

　사실 모르는 것 자체는 큰 문제가 되지 않는다. 배워서 알면 되기 때문이다. 단, 조건이 있다. 자기가 뭘 모르는지 알아야 한다. 아울러 자기가 알고 있는 것이 틀릴 수도 있고, 전부가 아닐 수도 있다는 사실을 인정해야 한다. 즉 모른다는 것과 잘못 알고 있다는 것을 알아야 하는 것이다. 그리고 그 사실을 인정할 수 있어야 한다. 곧 '무지無知의 지知'가 필요하다는 말이다. 만약 모른다는 사실을 인정하지 않거나 자기가 알고 있는 건 틀릴 수 없고 그게 전부라고 믿는다면, 즉 '무지의 무지'에 빠져 있다면 모르는 것을 배우고 새로운 앎을 얻기는 힘들다.

　『가르시아 장군에게 보내는 편지 A message to Garcia』라는 책으로 유명한 엘버트 허버드 Elbert Hubbard는 이러한 말을 남겼다.

　"언제까지 무지한 상태로 있을 수 있는 비결은 그야말로 간단하다. 항상 자신의 생각만을 긍정하고, 자신이 가진 지식에만 만족하면 된다."

환자와 보호자가 상지 매뉴얼만을 긍정하며, 현재 가진 지식에만 만족한다면 무지한 상태에서 벗어날 수 없다. 그런 경우 상지 회복이라는 목적에 맞는 선택과 실천에 필요한 배움과 깨달음을 얻기는 사실상 불가능하다. 결국 지금보다 더 나은 선택과 행동도 할 수 없게 된다.

그럴 때 환자와 보호자가 맞이하게 될 결과는 뻔하다. 목적과 무관한 행동 혹은 무익한 행동을 반복하며 자신과 주변 사람들의 인생을 허비하게 만들 수 있다. 당연히 목적도 이룰 수 없다. 이것이 바로 팔과 손을 만져 달라고 하고 주물러 달라는 환자와 보호자의 요구를 고민해야 하는 진짜 이유다. 또한 그들을 돕고 싶어 하는 작업치료사가 이 고민을 피하려 해서는 안 되는 이유다.

지금 하고 있는 치료를 그저 긍정하고, 그것에만 만족하고 있지 않은지 자문해 보라. 무지의 무지라는 함정에 빠져 있다는 사실조차 모르고 있는 건 아닌지 성찰해 볼 필요가 있다. 우리에게도 필요한 무지의 지다.

'이렇게'는 아니다

원하는 것을 얻고 목적한 바를 성취하는 데 있어 '앎'의 필요성과 중요성을 살펴보았다. 그리고 새로운 배움과 앎을 얻으려면 '무지의 지'가 선행되어야 한다는 것을 알았다. 환자와 보호자가 목적을 이루는 데 필요한 무지의 지를 얻을 수 있도록 돕기 위해 노력하는 치료사들을 만나면 무척 반갑다. 나 역시 그런 노력을 꾸준히 해왔고, 그 과정에서 작업치료사로서 더욱 성장할 수 있었다.

돌아보면 성장의 토대가 되었던 것은 성공보다는 실패였다는 생각이 든다. 실패가 쓰면 쓸수록 더 많이 생각하고, 느끼고, 깨달을 수 있었기 때문이다. 그렇게 내 성장의 밑거름이 돼 주었던 실패담을 나눠 볼까 한다.

과거에 나는 팔과 손을 만져 달라거나 주물러 달라는 환자와 보호자를 만나면 다음과 같이 말했다.

"작업치료는 팔과 손을 만져 주고 주물러 주는 치료가 아닙니다. 무엇보다도 그렇게 해서는 팔과 손이 낫지 않습니다. 오히려 …(상지 매뉴얼의 부정적인 측면 나열). 작업치료에 대해 자세히 들어보신 적이 있으세요? 대개 팔과 손을 치료하는 것으로 알고 있는 경우가 많은데 사실은 그렇지 않습니다. 그랬다면 작업치료가 아니라 손이나 팔 치료라고 했겠죠. 그럼 제가 작업치료에 대해 잠시 말씀을 드리겠습니다. 작업치료에서 말하는 작업이란 …(작업에 대한 설명). 그리고 작업치료는 …(작업치료가 무엇인지 설명). 이미 말씀드렸다시피 팔과 손을 주무르고 만져 주는 치료로는 마비된 팔과 손을 좋아지게 할 수 없습니다. 이제부터 …(치료사 입장에서 환자와 보호자가 해야 한다고 생각하는 일을 이야기). 이러한 일들이 필요할 것 같은데 어떻게 생각하세요? 이러한 일들이 왜 필요하냐면 …(동의를 얻기 위한 설득)."

내 이야기를 들은 환자와 보호자의 반응은 어땠을까? 내가 하자는 대로 순순히 따랐을까? 이전보다 더 나은 선택을 했을까? 팔과 손을 만져 주고 주물러 달라고 요구하는 것을 그만두었을까?

원래 의도는 환자와 보호자가 모르고 있는 것을 알도록 하여 상지 회복을 위한 더 나은 선택과 행동을 할 수 있도록 돕는 것이었다. 그러나 이것은 내 바람일 뿐 실상은 그렇지 못했다. 오히려 환자와 보호자는 상지 매뉴얼을 더 강하게 요구했다. 또 그들의 반감을 사거나 저항을 겪게 된 일도 많았다. 당시 그들을 돕기 위한 내 노력의 결과는 그러했다. 명백한 실패였다. 무엇을 간과한 결과일까?

사람은 자신이 무지하다는 사실을 인정하기 어려워한다. 그런 사실을 남에게 듣는 것도 좋아하지 않는다. 더구나 자기가 알고 있는 것이 틀렸다는 말까지 듣는다면 정말 최악이다. 특히, 자기가 확고하게 믿고 있는 그 무엇에 대해서라면 더더욱 그렇다.

또 환자와 보호자의 관심사에서도 벗어난 이야기였다. 환자와 보호자는 상지 매뉴얼의 부정적 측면이나 작업과 작업치료가 어떤 것인지 아는 데 관심이 없었다. 게다가 내게 그런 이야기를 해달라고 요구한 적도 없었다. 그런 상황에서 내가 하는 말은 그저 환자와 보호자에게 내가 하고 싶은 이야기를 하는 것으로 들렸을 게 뻔하다. 결국 환자와 보호자의 입장에서는 자기들이 바라는 것과 상관없는 이야기였던 것이다.

이처럼 상대방의 관심사를 고려하지 않고 자기가 하고 싶은 말들만 쏟아내는 것은 쇠귀에 경 읽기와 다를 바 없다. 설령 그것이 상대방에게 꼭 필요하고 정말 유익한 이야기일지라도 말이다. 그렇게는 아무리 일러주어도 알아듣지 못한다.

그러므로 이야기의 원래 취지를 제대로 살리려면 먼저 그 필요성을 환자와 보호자에게 이해시켜야 한다. 그런 이해가 없는 상태라면 치료사가 하는 말은 차라리 독백에 가깝다. 환자와 보호자의 마음에 닿지 못할뿐더러 변화의 불씨조차 피우지 못한다. 도리어 괜한 반감이나 저항감만 불러일으킬 수 있다.

환자와 보호자의 입장에서 좀 더 생각해 보자. 여태껏 치료사가

세 번째 이야기, 치료

해주는 상지 매뉴얼을 받아왔다. 그래서 마비된 팔과 손이 좋아졌다고 생각해 왔다. 그런 까닭에 '앞으로 좋은 치료사(상지 매뉴얼을 잘해 주는 치료사)를 만나서 더 치료를 받으면 더 나아지겠지' 하는 기대를 품고 작업치료실을 찾았다.

그런데 초면인 작업치료사가 기대했던 것과는 전혀 다른 말들을 늘어놓는다. 시작부터가 영 탐탁지 않다. 게다가 상지 매뉴얼을 잘해 주겠다는 말은커녕 그동안 잘 받아왔던 상지 매뉴얼에 대해 부정적인 이야기만 해댄다. 거기에 한술 더 떠서 작업치료가 뭔지 알고 있느냐면서 일장 연설을 한다. 그러더니 생각해 볼 겨를도 주지 않고 뭘 하라고 한다. 들자 하니 작업치료사가 말하는 걸 따르라는 이야기 같다.

이때 환자와 보호자는 어떤 생각을 하게 될까? '내가 이러한 것도 몰랐다니. 몰랐던 걸 가르쳐줘서 정말 고맙다. 작업이 그런 것이었구나. 작업치료가 뭔지 이제야 알았네. 치료사가 말한 대로 열심히 해봐야지'라고 생각할까? 아니면 '누굴 가르치려 들어. 작업치료가 뭔지 누가 물어봤어. 작업치료사가 하라고 하면 난 그냥 해야 되는 사람이야? 그냥 해달라는 거나 잘해 주지. 해달라는 건 안 해주고 뭔 딴소리만 이렇게 해'라고 생각할까? 과연 어느 쪽일까?

물론 좋은 의도로 듣고 생각해 보는 환자와 보호자도 있었다. 하지만 상대적으로 그렇지 않은 경우가 훨씬 더 많았다. 보통 자기가 옳다고 믿는 것에 반하는 이야기를 듣게 되면 반발심이나 거부감이 생기기 마련이다. 이를 결코 가볍게 여겨서는 안 된다. 더욱이 자기 요구가 마땅하다고 믿고 있는 경우라면 어떤 이야기를 어떻게 할지에 대해 더욱더 세심한 주의를 기울여야 한다. 그때 나는 이러한 기본적인 것들을 간과했었다.

또한 이야기의 초점을 '상지 매뉴얼이 어떠하다'에 두는 것에도 신중했어야 했다. 내 의도와 달리 환자와 보호자에게 '당신은 무지하다, 당신이 틀렸다'라는 말로 들릴 수 있다는 것을 그 당시에는 생각하지 못했다. 그뿐만 아니라 치료사로서 내가 정해둔 답(~을 해야 한다)을 일방적으로 관철시키려 해서도 안 되었다. 환자와 보호자의 반감을 사거나 저항에 부딪히는 일이 많았던 이유다. 그때는 이를 미처 깨닫지 못했다.

분명 '이렇게'는 아니다. 그런 식으로는 무지의 지와 목적에 맞는 앎을 얻도록 환자와 보호자를 돕기 어렵다. 특히 무지가 그 사람의 역린이라면 더더욱 그렇다. 역린이란 거꾸로 난 비늘이란 뜻으로 용의 귀밑에 한 치 정도의 비늘이 있는데, 용을 타더라도 거기는 건드리면 안 된다. 용이 뒤돌아서 물어뜯어 죽이기 때문이다. 상대방의 역린을 건드린다면 아무리 타당하고 옳은 말이어도 그의 마음을 움직일 수 없다. 그러므로 상대방이 부끄럽게 생각할 수 있거나 피하고 싶어 하는 부분을 세심하게 읽고 헤아릴 줄 아는 감수성이 필요하다.

또한 상대방의 관심사를 고려해야 한다. 상대방이 알아야 한다고 생각하는 것이 있다면, 우선 상대방이 그것에 관심이 있는지부터 파악해 봐야 한다. 만약 관심이 없다면 그것에 관심을 두게 하는 것이 먼저다. 관심이 있어야 알고 싶은 마음도 생기는 것이다. 관심이 없으면 알려고 하지 않는다. 당신도 그렇지 않은가? 그러니 알리고자 하는 것이 있다면 우선 관심부터 끌어야 한다.

　누구나 실패를 겪는다. 그리고 실패는 특별하다. 왜냐하면 오직 시도하는 사람만이 겪을 수 있기 때문이다. 그러니 실패를 두려워하지 말아야 한다. 오히려 그것을 특별하게 여기면 좋겠다. 결국 그것이 당신을 더 특별하게 만들어 줄 테니까.
　실패를 배움과 성장의 계기나 기회로 볼 수 있다면, 실패를 통해 오히려 더 많이 배우고 더 크게 성장할 수 있다. 실패에 대한 패러다임을 바꾸자. 그러면 실패에 대한 두려움과 불안은 더 이상 당신의 발목을 붙잡지 못할 것이다.
　실패에 대해 나는 이러한 생각을 가지고 있다. '실패를 배우지 못하면 성공도 배울 수 없다.' 나는 성공을 어제와 지금보다 더 나은 자기 자신이 되는 것이라 정의한다. 실패는 그런 성공으로 나를 안내한다. 그래서 실패해도 괜찮다고 생각한다. 또 아무것도 하지 않는 것보다 실패하더라도 시도하는 게 더 낫다고 믿는다.
　매번 성공만 할 수는 없다. 누구나 그렇다. 지금도 나는 크고 작은 실패를 경험한다. 그러면서 '이렇게는 아니다'라는 것을 배운다. 그리고 그것을 통해 나는 더 성장하고 발전한다. 당신도 그랬으면 좋겠다.

목적 지향적 사유의 의무

환자와 보호자가 무지를 자각하고 목적 달성에 필요한 앎을 추구하도록 도우려면 어떻게 해야 할까? 이 질문에 답이 있다. 목적을 이루기 위해 생각해야 할 것들을 생각하고, 해야 할 것들을 하고 있는가? 이는 환자와 보호자가 스스로에게 묻고 답해 봐야 하는 질문이기도 하다. 무지의 지와 새로운 앎은 자기 생각과 행동을 성찰하는 것에서부터 시작되기 때문이다.

자기가 모른다는 사실을 알지 못하면 알려고 할 수 없다. 또 이미 모든 걸 잘 알고 있다고 확신할 때도 알려고 할 수 없다. 즉 자신의 무지에 대한 절실한 자각이 없다면 앎을 욕망할 수 없는 것이다.

반면 자기 생각과 행동을 성찰해 보면 자신의 앎을 마주할 수 있다. 아는 것과 모르는 것을 솔직하게 들여다볼 수 있게 된다. 그 과정에서 '모른다'는 사실을 깨닫고 스스로 무지를 극복하려는 마음을 낸다면 새로운 것을 배우고 알아가기를 시작할 수 있다.

새로운 배움과 앎의 시작이 되는 성찰은 그냥 저절로 되는 것이 아니다. 성찰의 목적이 있어야 한다. 지향하는 바에 대해 생각해야

세 번째 이야기, 치료

한다. 그런 생각을 할 때 무지를 자각하고 앎을 욕망할 수 있다. 즉 목적 지향적 사유가 필요하다.

  목적 지향적 사유를 할 때 목적에 관한 자신의 무지를 깨닫고 필요한 것들을 배우고 알아갈 수 있다. 그런 배움과 앎에 기초해 선택하고 실천할 때 목적에 더욱더 가까이 다가갈 수 있다. 그러므로 이루고자 하는 목적을 가진 이들에게 목적 지향적 사유는 하지 않아도 상관없는 선택이 아닌 반드시 해야 하는 의무와 같은 것이다.

  상지 회복을 원하는 환자와 보호자가 해야 할 목적 지향적 사유는 '상지 회복이라는 목적을 이루기 위해 생각해야 할 것들을 생각하고, 해야 할 것들을 하고 있는가?'이다. 작업치료사는 환자와 보호자가 이러한 사유의 의무를 성실히 이행할 수 있도록 그들을 도와야 한다.

어떻게 소통해야 하나

듣는 것, 상대방을 중심으로 한 소통의 첫걸음이다. 환자와 보호자의 이야기를 듣는 것에서부터 시작하라.

이야기를 들으면서 기본적으로 환자와 보호자의 목적이 무엇이고, 그 목적을 위해 지금까지 어떤 선택을 해왔으며, 그런 선택을 했던 이유가 무엇인지, 무엇을 알고 모르는지, 앞으로 어떤 것을 알아둘 필요가 있는지 등을 충분히 파악해야 한다.

경험에 비춰보면 환자와 보호자는 보통 팔과 손이 어떤 상태인지, 무슨 문제가 있는지에 관해 이야기한다.

그런 다음 '팔과 손이 나아졌으면 좋겠다, 힘이 생겼으면 좋겠다, 예전처럼 쓸 수 있었으면 좋겠다'는 식으로 이루고 싶어 하는 자신의 목적을 밝힌다. 그럴 때 목적을 이루기 위해 무엇을 해왔는지 물어보면 대개 상지 매뉴얼을 받았다고 답한다. 여기에 컵을 쌓거나 맷돌처럼 생긴 걸 돌렸다거나 고리를 좌우로 넘겼다는 얘기를 덧붙이기도 한다. 때로는 마비된 팔과 손을 자기 마음에 쏙 들게 주물러 주고 만져 주었던 이전 치료사들을 칭찬하기도 한다.

이를 불쾌해할 필요는 없다. 중요한 것은 칭찬의 대상이 아니라 칭찬의 이유와 내용이기 때문이다. 그 칭찬을 잘 들어보면 환자와 보호자가 무엇을 중요하게 여기고 어떤 것에 만족해하는지 알 수 있다. 또한 앎의 정도와 수준도 가늠해 볼 수 있다. 즉 경청의 자세가 듣는 이야기의 가치를 결정짓는다.

환자와 보호자가 상지 매뉴얼을 요구하더라도 잠자코 들어본다. 내 생각과 다르다고 해서 "그거는요, ~" 하면서 말허리를 자르거나 섣부르게 개입하는 건 좋지 못한 태도이자 성급한 행동이다. 이는 그들과의 소통뿐만 아니라 치료에 관한 신뢰와 관계를 형성하는 데도 치명타가 될 수 있다.

상지 매뉴얼을 요구한다면 그것을 요구하는 환자와 보호자 나름의 이유와 목적을 이해하려 노력하라. 그러면서 그들이 이야기를 마칠 때까지 열심히 듣고 반응하라. 사람은 자기 말을 끝까지 주의 깊게 들어주는 이에게 호감을 느끼는 법이다. 그들이 자신의 순서를 마칠 때까지 경청하는 역할에 충실하라. 그렇다고 무조건 환자와 보호자의 말을 일방적으로 들어야 한다는 뜻은 아니다. 가령 자기 말만 하려는 환자나 보호자가 있다. 또 주제에서 벗어난 이야기를 장황하게 늘어놓는 이도 있다. 이럴 때 치료사가 무작정 듣기만 하면 소통이 제대로 될 리 없다. 그때는 순서 바꾸기 turn-taking가 원활하게 작동하지 않는 이유를 치료사가 신속히 파악해서, 그에 따라 적절히 중재해야 한다.

자신의 관점에서는 상대방을 제대로 알고 충분히 이해할 수 없다. 따라서 관점을 바꿀 수 있어야 한다. 그래서 나는 환자와 보호자의 관점에서 그들을 이해할 수 있을 때까지 더 묻고 더 듣는 편을 선호한다. 실제로 그렇게 했을 때 환자와 보호자가 필요로 하는 실질적인 도움을 줄 수 있었다. 또한 이러한 내 노력은 그들과 소통하며 치료적 신뢰를 쌓고 협력적 관계를 맺는 데 늘 유익했다.

환자와 보호자의 이야기가 끝나면 자연히 내 순서가 돌아온다. 그러니 조급해할 필요가 없다. 게다가 자기 순서를 모두 마친 그들도 내 말을 들을 준비가 되어 있으니 이야기하기가 한결 수월하다.

직접 해보면서 느낀다. 의사소통의 기본이 순서 바꾸기와 관점 바꾸기perspective-taking라는 말은 옳다.

'생각'으로의 초대

환자와 보호자의 이야기를 들어보면 상지 회복을 위해 기본적으로 알고 있어야 할 '그것'이 빠져 있는 경우가 비일비재하다. 상지 회복이라는 목적을 이루려 할 때 반드시 고려해야 하고 치료사라면 누구나 알고 있을 그것, 환자와 보호자에게 필요한 목적 지향적 사유에서 결코 빠질 수 없는 그것은 과연 무엇일까?

'그것'은 바로 그들이 겪고 있는 문제의 원인이다. 즉 왜 팔과 손을 움직일 수 없는지, 왜 팔과 손이 뻣뻣하고 무거운지, 왜 시간이 흘러도 더 나아지지 않는지와 같은 이유다. 상지 회복이라는 목적을 이루려면 당연히 알고 있어야 할 것들이지만, 환자와 보호자의 대부분은 이를 잘 모른다. 그러므로 그들이 상지 회복이라는 목적을 달성하려면 기본적으로 상지 문제에 관한 근본적인 원인과 이유에 대해 생각해 봐야 한다. 그럴 때 목적 달성에 필요한 배움과 앎을 얻을 수 있고, 더 나아가 목적에 부합하는 더 나은 선택과 행동의 기회도 스스로 마련할 수 있다.

이때 직시해야 할 사실이 있다. 그것은 인간이 항상 생각하는 건 아니라는 사실이다. 이 사실은 '인간은 생각하는 동물'이라는 말에 익숙한 우리를 의아하게 만든다. 그러나 우리의 일상을 돌아보면 의외로 쉽게 수긍하게 된다.

아침에 기상해서 씻을 때 하는 행동들을 보자. 얼굴을 어떻게 문지를지, 비누칠을 몇 번이나 할지, 칫솔에 치약을 얼마나 짤지, 치아를 어디서부터 어떻게 닦을지 일일이 생각하면서 하는가? 그렇지 않다. 이 모든 행동들을 별생각 없이 하고 있는 자신을 발견하게 된다. 심지어 말할 때도 마찬가지다. 우리는 생각을 말하는 게 아니라 말을 하기 위해 생각을 한다. 질문에 답하거나 상대방에게 뭔가를 설명해야 할 때 문득 몰랐던 이치를 깨닫게 되는 이유도 여기에 있다.

그렇다면 우리는 언제 '생각'을 하게 될까? 그건 바로 전혀 기대하지 않았던 예외적인 사건을 조우하게 될 때다. 즉 낯선 사건과 마주칠 때 우리는 생각하게 된다. 가령 얼굴에 상처가 났거나 치아가 아플 때 우리는 얼굴을 어떻게 씻을지, 치아를 어떻게 닦을지 생각하게 된다. 또 취업 면접에서 생소한 질문을 받았거나 강의 내용을 상대방에게 이해시켜야 할 때도 어떤 말을 할지 생각하게 된다.

당신도 지금 읽고 있는 내용에 대해 생각하고 있을 것이다. 그리고 나 역시 지금 이 내용을 당신에게 어떻게 전달하면 좋을지 생각하며 글을 쓰고 있다. 즉 이 모든 게 생각을 일으키는 사건인 것이다.

이렇듯 생각은 지금까지와는 다른 사건을 접할 때 하게 된다. 상지 회복을 원하는 환자와 보호자에게 필요한 것이 바로 이것이다. 상지 회복을 위해 환자와 보호자가 해야 하는 생각을 하게 만드는 사건과의 마주침. 그 사건 속으로 그들을 초대해야 한다.

그들을 초대하는 방법

환자와 보호자를 목적 지향적 사유로 초대하는 방법과 과정은 사람과 상황에 따라 달라지기 마련이지만, 그 핵심과 원칙은 크게 다르지 않다. 여기서 모두 다룰 수는 없으나 목적 지향적 사유부터 주도적인 실천까지 그들을 돕는 데 필요한 핵심과 원칙을 소개하겠다.

"뇌졸중에 걸렸을 때 팔과 손을 움직일 수 없는 이유는 무엇일까요? 팔이나 손에 있는 근육과 인대, 힘줄, 뼈와 같은 부분의 문제일까요? 그렇지 않습니다. 그것은 뇌졸중으로 인해 팔과 손에 관련된 정보를 처리하고 필요한 움직임을 계획하고 명령하는 뇌에 문제가 생겼기 때문입니다. 즉 팔과 손 자체의 문제가 아니라 팔과 손을 담당하는 뇌의 문제인 것입니다. 이것이 바로 뇌졸중 이후에 팔과 손을 사용할 수 없는 근본적인 원인이자 이유입니다. 문제를 해결하려면 우선 문제의 원인을 정확히 알고 있어야 합니다. 만약 그 원인을 모르거나 혹은 잘못 알고 있다면 문제를 해결하기 위한 적절한 방안을 마련할 수 없습니다. 또 그만큼 시간과 비용과 노력을 허비하게 됩니다. 그래서 팔과 손을 쓸 수 없는 근본적인 원인이 팔과 손이 아닌 뇌에 있다는 사실을 아는 것이 중요합니다. 그리고 그러한 사실을 바탕으로 팔과 손의 회복을 위해 앞으로 무엇을 어떻게 해야 할지 결정하는 것이 필요합니다."

 질문과 함께 이야기를 시작했다. 현상에 머물러 있는 환자와 보호자의 시선을 본질로 향하도록 돕기 위함이다. 그 현상이란 마비된 팔과 손을 말한다. 내가 한 질문은 환자와 보호자가 그 현상 너머에 있는 본질에 대해 생각해 보게 한다. 즉 그동안 생각지 않았던 팔과 손을 움직일 수 없는 원인과 이유를 생각해 보도록 한 것이다.
 질문으로 이야기를 시작한 또 다른 이유가 있다. 앞으로 내가 할 이야기에 대한 환자와 보호자의 관심을 끌기 위해서다. 어떤 이야기가 나올지 궁금하게 만드는 데에는 질문만 한 것이 없다. 적절한 질문은 듣는 사람으로 하여금 말하는 사람과 말하려는 내용에 주의를 기울이게 만든다. 질문에 이어 나는 팔과 손을 움직일 수 없는 이유에 대해 말했다. 그리고 그 이유를 생각해 봐야 하는 필요성과 앞으로 함께 나누게 될 이야기가 무엇인지 알려 주었다.
 이러한 질문과 이야기를 통해 환자와 보호자는 그동안 간과해 왔던 사실을 마주하게 된다. 그 과정에서 자신의 무지를 자각하고 목적 달성에 필요한 생각을 해볼 수 있게 된다. 이렇게 생각의 단초를 제공하는 것은 여러모로 치료사에게도 이롭다. 특히 치료사에 대한 반감이나 적대감을 일으키지 않고 환자와 보호자를 목적 지향적 사유로 초대할 수 있어 좋다.

마비된 상지는 어떻게 회복되는가

환자와 보호자가 뇌의 손상 때문에 상지의 마비가 생겼다는 것을 알았다면, 작업치료사는 어떤 이야기를 이어가는 것이 좋을까?

"뇌세포는 신체의 다른 부분을 구성하는 세포와 달리 죽거나 손상되면 재생이 되지 않습니다. 따라서 뇌졸중으로 인해 뇌세포가 손상되면 원래대로 돌려놓거나 살려내기 어렵습니다.

하지만 다행히도 손상된 뇌세포가 담당했던 역할을 손상되지 않은 뇌세포가 배워서 대신할 수 있습니다. 그것은 뇌세포가 자극과 사용에 따라 변할 수 있기 때문인데요. 이를 '신경가소성'이라고 합니다. 신경가소성을 활용하고 극대화하여 손상되지 않은 뇌세포를 가르치고 훈련시켜 손상된 뇌세포를 대신할 수 있게 하는 것이 바로 뇌손상 재활치료의 핵심입니다.

뇌졸중으로 마비된 팔과 손의 재활도 마찬가지입니다. 팔과 손을 담당하는 뇌세포가 뇌졸중으로 손상되었다면 손상되지 않은 다른 뇌세포가 손상된 뇌세포를 대신해 팔과 손을 움직이고 쓸 수 있게 만들어야 합니다. 즉 신경가소성을 활용하여 다른 멀쩡한 뇌세포가 마비된 팔과 손을 담당하도록 해야 하는 것입니다.

상지와 관련된 뇌의 신경가소성을 일으키기 위해서는 뇌에 알맞은 자극을 줘야 합니다. 알맞은 자극이란 마비된 팔과 손을 의미와 목적에 맞게 움직이고 사용해 보는 경험에 바탕을 둔 학습과 연습을 말합니다.

그러한 자극을 뇌에 적절하게 주면 뇌의 신경세포들 사이에 새로운 연결이 생기고, 자극이 반복되면 연결은 더욱더 강해집니다. 이런 과정을 통해 마비된 팔과 손을 담당하는 새로운 뇌의 신경회로와 영역이 형성되고 활성화되면, 팔과 손을 다시 움직이고 사용할 수 있게 됩니다. 이와 같이 뇌가 변할 때 팔과 손의 회복이 가능합니다."

무엇에 대해 이야기했는가? 왜 이러한 이야기를 했을까? 같이 생각해 보자.

나는 환자와 보호자에게 뇌손상에 대한 재활치료의 핵심이 무엇인지, 상지 회복이 어떻게 가능한지, 그것을 위해 무엇이 필요한지 알려 주고 생각해 보도록 했다. 또한 그들에게 생소할 수 있는 내용인 만큼 가급적 알기 쉽게 말해 주고 중요한 부분은 반복해서 강조했다.

이때 상지 매뉴얼이 어떠한지는 굳이 언급할 필요가 없다. 대신 상지 회복과 관련하여 생각하고 알아둬야 할 것을 환자와 보호자에게 정확하게 전달하는 데 중점을 둬야 한다. 그런 생각과 앎을 토대로 몰랐던 게 무엇인지, 어떤 선택을 해야 하는지, 왜 그게 필요한지 깨닫고 판단하는 일은 환자와 보호자의 몫이어야 하기 때문이다.

환자와 보호자가 그 몫을 제대로 해낼 때 목적 달성을 위한 주체적인 선택과 행동을 할 수 있고, 그것이 고유한 그들만의 작업과 작업 수행으로 이어질 수 있다. 이것이 '상지 매뉴얼'이라는 수단이 아닌 '상지 회복'이라는 목적에 이야기의 방점을 찍어야 하는 가장 중요한 이유다.

변화의 바로미터, 반응

내면의 변화 여부는 말이나 태도와 같은 의식적 또는 무의식적 반응을 통해 드러나기 마련이다. 그래서 환자와 보호자의 반응을 주의 깊게 살피고 읽는 일이 중요하다.

뇌손상 재활치료의 핵심과 구체적인 방법에 대해 환자와 보호자에게 설명하면, 보통 다음과 같은 반응을 보인다. 먼저 환자와 보호자의 시선이 나에게 고정된다. 내 말을 들으면서 고개를 끄덕이거나 몸을 내 쪽으로 기울인다. 때로는 눈이 커지거나 입이 벌어지기도 한다. 이따금 뭔가를 깨달은 듯 감탄사를 내뱉기도 한다. 나는 이러한 반응을 통해 환자와 보호자가 내 이야기를 경청하고 있으며, 스스로 뭔가를 생각하고 깨닫고 있다는 것을 알게 된다.

이러한 말도 자주 듣는다.

"여태껏 병원을 다니면서 이러한 설명을 해준 분은 선생님이 처음이에요. 지금까지는 그저 선생님들이 열심히 팔을 주물러 주고 만져 주면 나아지겠지 했어요. 남들도 다 그렇게 하니까 그게 당연한 줄 알았죠. 그런데 선생님의 얘기를 듣고 나니까 그게 아니구나 싶어요. 이렇게 자상하시고, 아는 것도 많으시고, 설명도 자세히 잘해 주셔서 감사해요. 말씀만 들어도 벌써 좋아진 것 같아요. 희망이 생깁니다. 선생님을 정말 잘 만난 것 같아요!"

이렇게 말하는 환자와 보호자의 눈빛에서 나는 신뢰를 본다. 희망이 생겼다는 말과 함께 눈시울을 붉히며 기뻐하는 이들도 많다. 또 다른 곳에서 더 이상 좋아지지 않을 거라는 이야기를 듣고 좌절했다가 내 이야기를 듣고 다시 노력해 볼 용기가 생겼다며 고마워하기도 한다. 뿌듯하고 보람된 순간이다. 동시에 치료사로서 막중한 책임감을 느끼는 순간이기도 하다. 이러한 반응들은 그들 내면의 변화를 대변한다. 목적에 대한 집중과 헌신, 사고의 전환과 새로운 선택의 가능성을 보여 준다.

드물지만 이와는 정반대의 반응이나 아예 다른 반응을 보이는 이들도 있다. 그렇다고 해서 실패했다고 생각하여 낙심하거나 어쩔 수 없는 일로 여기며 서둘러 체념할 필요는 없다. 그러한 반응을 보인 이유를 파악해서 그에 대한 대책을 세우면 될 일이다. 기회는 있다. 반응을 살피고 읽지 않았다면 결코 얻지 못했을 기회가 말이다.

변화를 반영하는 반응을 살피고 헤아려 보라. 환자와 보호자의 반응이 곧 변화의 바로미터다.

세 번째 이야기, 치료

뇌를 변화시키려면

환자와 보호자의 반응에서 내면의 변화와 새로운 선택의 가능성을 확인했다면, 더 깊은 이야기를 나눌 수 있다. 나라면 그들과 이런 이야기를 나눌 것 같다.

"마비된 팔과 손을 다시 움직이고 사용하려면 그 팔과 손에 관련된 뇌의 신경회로와 뇌의 영역을 만들어야 한다고 말씀드렸습니다. 이제부터 그 신경회로와 영역을 어떻게 하면 만들 수 있는지 알아보겠습니다.

자녀가 공부를 안 하려고 한다고 가정해 보죠. 부모가 공부를 대신해 줄 수 있을까요? 부모가 공부를 대신해 주고 싶어도 해줄 수 없는 이유는 공부가 뇌를 변화시키는 과정이기 때문입니다.

뭔가를 배워서 자기 것으로 만들려면 본인의 노력이 있어야만 합니다. 가령 영어 단어를 외우려면 자기가 직접 영어 단어를 보고, 읽고, 쓰면서 외우려는 노력을 해야 합니다. 또 외운 것을 오래 기억하려면 단어를 반복해서 떠올리고 사용해 봐야 합니다. 이러한 노력이 없이는 영어 단어를 자기 것으로 만들 수 없습니다.

부모가 이 과정을 대신해 준다고 해보죠. 영어 단어는 누구의 뇌에 기억될까요? 맞습니다. 자녀의 뇌가 아닌 부모의 뇌에 기억될 것입니다. 영어 단어는 부모의 것이 됩니다. 영어 단어에 관한 정보를 처리하는 신경회로와 영역이 부모의 뇌에 만들어졌기 때문입니다. 그래서 공부한 것을 자녀에게 주고 싶어도 줄 수가 없는 것입니다. 공부는 누가 대신해 줄 수 없는 일입니다. 자기 뇌를 써야만 하는 일이기 때문입니다.

상지 회복도 공부와 똑같습니다. 마비된 팔과 손을 다시 움직이고 사용하려면 본인의 뇌를 써야 합니다. 다시 말해 본인이 직접 의식적으로 마비된 팔과 손을 움직이고 사용하려 해야 합니다. 그래야 뇌세포가 팔과 손에 관련된 정보를 처리하는 법을 배우고 익힐 수 있고, 뇌에 그와 관련된 신경회로와 영역을 만들 수 있습니다. 그때 팔과 손을 다시 움직이고 사용할 수 있게 됩니다. 이와 같이 상지 회복 역시 자기 뇌를 변화시키는 일이기 때문에 공부와 마찬가지로 다른 사람이 대신해 줄 수가 없습니다.

뇌졸중으로 팔을 전혀 움직일 수 없는 상태를 예로 들어보겠습니다. 그렇다면 우선 본인의 건강한 쪽 상지를 사용하거나 치료사나 보호자의 도움을 받아서 마비된 팔을 본인이 직접 움직여 봐야 합니다. 그리고 원하는 혹은 필요한 팔의 움직임을 뇌가 충분히 경험하고 배울 수 있도록 반복해서 연습해야 합니다.

팔을 조금이라도 스스로 움직일 수 있게 되면, 더 다양하고 기능적인 움직임과 조절 방법을 배우고 연습해야 합니다. 또 도움의 양

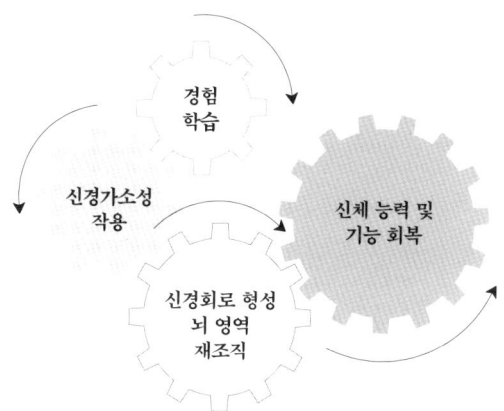

을 줄이거나 도움을 받는 방식을 바꿔서 더욱더 팔을 스스로 움직이고 조절해 보려고 해야 합니다. 그러면서 팔을 움직이고 사용할 수 있는 뇌의 능력을 키워 나가야 합니다.

아시다시피 근육은 쓰면 쓸수록 발달하고 강해집니다. 반대로 쓰지 않으면 약해지고 퇴화합니다. 뇌도 그렇습니다. 그래서 흔히 뇌를 근육에 비유하는 것입니다. 근육과 마찬가지로 뇌도 쓰면 쓸수록 발달하고 강해지지만 사용하지 않으면 약해지고 퇴화합니다. 따라서 마비된 팔과 손을 계속 움직이고 사용해야 합니다. 그래야만 뇌에 새롭게 형성된 팔과 손을 담당하는 신경회로와 영역의 기능이 발달하고 강화되며 안정적으로 유지될 수 있기 때문입니다.

지금까지의 이야기를 요약하면 이렇습니다. 첫째, 마비된 팔과 손을 본인이 직접 움직이고 사용하려 해야 합니다. 다시 말해 자기 뇌를 써야 합니다. 둘째, 팔과 손을 움직이고 사용하는 방법을 다시 배워야 합니다. 셋째, 팔과 손의 움직임과 기능적인 사용법을 난이도를 조절해 가면서 꾸준히 반복해서 연습해야 합니다.

이러한 사실을 알면 상지 회복을 위한 최선의 선택과 행동이 무엇인지도 알 수 있습니다. 그것은 바로 이 세 가지 조건을 모두 충족하고 실현할 수 있는 선택과 행동입니다. 상지 회복을 위한 최선의 치료는 어떤 것일까요? 맞습니다. 이 세 가지 조건에 잘 부합되는 치료입니다."

상지 회복을 위해 어떻게 뇌를 변화시켜야 하는지를 보다 심도 있게 다뤘다. 아울러 그와 관련된 선택과 결정을 할 때 반드시 염두에 두어야 할 조건을 세 가지로 정리해 주었다.

모르는 것을 생각할 수는 없다. 또 생각해 보지 않은 것을 실천할 수는 없다. 상지 회복을 위해서는 뇌의 변화가 필요하다. 그렇다면 어떻게 해야 할까? 바로 이것을 제대로 알고 있어야 뇌의 변화에 필요한 것들을 생각해 볼 수 있다. 또 그 생각을 실천하기 위한 선택과 행동도 할 수 있다.

그것을 알고 싶어 한다면

'상지 매뉴얼은 어떠하다'를 중심으로 이야기하는 것에 신중해야 한다고 말했었다. 그러나 예외가 있다. 상지 매뉴얼을 받는 것이 팔과 손의 회복과 어떤 관련이 있는지 알고 싶어 하는 환자와 보호자도 있기 때문이다. 그런 경우 그에 관한 자세한 설명이 필요할 수 있다.

앞으로 자신이 해야 할 선택과 결정을 위해 알고 싶어 한다면 이는 바람직한 요구이다. 따라서 치료사는 환자와 보호자가 알고 싶어 하는 것에 관하여 분명한 답변을 내놓아야 한다.

나의 답변 중 하나를 소개한다.

"상지 회복을 위해서는 뇌의 신경가소성을 제대로 활용해야 합니다. 그러기 위해서는 세 가지 조건에 부합하는 치료가 필요합니다. 그럼 팔과 손을 주물러 주고 만져 주는 방식의 치료는 이에 부합하는 치료일까요?

첫 번째 조건은 자기 뇌를 사용해야 한다는 것이었습니다. 여기서 뇌를 사용해야 한다는 말은 자기 의지로 신체를 직접 움직이려

해야 한다는 뜻입니다. 뇌의 작용으로 신체가 움직이기 때문입니다. 전 지금 이야기를 하기 위해 제 얼굴과 혀의 근육을 움직이고 있습니다. 이 근육들은 어떻게 움직일까요? 신체를 움직이려 하면 거기에 필요한 뇌의 작용이 일어납니다. 그리고 그런 뇌의 작용으로 신체가 움직이고 의도한 대로 행동할 수 있게 됩니다. 즉 어떤 의도를 가지고 신체를 움직이려 하면 거기에 맞게 뇌가 쓰이는 것입니다. 제가 말을 할 때 얼굴과 혀의 근육이 움직이는 것도 그런 제 뇌의 작용 덕분입니다. 결국 뇌를 사용해야 한다는 말은 자기 의지로 신체를 움직이려 해야 한다는 것을 뜻합니다.

이는 마비로 움직일 수 없게 된 팔과 손에도 똑같이 적용됩니다. 곧 본인이 직접 팔과 손을 움직이려 해야만 그것과 관련하여 자신의 뇌를 사용할 수 있다는 말입니다. 다시 말해 어떤 의도를 가지고 자신의 의지로 마비된 팔과 손을 움직이려 하면, 그것을 실현하려는 뇌의 작용이 일어납니다. 그리고 이러한 작용이 반복되면 뇌는 의도한 대로 팔과 손을 움직이는 데 필요한 신경회로와 영역을 만듭니다. 그와 같은 과정을 거치면서 뇌는 마비된 팔과 손을 다시 움직이고 조절할 수 있는 능력을 얻게 됩니다. 그리고 그런 뇌의 변화에 따라 팔과 손이 점차 회복되는 것입니다.

그런데 치료사가 마비된 팔과 손을 주물러 주고 만져 주는 방식의 치료를 받는 경우, 자기 스스로 팔과 손을 움직이려 할 필요가 없습니다. 가만히 있어도 치료사가 알아서 팔과 손을 대신 움직여 주기 때문입니다. 그 결과 본인의 뇌를 쓰지 않게 되고, 마비된 팔과 손을 움직이는 데 필요한 뇌의 능력도 키울 수 없게 됩니다. 그러면 팔과 손의 회복을 기대하기 어렵습니다.

두 번째 조건은 마비된 팔과 손에 관련된 기능을 다시 배우고 연습해야 한다는 것이었습니다. 의식적인 집중은 학습의 필수적인 조건입니다. 전화번호를 외운다고 생각해 보세요. 각 숫자를 집중해서 읽고 기억하려 해야 합니다. 그렇게 하지 않으면 열 개도 되지 않는 숫자조차 제대로 외우기 어렵습니다. 집중을 해야 뇌가 자극을 제대로 받아들일 수 있고, 그 자극을 중요한 정보로 인식하여 처리하기 때문입니다. 이와 마찬가지로 뇌가 마비된 팔과 손을 움직이고 사용하는 것을 배울 때도 의식적인 집중은 필수입니다. 즉 집중해서 팔과 손을 어떻게 움직이고 사용하는지를 기억하려 해야 합니다.

그런데 치료사가 마비된 팔과 손을 주물러 주거나 만져 줄 때를 보면, 그런 노력을 하는 환자를 보기가 어렵습니다. 보통 눈을 감고 있거나 치료사와 이야기를 나누거나 혹은 딴 곳을 응시하고 있는 경우가 많습니다.

왜 그럴까요? 마비된 팔과 손을 주물러 주고 만져 주는 치료의 경우, 그 목적이 환자에게 팔과 손을 어떻게 움직이고 사용하는지 가르쳐주는 데 있지 않기 때문입니다. 대개 마비된 부위에 생긴 근육의 긴장도를 조절해 주거나 해당 관절과 근육을 운동시키는 데 초점이 맞춰져 있습니다. 그러다 보니 환자는 팔과 손에 집중해서 뭔가를 스스로 배우려 하기보다는 치료사가 해주는 것을 받는 데 익숙해집니다. 그렇게 받기만 하다 보면 마비된 자신의 팔과 손을 어떻게 움직이고 써야 하는지 배우지도 못하고 알 수도 없습니다. 이는 뇌에 그와 관련된 정보와 데이터가 없다는 말입니다. 그런 상태에서는 자기 스스로 팔과 손을 움직이고 쓸 수 없습니다. 그러면 팔과 손의 회복은 힘듭니다.

세 번째 조건은 본인이 직접 팔과 손을 움직이고 사용하는 연습을 수준에 맞춰 단계적·체계적으로 반복해야 한다는 것이었습니다. 그러나 치료사가 팔을 주물러 주고 만져 주면 따로 연습할 게 없습니다. 본인이 직접 마비된 팔과 손을 움직일 필요도, 그와 관련해 배운 것도 없기 때문입니다. 본인이 직접 팔과 손을 움직이고 사용하는 연습이 없이는 팔과 손에 관한 뇌의 변화를 일으킬 수 없습니다. 그리고 뇌의 변화가 없이는 팔과 손의 변화도 일어나지 않습니다.

팔과 손이 마비된 근본적인 원인은 뇌에 있습니다. 팔과 손을 담당하던 뇌세포가 죽었기 때문입니다. 따라서 그 뇌세포를 대신해서 팔과 손을 담당하도록 다른 뇌세포를 교육하고 훈련하는 것이 상지 회복을 위한 치료의 핵심입니다.

그러기 위해서는 본인이 직접 마비된 팔과 손을 움직이려 해야 합니다. 그래야 마비된 팔과 손의 움직임에 관한 뇌의 작용이 일어납니다. 즉 손상되지 않은 뇌세포가 마비된 팔과 손을 담당하는 일을 시작합니다. 그때 뇌세포에 팔과 손을 어떻게 움직이고 써야 하는지 정확하게 알려줘야 합니다. 그러려면 주의를 기울여 팔과 손을 움직이고 사용하는 방법을 배워야 합니다. 마비된 팔과 손을 새롭게 담당할 뇌세포가 그 방법을 배우고 익혀야만 맡겨진 역할을 제대로 해낼 수 있기 때문입니다. 마지막으로 뇌세포가 팔과 손을 능숙하고 세련되게 움직일 수 있도록 배운 것을 반복해서 연습해야 합니다. 학습 수준에 따라 적절한 단계를 정하여 체계적으로 꾸준히 연습해 나가는 것이 필요합니다.

그런데 치료사가 마비된 팔과 손을 주물러 주고 만져 주는 방식의 치료는 이러한 조건을 충족하지 못합니다. 관절이나 근육과 같은 근골격계의 변화에는 도움이 될지 몰라도 상지 회복의 핵심이 되는 뇌의 변화를 일으키는 데는 도움이 되지 못합니다. 즉 손상되지 않은 뇌세포가 마비된 팔과 손을 담당하도록 돕는 데는 효과가 없습니다. 본인의 뇌를 사용하지도, 팔과 손의 움직임과 사용법을 배우고 연습할 수도 없는 방식이기 때문입니다.

사실 환자와 보호자의 요구대로 마비된 팔과 손을 주물러 주고 만져 주는 것은 어려운 일이 아닙니다. 그럼에도 불구하고 이러한 말씀을 드리는 이유는, 여러분의 목적이 마비된 팔과 손을 다시 움직이고 사용하는 데 있기 때문입니다.

저의 역할은 여러분이 그 목적을 이룰 수 있도록 돕는 것입니다. 저도 ○○○ 님의 팔과 손이 지금보다 더 나은 상태가 되기를 바랍니다. 또 최대한 이전의 상태로 되돌릴 수 있도록 돕고 싶습니다. 그렇기 때문에 팔과 손의 회복을 위한 가장 효과적인 방안에 대해 말씀드리는 것입니다."

작업을 통해 뇌를 변화시킨다

나는 환자와 보호자가 알고 싶어 하는 상지 매뉴얼이 상지 회복과 어떤 관련이 있는지 분명하고 자세하게 알려 주었다. 그것에 대해 더 생각해 볼 수 있도록 말이다. 이러한 이야기의 목적이 무엇일까? 환자와 보호자를 설득하거나 내 생각에 동조하게 만들려는 것일까? 아니다. 환자와 보호자가 자신의 목적을 이룰 수 있는 최선의 선택과 결정을 하도록 돕기 위함이다.

아울러 간단하게나마 작업치료사의 역할을 알려 주었다. 환자, 보호자와 같은 목적 달성을 위해 작업치료사로서 최선을 다하고 있다는 것을 표현했다. 또 지금까지의 이야기가 그런 노력에서 비롯된 것이었다는 점도 분명하게 밝혔다.

치료에서 클라이언트(환자와 보호자)의 신뢰는 필수다. 클라이언트가 치료사를 신뢰하지 않으면 필요한 말도 소용없게 된다. 클라이언트의 신뢰를 얻는 데 꼭 필요한 것 중 하나가 바로 진심을 표현하는 일이다. 말과 행동으로 자신의 진심을 적절하게 표현하라. 쑥스럽더라도 그렇게 하는 게 필요하다. 환자와 보호자를 위해서 하는 이야기라는 점을 분명하게 밝혀라. 말하지 않아도 알겠지 하고 생각한다면 오산이다. 말하지 않으면 모른다. 행동으로 보여 주지 않으면 모른다.

환자와 보호자가 알고 싶어 하는 것이 있을 때, 나는 그것을 쉽게 또 확실하게 알려 주려고 노력한다. 그리고 그런 노력이 어떤 마음에서 나온 것인지도 함께 전한다. 그랬을 때, 내가 하는 말이 그들에게 더 잘 전해진다는 것을 경험을 통해 배웠다.

세 번째 이야기. 치료

나는 클라이언트가 작업치료사의 진심을 알았으면 좋겠다. 치료사가 자신을 위해 얼마나 많은 생각을 하고 또 노력하고 있는지 알기를 원한다. 환자와 보호자가 알고 싶어 하는 것이 있다면 분명하게 알려 주어야 한다. 단 전체적인 이야기의 목적과 방향성을 잃어서는 안 된다. 그 목적과 방향성이란 환자와 보호자가 원하는 목적을 이루는 데 필요한 선택과 결정을 스스로 할 수 있게 돕는 것이다. 절대 놓쳐서는 안 되는 핵심이다.

한 가지 더. 거기에 진심을 담아라. 그리고 표현하라. 그러면 그들은 자기가 알고 싶었던 것에 대해 더 깊이 생각해 볼 것이다. 그리고 당신에 대해서도 그렇게 할 것이다.

완전히 같을 수는 없다

마비된 팔과 손을 이전과 똑같아지게 해달라고 하거나 치료를 계속 받고 있지만 별로 나아지는 게 없는 것 같다며 불안해하고 초조해하는 환자와 보호자를 만날 때가 있다. 그런 이들을 만나면 어떤 말을 해줘야 할지 난감하다.

모르면 예측이 불가능하다. 그리고 예측할 수 없을 때 사람은 불안하고 초조해진다. 또한 냉정한 상황 판단도 현실에 근거한 목표 설정도 할 수 없게 된다. 반면 알면 예측이 가능해진다. 또 알면 이해할 수 있고, 이해하면 받아들일 수 있다. 받아들이면 그에 맞춰 기대하고 보다 현실적인 목표를 세울 수 있다. 적어도 그럴 가능성이 크다. 그래서 그런 이들을 만나면 나는 이러한 이야기를 해준다.

"재활치료의 핵심은 죽은 뇌세포가 하던 일을 다른 뇌세포가 대신하도록 돕는 것이라고 말씀드렸습니다. 그런데 여기서 이러한 질문을 해볼 필요가 있습니다. '죽은 뇌세포와 죽은 뇌세포를 대신하는 뇌세포가 똑같을까? 그렇지 않다면 앞으로 똑같아질 수 있을까?'라는 질문입니다.

세 번째 이야기, 치료

두 치료사가 있습니다. 한 치료사는 60년 동안 치료를 하면서 한결같이 치료 실력을 갈고닦아 온 사람입니다. 다른 치료사는 치료 경험이 전혀 없는, 이제 막 학교를 졸업하고 병원에 입사한 사람입니다.

그런데 갑작스럽게 60년 경력의 치료사가 더 이상 치료를 할 수 없게 되었습니다. 그래서 이제 막 입사한 치료사가 60년 경력의 치료사가 치료해 왔던 환자들을 맡아서 대신 치료하게 되었습니다. 갑자기 생긴 일이라 신입 치료사는 아무런 준비도 하지 못한 채 치료를 시작하게 되었습니다. 일단 신입 치료사는 다른 선임 치료사의 지도를 받으며 3개월 동안 치료를 진행했습니다. 그러면서 치료에 대해 하나하나 새롭게 배우고 알아가기 시작했습니다.

자, 질문을 드리겠습니다. 60년 경력의 치료사와 그 치료사를 대신하게 된 신입 치료사가 똑같을까요? 그렇지 않다면 앞으로 똑같아질 수 있을까요? 치료는 어떨까요? 치료를 시작한 지 이제 막 3개월 된 신입 치료사가 하는 치료와 60년 경력의 치료사가 하는 치료가 똑같을까요? 그렇지 않다면 앞으로 똑같아질 수 있을까요? 치료의 숙련도와 전문성만 놓고 볼 때, 환자와 보호자는 어느 치료사의 치료에 더 만족할까요?

3개월 동안 열심히 배우고 최선을 다해서 치료했다 하더라도, 신입 치료사가 가진 치료의 숙련도와 전문성은 60년 동안 치료를 하며 실력을 쌓은 치료사의 숙련도와 전문성에는 미치기 어려울 겁니다.

물론 앞으로 신입 치료사가 꾸준히 치료에 대한 지식과 경험을 쌓고 실력을 키워 나간다면 치료는 계속 나아질 것입니다. 하지만 지금은 상대적으로 치료가 서툴고 미숙할 수밖에 없다는 것은 자명한 사실입니다.

또한 그 둘은 본래 다른 사람입니다. 노력한다고 똑같아질 수 없습니다. 애초에 갖고 태어난 기질이 다른 까닭입니다. 따라서 치료에서 보이는 각자의 강점과 약점, 생각과 행동에 차이가 있을 수밖에 없습니다. 그러므로 두 사람이 완전히 똑같기를 기대하거나 똑같아지기를 요구하는 것은 적절치 않습니다.

자, 다시 뇌세포 얘기로 돌아가 보겠습니다. 60년 동안 ○○○ 님의 팔과 손을 담당했던 뇌세포가 갑자기 생긴 뇌졸중으로 더 이상 담당했던 일을 할 수 없게 되었습니다. 60년 경력의 치료사가 느닷없이 치료를 그만두게 된 것처럼 말입니다.

그래서 주변의 손상되지 않은 다른 뇌세포가 당장 그 일을 배워서 해야 하는 상황이 되었습니다. 그 뇌세포는 아무런 준비도 없이 이제까지 해본 적이 없던 일을 갑자기 맡게 된 것입니다. 마치 이제 막 학교를 졸업한, 치료 경험이 없는 신입 치료사가 현장에 바로 투입되어 치료를 맡게 된 것과 같은 셈입니다.

다른 선임 치료사의 지도에 따라 60년 경력의 치료사가 맡았던 환자들을 신입 치료사가 대신 치료하면서 해야 할 일을 하나하나 배워나갔던 것처럼, 손상되지 않은 다른 뇌세포도 3개월이라는 기간 동안 치료사의 지도에 따라 손상된 뇌세포가 하던 일을 대신하

먼서 해야 할 일을 하나하나 배워나갔습니다.

질문을 드려보겠습니다. 손상된 뇌세포와 그 뇌세포를 대신하게 된 다른 뇌세포가 똑같은 세포일까요? 앞으로 완전히 똑같아질 수 있을까요?

죽은 뇌세포는 60년 동안 팔과 손을 움직이고 사용하는 일을 했습니다. 비유하자면 달인입니다. 그런데 갑자기 그 일을 맡은 뇌세포는 그 일을 불과 3개월 정도 했을 뿐입니다. 그마저도 배우는 과정이었습니다. 또 아직 배워야 할 것이 많습니다. 즉 완전 초보자인 셈입니다. 그런데 어떤 사람이 3개월 경력의 초보자에게 60년 경력의 달인처럼 치료해달라고 요구해요. 어떤 생각이 드세요? 그 사람에게 무슨 말을 해주고 싶으세요?

마찬가지로 팔과 손에 관한 일을 3개월 배운 뇌세포가 60년 동안 담당했던 뇌세포처럼 할 수 있기를 바라는 것 역시 성급하고 무리한 요구에 지나지 않습니다. 게다가 그 둘이 똑같기를 바라는 것도 무리한 요구입니다. 같은 뇌세포라 하더라도 발생과 분화 과정에서 맡은 역할과 기능이 다르기 때문입니다. 마치 두 치료사가 완전히 다른 사람인 것처럼 말입니다.

더욱이 이때 초보인 뇌세포를 대신해 치료사가 마비된 팔과 손을 움직여 줬다면, 그 차이는 더 클 수밖에 없습니다. 초보인 뇌세포가 팔과 손을 어떻게 움직이고 써야 하는지 배우고 연습할 기회조차 없었을 것이기 때문입니다. 그러면 그만큼 팔과 손의 회복은 더뎌집니다. 또 그런 팔과 손의 상태에 만족하기도 어렵습니다. 그런 이유

작업을 통해 뇌를 변화시킨다

로 치료를 받아도 나아지는 게 없다며 의욕을 잃고 좌절하는 분들을 많이 봅니다.

이것은 3개월 동안 치료한 신입 치료사와 60년 동안 치료한 치료사를 비교하는 것과 다를 바가 없습니다. 3개월 동안 배우고 치료해 봤으니 60년 경력의 치료사만큼 치료할 수 있어야 한다고 기대하는 것과 마찬가지입니다. 또 60년 경력의 치료사와 3개월 경력의 치료사가 똑같기를 혹은 똑같아지기를 요구하는 것과 같습니다.

뇌는 경험과 학습이라는 자극을 통해 평생 변합니다. 또 뇌의 변화가 활발하게 일어나는 시기가 있습니다. 하지만 그 시기가 지났다고 해서 뇌가 가진 변화의 가능성 혹은 유연성이 사라지는 것은 아닙니다. 그것은 뇌의 고유한 능력이기 때문입니다.

실제로 저는 치료하면서 그런 뇌의 능력을 직접 목격했습니다. 뇌졸중이 생기고 3년, 5년, 심지어 7년이 지난 분들에게서도 뇌의 변화가 반영된 신체 회복을 볼 수 있었습니다. 손상 부위와 범위, 의지와 동기, 치료 시기와 방식 등 여러 요인에 따라 그 정도와 속도의 차이는 있었지만, 뇌의 변화가 지속 가능하다는 사실에는 변함이 없었습니다.

잠시 제가 직접 보고 들었던 회복에 대한 그분들만의 공통된 비결을 두 가지 정도만 말씀드려볼까 합니다.

한 가지는 그분들에게는 상지 회복에 대한 분명한 목표가 있었다는 것입니다. 그분들은 그저 '팔과 손이 나았으면 좋겠다' 하는 식의 막연한 기대나 바람이 아닌 팔과 손을 어떻게 움직이고 싶은지,

무엇을 하고 싶은지 등등 상지 회복에 대한 자기만의 명확한 목표가 있었습니다.

  그러다 보니 목표를 이루기 위해 치료에서 무엇을 할지, 생활 중 본인이 노력해야 할 것은 무엇인지 등을 치료사와 함께 더욱 구체적으로 논의할 수 있었습니다. 그리고 그것을 위해 서로 협력하고 시간과 노력을 집중할 수 있었습니다. 그 결과 원하는 목표를 달성할 수 있었고, 계속해서 다음 목표를 향해 나아갈 수 있게 되었습니다.

  나머지 하나는 과정에 몰두했다는 것입니다. 그분들은 현재로서는 알 수 없는 미래의 결과에 노심초사하기보다는, 지금 당장 할 수 있고 해야 하는 일을 하는 데 충실했습니다. 그분들의 말로는 그래야 긍정적인 마음으로 여유를 가지고 하루하루에 최선을 다할 수 있다고 했습니다. '나는 매일 더 좋아지고 있다'라고 선언하며 생활에서 마비된 팔과 손을 쓰는 연습을 꾸준히 하던 분이 있었습니다. 뇌졸중 발병 후 1년 가까이 팔과 손이 축 늘어져 있었고, 손가락은 아예 움직이지도 못했던 분이었습니다.

  그런데 매일 꾸준히 연습하고 노력하니, 발병 후 5년이 지났는데도 팔과 손이 계속 좋아졌습니다. 지금은 탁구를 칠 때 마비된 팔과 손으로 서브를 위해 공을 던져서 띄우기도 하고, 바닥에 떨어진 공을 줍기도 합니다. 또 집에서는 그 팔과 손으로 진공청소기를 잡고 밀어서 바닥 청소를 하고, 설거지할 때 그릇을 고정하기도 하며, 심지어는 마비된 손으로 운전대를 잡고 운전을 할 수 있을 정도로 팔과 손이 모두 좋아졌습니다. 모두 발병한 지 5년이 넘은 상태에서 생긴 변화였습니다. 그런 분들을 보면서 뇌는 경험, 학습, 훈련 등의 자극을 통해 지속적으로 변할 수 있다는 사실을 실제로 확인할 수 있었습니다.

치료를 하다 보면 원하는 것을 얻기 위해 지금 무엇을 할 것인지 결정하고, 결정한 그 일을 하는 과정에 집중하는 것이 얼마나 중요한지 새삼 깨닫게 됩니다. 과정에서의 성취야말로 목표한 성과로 향하는 가장 확실한 길이기 때문입니다.

그렇습니다. 과정이 없는 결과는 없습니다. 그래서 과정에 먼저 집중해야 합니다. 긍정적인 마음과 태도로 목표를 이루기 위해 오늘 해야 할 일에 성실히 임한다면 목표에 더욱더 가까이 다가갈 수 있습니다. 팔과 손이 좋아지려면 뇌가 변해야 합니다. 그런데 뇌는 하루아침에 변하지 않습니다. 변화의 과정이 필요하고 거기에 시간과 노력이 더해져야 합니다.

변화가 없어 불안하고 초조하시다면 이제부터 어떤 부분의 변화를 원하는지, 그 변화를 위해 지금 당장 무엇을 해야 하는지, 어떻게 해야 하는지에 대해 이야기하고, 그것을 매일 실천하는 것에 집중해야 합니다. 그러면 지금보다 더 나은 변화가 생길 것입니다. 그렇게 되도록 제가 최선을 다해 돕겠습니다."

당사자가 이러한 부분을 진심으로 알고 싶어 하는지, 어느 정도까지 수용할 수 있을지에 따라 이야기의 내용과 범위는 달라질 수 있다. 또한 예측할 수 없어서 불안해하고 초조해하거나 현실에 근거한 목표나 기대를 갖지 못한다면 그와 관련된 이야기가 필요할 수도 있다.

　이때 환자와 보호자의 기대나 우려를 단번에 바꾸겠다는 생각은 말라. 대신 환자와 보호자가 기대하고 예측하는 데 근거가 될 정보나 지식을 그들의 눈높이와 수준을 고려하여 나누는 것에 주력하라. 그런 정보와 지식을 토대로 환자와 보호자가 자신의 기대 수준을 점검해 보고 현실에 근거하여 목표를 정하고 계획을 세울 수 있게 도와라.

　그러기 위해 나는 예시와 비유를 곧잘 활용한다. 환자와 보호자가 공감할 수 있는 예시와 비유를 적절하게 사용하면 내용을 더 쉽게 설명하고 알릴 수 있다. 민감한 이야기도 한결 부드럽게 나눌 수 있다. 게다가 나의 견해를 설득하거나 강요할 필요도 없다. 적절한 예시와 비유는 사유를 돕기 때문이다. 즉 생각을 통해 스스로 알고 깨닫게 된다. 그러면 민감한 부분을 직접 말할 필요도, 내 견해를 관철하려 애쓸 필요도 없다. 그만큼 불필요한 갈등이나 마찰을 사전에 예방할 수 있다.

　때로는 환자, 보호자와 같은 처지에 있는 사람들의 이야기를 들려주기도 한다. 물론 그런 이야기가 그들에게 도움이 될 것이라는 확실한 판단이 서는 경우에 한해서다. 이때 환자와 보호자를 그 사람들과 비교하는 식의 이야기가 되어서는 안 된다. 다른 이들에 대한 이야기는 환자와 보호자에게 도움이 될 메시지를 전달하기 위한 것이지 환자와 보호자를 자극하기 위한 것이 아니기 때문이다. 무엇보다도 환자와 보호자는 그 사람들과 다르다. 그러므로 그런 식의 이야기는 환자와 보호자에게 아무런 도움이 되지 못한다.

  나는 환자와 보호자에게 도움이 될 메시지를 중심으로 내가 만난 사람들로부터 느낀 것, 생각한 것, 깨달은 것, 배운 것을 이야기한다. 그러면 환자와 보호자는 내 이야기를 들으면서 자기와 같은 어려움을 겪은 혹은 겪고 있는 사람들을 만난다. 그 사람들에게서 자신의 모습을 본다. 그 사람들의 노력을 느낀다. 그런 과정을 통해 환자와 보호자는 자신을 돌아보며 마음을 다잡거나 희망을 품는다. 또 스스로 무엇을 해보겠다는 결심을 하기도 한다.

  손상된 뇌세포를 대신해서 팔과 손을 담당하게 된 뇌세포는 학습과 연습을 통해 맡은 일을 더 잘하게 될 것이다. 그러나 이전 뇌세포와 완전히 같을 수는 없다. 안타깝지만 현실이 그렇다. 그러나 이러한 사실을 바로 알고 받아들일 수 있다면 현실에 근거한 예측과 기대가 가능하다. 그리고 미래의 결과보다 현재 필요한 과정에 더 집중할 수 있게 된다. 환자와 보호자가 이러한 관점으로 자기 자신, 팔과 손의 상태, 치료를 생각해 보도록 돕는 것이 중요하고 필요한 이유다.

의사 전달 방법

환자와 보호자가 알고 있어야 할 내용을 제대로 선정하고 짜임새 있게 구성하는 것만큼이나 중요한 것이 또 있다. 그것은 바로 의사를 전달하는 방법이다. 아무리 유용한 정보와 의견이라도 환자와 보호자의 마음에 닿지 못하면 생각과 행동에 어떠한 영향도 미치지 못한다. 따라서 치료사는 환자와 보호자에게 필요한 내용을 어떻게 전달해야 할지에 대한 적절한 방법을 모색하고 마련해야 한다. 특히 환자와 보호자에게 생소한 전문적인 내용이라면 더더욱 그렇다.

그러기 위해서는 먼저 환자와 보호자가 어떤 사람인지 알아야 한다. 환자와 보호자를 이해하는 데 필요한 정보를 모으고 그 정보를 바탕으로 환자와 보호자에게 무엇이 필요하고 그것을 어떻게 알려 주어야 할지 파악해야 한다.

예를 들어, 나는 신경과학이 생소한 환자와 보호자를 만나면 관련된 내용을 말로만 하지 않고 직접 그림을 그려 가면서 설명한다. 말로만 들을 때는 추상적이고 모호할 수 있는 내용을 그림으로 시각화하여 보다 구체적이고 명확하게 설명해 준다. 그러면 확실히 말로만 설명할 때보다 훨씬 쉽게 내용을 이해한다. 그림을 그리는 데 자신이 없거나 직접 그리기 어려운 내용인 경우 미리 관련된 사진이나 동영상을 준비해 둔다. 예컨대 요즘은 신경과학을 잘 몰라도 누구나 쉽게 이해할 수 있도록 만들어진 사진이나 동영상이 많다. 이를 스마트폰에 저장해 두거나, 사진은 미리 출력해서 모아 두고 필요할 때 활용한다.

만약 환자에게 편측 무시unilateral neglect나 시지각적 능력visual perception의 손상이 있거나 시각적 청각적 자극을 동시에 집중하고 처리하는 데 어려움이 있다면, 그림을 그리거나 사진이나 동영상을 보여 주며 설명하는 방식은 적절치 않을 수 있다. 여러 자극을 동시에 받아들이고 처리해야 하기 때문에 오히려 주의가 분산되어 설명에 집중할 수 없게 된다. 또 자극이 많아지면 그만큼 주의 집중과 정보 처리에 더 많은 에너지가 소모되어 쉽게 지치게 된다. 이렇게 자극을 수용하고 처리하는 데 어려움이 있거나 정보 처리의 과부하에 따른 정신적 피로가 발생하면 사고와 판단을 제대로 할 수가 없다.

그러므로 어떤 특정한 내용과 방식을 모든 환자와 보호자에게 획일적으로 적용하려 해서는 안 된다. 또 환자와 보호자에 대한 이해가 없으면 아무리 좋은 내용과 자료가 있어도 무용지물이 된다. 따라서 사람에 대한 이해를 바탕으로 환자와 보호자에게 가장 잘 맞는 의사 전달 방법을 마련하고 활용할 줄 알아야 한다.

나는 환자와 보호자에게 맞는 적절한 비유와 예시를 즐겨 활용한다. 자녀가 있는 경우에는 자녀 교육과 관련된 소재를 활용한 예시를, 운동을 열심히 해왔던 환자에게는 운동과 관련된 비유를 들었다. 또 현재의 상태나 수준을 바탕으로 한 예시나 연령과 치료 기간에 빗댄 비유를 들기도 했다. 환자와 보호자의 정보와 이해에 기초한 이러한 예시와 비유는 그들의 입장에서 내용을 쉽게 이해하도록 돕는 데 유용하다. 또한 그런 이해를 바탕으로 목적과 목표에 대해 스스로 사고하고 판단하도록 돕는 데 있어서도 유익하다.

상담과 교육을 하다 보면 민감한 주제에 대한 견해를 직접적으로 제시하는 게 어려울 때가 있다. 그러한 경우 환자와 보호자의 생각이나 기대와 다른 정보와 의견은 자칫 갈등과 오해의 빌미가 될 수 있으므로 그것을 알리는 데 조심스러워질 수밖에 없다. 그럴 때도 나는 관련된 정보와 의견을 직접적으로 제시하기보다는 그에 맞는 비유와 예시를 들어 환자와 보호자가 스스로 생각해 볼 수 있는 계기를 마련한다. 내가 그들을 바꾸려 애쓰기보다 그들 스스로 자신을 바꿔 보려는 계기를 마련해 주는 것이 훨씬 쉽고 효과적이기 때문이다. 게다가 갈등과 오해의 소지도 줄일 수 있어서 좋다.

본인 스스로 생각해 보는 것을 선호하는 환자와 보호자도 있다. 그런 경우 이러저러한 이야기를 늘어놓기보다는 생각해 봐야 할 핵심을 정확하게 짚어 주는 게 효과적이다. 예컨대 앞서 소개한 내용 중 뇌의 신경가소성을 극대화하기 위한 세 가지 조건처럼 말이다.

사고와 판단의 기준을 치료사가 제시해 주는 것을 불편해 하는 환자와 보호자도 있다. 자기가 얻은 정보를 바탕으로 주체적으로 사고하고 판단하여 결정하는 편을 선호하는 사람들일 때가 그렇다. 그런 경우 나는 환자와 보호자가 스스로 사고와 판단의 기준을 세우는 데 도움이 될 정보와 지식을 나누는 것에 주력한다. 그리고 그들이 어떤 생각과 판단을 했는지 들어보고 그 이유와 근거에 대한 이야기를 나눈다. 이러한 대화는 환자와 보호자 스스로 자기 생각과 판단을 검토하고 보완해 나가도록 돕는 데 효과적이다.

이처럼 지식과 정보를 전달하는 방법뿐만이 아니라 의사와 견해를 전달하는 방법까지도 어떤 환자와 보호자를 만났고 그들이 무엇을 필요로 하는지에 따라 달라져야 한다. 환자와 보호자의 마음에 닿을 때만이 생각과 행동에 실질적인 영향을 줄 수 있기 때문이다. 만나는 환자와 보호자에게 맞는 최선의 의사 전달 방법을 찾고 준비하라.

세 번째 이야기, 치료

목표에 대하여

환자와 보호자가 원하는 '상지 회복'은 어떤 것일까? 그리고 그들이 생각하는 '상지 회복'의 기준은 무엇일까? 팔에 힘이 생기는 것, 팔을 잘 움직이는 것, 손가락을 움직이는 것, 물건을 잡는 것, 생활에서 팔과 손을 쓰는 것? 아니면 이 모든 것을 말할까?

팔을 잘 움직이는 것을 원한다면 '잘 움직인다'의 기준은 무엇인가? 물건을 향해 지체 없이 팔을 뻗는 것, 힘들이지 않고 팔을 움직이는 것, 다양한 팔 동작을 하는 것, 도움을 받지 않고 팔을 움직이는 것일까? 그럼 잘 움직인다, 이 말은 무슨 뜻일까? 생활에서 팔과 손을 쓰고 싶다면 구체적으로 무엇을 할 때를 말하는가? 세수할 때, 옷을 입을 때, 요리할 때, 아니면 매일 하는 '모든 일'일까?

그렇다면 그 '모든 일'의 범주에 해당하는 일은 무엇일까? 이들 질문에 명확하고 구체적인 답변을 할 수 있는가? 만약 그런 답변을 할 수 없다면, 치료도 명확하고 구체적일 수 없을 것이다. 잘 모르는 것을 잘 치료할 수 있을까? 그럴 수는 없다.

그러므로 환자와 보호자가 원하는 상지 회복이 어떤 것인지, 그 달성 여부를 확인할 수 있는 기준이 무엇인지 등을 명확하고 구체적으로 알고 있어야 한다. 그래야만 환자, 보호자와 함께 치료 목표를 분명하게 정할 수 있다. 또 목표를 달성하는 데 필요한 세부적인 계획과 실행과 피드백도 가능해진다.

"난 하루도 안 빠지고 열심히 운동하는데도 팔이 좋아지질 않아!" 이러한 환자와 보호자에게 팔이 어떻게 좋아졌으면 하는지 물어보면 대개 "잘 움직였으면 좋겠다.", "잘 쓸 수 있으면 좋겠다."라는 식의 모호한 답변이 돌아온다. 또 매일 그렇게 열심히 하고 있다는 운동의 이유나 효과를 정확하게 알고 있거나 설명할 수 있는 이들도 거의 없다. 그저 열심히 하면 나아지고 좋아질 거라고 믿고 정말 열심히만 한다.

사실 그들이 좌절하는 근본적인 이유는 명확하고 구체적인 목표가 없기 때문이다. 이는 마치 표적이 어디에 있는지 모른 채 화살을 쏘아대는 것과 같다. 표적을 모르고 열심히 화살을 쏘기만 해서는 표적을 맞힐 수 없다. 게다가 그렇게 노력하는 동안 스스로 확인할 수 있는 변화와 성취가 없으니 의욕을 잃고 좌절하게 되는 건 당연지사다. 달성하려는 목표가 모호하거나 없을 때 흔히 생기는 결과다.

이러한 경우는 어떨까? 치료사의 이야기를 듣고 환자와 보호자 모두 팔과 손의 회복을 위해 스스로 뭔가를 해봐야겠다는 마음을 먹었다. 그래서 치료사에게 팔과 손의 회복에 필요한 것들을 배우고 연습하기 시작했다.

세 번째 이야기, 치료

그런데 그 과정에서 빠진 것이 있었다. 원하는 팔과 손의 회복이 무엇인지 구체적으로 생각해 보지 않았던 것이다. 그저 팔과 손이 좋아졌으면 했을 뿐이다. 이전과 똑같아지면 좋겠다는 바람으로 시작한 일이었다. 게다가 이제껏 구체적이고 분명한 목표가 왜 필요하고 중요한지, 그러한 목표를 어떻게 정해야 하는지 제대로 들어본 적도 없었다. 심지어 상지 회복이 뇌의 변화에서 시작되고 그렇기 때문에 뇌를 변화시켜야 한다고 역설한 치료사마저도 목표와 관련해서는 아무런 말이 없었다.

이러저러한 이유로 환자와 보호자 모두 뚜렷한 목표가 없는 상태에서 새로운 시도를 했고 지금에 이르렀다. 그러다 보니 지금까지 뭐가 얼마나 좋아졌는지 알 수가 없다. 치료사는 좋아졌다고 하는데 정작 환자와 보호자는 그게 뭔지 모르겠다.

결국 이러한 생각이 든다. '치료사가 얘기하는 걸 들었을 때는 팔과 손이 엄청 좋아질 줄 알았는데, 막상 해보니까 그렇지 않네. 뭐가 좋아진 건지 모르겠어. 치료할 때 힘만 더 들고. 말만 그럴듯했지, 뭐야. 다른 환자와 보호자 말이 맞았어. 괜히 시간만 낭비했어.'

그럼 결국 환자와 보호자는 다시 상지 매뉴얼을 요구하게 된다. 최소한 상지 매뉴얼을 받을 때는 이렇게 좌절할 일은 없었으니까. 또 치료사에게 기대어 '언젠가 나아지겠지' 하는 희망이라도 가질 수 있었기 때문이다.

치료사는 어떨까? 예상컨대 다음 기회를 얻기는 훨씬 더 힘들고 어려울 것이다. 치료와 관계에 필수적인 신뢰를 잃었기 때문이다.

자기가 한 말을 책임지지 못하면 신뢰를 잃는다. 치료사는 자기가 한 말을 치료를 통해 책임져야 한다. 그렇기 때문에 자기가 책임질 수 있는 말을 해야 한다. 이는 환자와 보호자의 신뢰를 얻기 위한 가장 기본적인 조건이다.

표적을 맞히려면 표적이 무엇인지, 어디에 있는지 확실하게 알고 있어야 한다. 그래야 표적을 향해 화살을 쏘고 표적을 맞혔는지 아닌지를 확인할 수 있다. 그리고 그 여부에 따라 다음 화살을 어디에 어떻게 쏴야 할지 가늠하면서 표적을 맞힐 가능성을 높일 수 있다.

치료도 마찬가지다. 명확하고 구체적인 목표를 환자, 보호자와 함께 정해야 한다. 환자와 보호자가 요구하고 원하는 것이 무엇인지 확실하게 알아야 한다. 그래야 목표 달성을 위한 실질적이고 구체적인 계획을 세우고 실행할 수 있으며 목표 달성 여부를 확인할 수 있다. 그렇게 목표 달성 여부를 알 수 있을 때 다음에 무엇이 필요하고 어떻게 해야 할지도 제대로 알고 결정할 수 있다.

또한 환자와 보호자도 자기 노력에 대한 변화와 성취를 확인할 수 있게 된다. 그럴 때 주도적이고 주체적으로 치료에 관한 의사소통과 의사결정에 참여할 수 있으며 목표 달성을 위해 계속 노력해야 할 자기만의 목적과 의미, 이유와 명분을 스스로 찾을 수 있게 된다.

목표 달성 여부를 알기 위해서는 달성 여부를 측정할 수 있는 척도가 필요하다. 즉 평가할 수 있는 기준을 가지고 목표를 세워야 하는 것이다. 그 기준은 환자와 보호자가 원하고, 필요로 하며, 해야 하는 것을 토대로 정해야 한다. 이는 곧 그들이 원하고, 필요로 하며, 해야 하는 것이 무엇인지, 그 달성 여부를 알 수 있는 핵심이 되는 것이 무엇인지 알아야만 제대로 된 기준을 정할 수 있다는 뜻이기도 하다.

그러기 위해서 질문이 필요하다. '환자와 보호자가 원하는 상지 회복은 어떤 것일까? 또 그들이 생각하는 상지 회복의 기준은 무엇일까? 그 달성 여부를 어떻게 알 수 있을까?' 이 질문의 답은 환자와 보호자 그리고 치료사가 함께 찾아야 한다. 그리고 그것을 다 같이 알고 있어야 한다. 그래야 화살을 정확히 표적에 명중시킬 수 있다.

팔을 잘 만져 달라던 환자의 본심

H를 만난 것은 봄에서 여름으로 접어들 무렵이었다. 59세의 남성인 그는 4개월 전 뇌경색으로 인한 오른쪽 편마비 진단을 받았다. 두 군데 병원에서 재활치료를 받은 후 내가 있는 병원에 입원했다. 그가 치료실로 들어오던 때가 떠오른다. 첫눈에 보기에도 강한 인상이었다. 눈매가 날카로웠고 미간은 주름으로 가득했다. 작은 키에 다부진 체격의 그는 마비된 오른쪽 다리를 힘겹게 옮기며 혼자 걸어 들어왔다. 왼손으로 오른쪽 팔꿈치 부위를 받치고 있었고 상체를 왼쪽으로 기울인 탓에 오른쪽 어깨가 왼쪽 어깨에 비해 위쪽으로 올라가 있었다.

첫 상담 때 H가 처음 한 말은 팔을 낫게 해달라는 것이었다. 나는 팔이 어떻게 되길 바라는지 구체적으로 물어보았다. 그는 잠시 생각에 잠겼고, 나는 답변을 기다렸다. 정적이 흘렀지만 개의치 않았다. 그가 입을 열었다. "어깨가 이래서 팔을 움직일 수가 없어요. (손가락으로 어깨 관절을 가리키며) 이게 이렇게 빠져 있는데 어떻게 움직여요." 몹시 근심스러운 표정이었다. 왼손으로 오른쪽 팔꿈치 부위를 받치고 과하다 싶을 정도로 왼쪽으로 몸을 기울였던 이유를 짐작할 수 있었다.

그와 관련하여 지금까지 어떤 치료를 받아왔는지 물어보았다. "처음에는 팔을 아예 움직일 수 없었어요. (다시 손가락으로 어깨 관절을 가리키며) 여기도 더 빠져 있었고요. 그런데 작업치료사 선생님이 팔을 열심히 잘 만져 주셨어요. 그렇게 두 달 정도 치료를 받고 나니까 어깨가 좀 들어갔어요. 그 뒤로 팔이 조금씩 움직이더라고요."

이후에 더 자세한 이야기를 나누었으나 요점만 정리하면 H의 생각은 이랬다. '뇌졸중 이후에 팔을 움직일 수 없게 되었다. 그 이유는 어깨가 빠졌기 때문이다. 치료사가 팔을 만져 주었다. 그랬더니 어깨가 들어갔다. 그러자 팔도 움직일 수 있게 되었다. 빠진 어깨가 더 들어가면 팔을 더 잘 움직일 수 있을 것이다. 그러기 위해서는 치료사가 팔을 만져 주어야 한다. 그러니 팔을 잘 만져 달라.'

팔을 만져 달라는 요구 너머로 그가 궁극적으로 원하는 건 무엇일까? 그렇다. 마비된 팔을 다시 움직이는 것이다. 팔을 만져 달라는 것도 빠진 어깨가 원위치로 돌아와야 팔을 움직일 수 있다고 생각해서다. 결국 팔을 만져 달라는 요구는 마비된 팔을 다시 움직이는 데 필요한 일이기 때문이다.

팔을 다시 움직인다? 구체적으로 무엇을 말할까? 이것에 대해서도 이야기를 나눴다. H는 우선 팔을 들어 올리고, 앞으로 뻗고, 옆으로 벌리는 동작을 할 수 있기를 원했다. 발병 후 두 달 가까이 팔을 전혀 움직일 수 없었던 탓인지 그 정도만 되면 바랄 게 없다고 했다.

작업을 통해 뇌를 변화시킨다

그가 원하는 것을 보다 명확하고 구체적으로 확인한 나는 종이 한 장을 꺼내 뇌와 팔의 관계를 그림으로 그려 보여 주면서 팔을 움직일 수 없게 된 진짜 이유가 무엇인지 설명했다. 그런 다음 팔을 다시 움직이려면 무엇을 어떻게 해야 하는지 알려 주었다. H는 내가 그리는 그림과 나를 번갈아 보며 설명에 귀를 기울였다. 굳게 닫혀 있던 그의 입에서 "아!", "네", "그래요?", "그렇군요"라는 말이 새어 나왔다. 또 천천히 고개를 끄덕이기도 하고 궁금하거나 더 알고 싶은 것을 질문하기도 했다.

그런 H의 반응에 나는 종이 한 장을 더 꺼냈다. 그의 또 다른 관심사인 어깨에 관한 이야기를 나누기 위해서였다. 팔을 다시 움직이는 것만큼이나 이 부분에 대한 해결도 원하고 있었기 때문에, 나는 어깨뼈와 위팔뼈를 그려 가며 이야기를 이어갔다.

"어깨 관절은 어깨뼈와 위팔뼈가 연결된 부분입니다. 그런데 이 두 개의 뼈는 완전히 붙어있지 않습니다. 그림을 보시다시피 이렇게 움직일 수 있는 공간이 있습니다. 그 주위에는 이렇게 관절 주머니, 인대, 근육, 힘줄 등이 있습니다. 인대와 관절 주머니는 뼈와 뼈 사이의 간격을 유지해 주고 관절을 이루는 뼈들이 허용되는 범위 이상으로 벗어나지 않도록 잡아줍니다.

근육은 이 구조물들과 함께 어깨 관절을 안정시켜 주는 한편 어깨의 움직임을 만들어 내는 역할을 합니다. 즉 뇌의 지시에 따라 적절한 힘으로 팔을 중력에 대항하여 유지하고 또 원하는 동작을 할 수 있게 합니다.

그런데 뇌졸중이 생겨서 어깨 주변의 근육들이 마비되면 더 이상 중력에 대항하여 팔을 유지할 수도, 팔을 원하는 대로 움직일 수도 없게 됩니다. 즉 팔의 무게를 지탱하고 팔을 움직이는 역할을 근육이 더는 해줄 수 없게 되는 것입니다. 관절을 이루는 뼈들을 움직여 주는 것이 근육이고, 그 근육을 움직이게 하는 것은 뇌이기 때문입니다.

그러면 팔의 무게를 인대와 관절 주머니와 같은 구조물만으로 지탱해야 하는데 그 무게를 감당할 수 없는 경우에는 구조물의 길이가 과도하게 늘어나게 됩니다. 그 결과 관절을 이루는 뼈들이 제 위치에서 벗어나 서로 멀어지게 되고 관절의 공간은 비정상적으로 넓어지게 됩니다.

이처럼 어깨 관절 주변의 근육과 구조물이 마비되고 변형되면 어깨 관절은 불안정해지고 헐거워집니다. 어깨가 빠졌다는 말은 이러한 상태를 의미합니다. 다른 말로는 뼈들이 불완전하게 어긋났다고 하여 '부분탈구 아탈구, subluxation'라 하고, 이것이 어깨에서 발생했기 때문에 '어깨 관절의 부분탈구' 또는 '위팔머리뼈의 부분탈구'라고 부릅니다.

뇌졸중에 의한 이러한 변화는 어깨에만 생기는 것이 아닙니다. 마비된 다른 신체 부위에서도 발생하며 그로 인해 신체 전반의 정렬 상태가 나빠질 수 있습니다. 신체의 정렬 상태가 전체적으로 나빠지면 그 영향으로 어깨의 부분탈구가 더 악화될 수 있습니다. 또 반대로 어깨의 부분탈구 때문에 신체의 정렬이 더 나빠질 수도 있습니다. 이렇듯 어깨의 부분탈구는 어깨에만 해당하는 문제가 아닙니다.

어깨의 부분탈구를 해결하기 위해서는 먼저 뇌의 변화를 통해 어깨 주변의 근육을 다시 쓸 수 있게 만들고, 그런 다음 그 근육들의 힘을 강화하여 다시 팔의 무게를 지탱하고 팔을 움직일 수 있도록 해야 합니다. 즉 인대나 관절 주머니만으로 할 수 없는 일을 근육이 대신할 수 있도록 만들어 어깨 관절의 안정성과 운동성을 끌어 올려야 하는 것입니다.

그와 함께 신체 전반의 정렬 상태도 개선해야 합니다. 어깨 관절뿐만 아니라 그와 연관된 다른 신체 부위와의 정렬 상태까지 고려하여 더 바르고 안정적인 정렬 상태를 유지하고 이를 바탕으로 팔과 손의 움직임을 배우고 익혀야 합니다. 어깨의 빠진 부위를 완전히 이전처럼 돌려놓는 것은 현실적으로 어렵습니다. 인대와 관절 주머니와 같은 구조물의 특성상 일정 길이 이상으로 늘어나면 원래의 길이로 완전하게 돌아갈 수는 없기 때문입니다.

하지만 어깨의 근육들을 강화하고 신체의 정렬을 개선하면 어깨 관절을 더욱 안정시킬 수 있습니다. 또 그렇게 되면 어깨가 더 빠지는 일은 없습니다. 그리고 어깨 근육의 힘을 조절할 수 있으면 어깨 관절을 움직일 수 있게 됩니다. 따라서 어깨 관절의 안정성과 운동성을 모두 증진하는 데 치료의 초점을 맞춰야 합니다. 그리고 그것을 위한 두 가지 방안을 말씀드렸습니다."

이러한 이야기를 처음 듣는다는 H는 자세히 알려줘서 고맙다고 말했다. 그는 단지 어깨가 빠졌기 때문에 팔을 움직일 수 없다고 생각했으며, 왜 그동안 이런 설명을 해준 사람이 없었는지 모르겠다고 했다. 진작 알았으면 더 좋았을 거라는 말을 덧붙이기도 했다.

이야기한 내용을 토대로 그와 나는 앞으로 무엇을 할지에 대해 서로의 생각과 의견을 나누었다. 의논하는 과정에서 그는 어깨 관절을 안정시키고 원하는 대로 팔을 움직이기 위해 스스로 할 수 있는 일을 배우고 연습하는 것이 무엇보다 중요하다는 사실을 깨달았다. 또한 팔의 회복에는 꾸준한 노력과 상당한 시간이 필요하다는 사실도 이해했다. 그래서 자기가 할 수 있는 일을 배우고 그것을 매일 꾸준히 연습하는 데 의미를 두겠다고 내게 말했다. 즉, 자기가 노력해서 할 수 있는 것을 해보겠다는 의미였다.

나 역시 그의 뜻에 동의했고, 매일 무엇을 배우고 연습할 것인지, 결국 무엇을 하고자 하는 것인지에 대해 구체적인 이야기를 나누었다. 그리고 그 일을 하는 데 필요한 것과 제약이 되는 것에 대해서도 충분히 논의한 끝에 다음 목표를 정했다.

1. H는 어깨의 안정성 증진과 팔의 운동 능력(팔 들어 올리기, 앞으로 뻗기, 옆으로 벌리기) 향상을 위한 운동을 수행 가능 수준에 따라 세 가지씩 배우고 이를 매일 20분 이상 연습한다.
2. H는 신체의 정렬 상태를 개선하기 위한 자세와 운동을 수행 가능 수준에 따라 두 가지씩 배우고 이를 매일 10분 이상 연습

한다.
3. H는 어깨 관절의 안정성과 신체의 바른 정렬 상태를 증진하는 자세를 배워, 그 자세로 휴식하고 잠을 잔다.

이 목표에 대해 좀 더 생각해 보자. H는 팔의 회복이라는 목적을 이루기 위해 매일 자신이 해야 할 일을 배우고 연습하는 과정에 참여하는 것 자체를 주된 목표로 삼았다. 즉, 목표한 과정에 참여하고 이를 완수하는 여부가 그의 목표 달성 여부를 가늠하는 핵심 기준인 것이다. 게다가 목표가 된 일들은 그가 지금까지 해본 적이 없는 일이었다. 따라서 그 일과 관련된 행동들을 새롭게 배우고 연습해 나가는 것이 필요했다. 그러므로 치료의 핵심은 그가 목표한 행동을 쉽게 배우고 꾸준하게 연습할 수 있도록 돕는 것이었다.

신체적 회복에만 중점을 둔 목표처럼 보일 수 있어, 작업치료의 목표로 적합한지에 대한 의구심이 들 수도 있다. 실제로 신체적 회복에 초점을 맞춘 목표 자체를 작업치료의 목표로 인정하지 않거나 아예 틀린 것으로 여기는 작업치료사도 있다.

목표는 목적에 도달하는 데 필요한 일을 말한다. 그의 목적은 팔의 회복, 즉 신체적 회복이다. 그러므로 목표의 초점이 신체적 회복에 맞춰져 있는 것은 당연하다. 그래서 목표에는 팔의 회복에 필요한 일과 그에 따른 일과, 역할, 습관을 형성하고 확립하는 과정이 포함된다. 다시 말해, 그가 원하는 상지 회복을 이루기 위해 필요한 일과 그 수행에 치료의 초점이 맞춰져 있는 것이다. 즉, 그의 작업과 그 수행에 관한 목표이므로, 작업치료의 목표로 적합하지 않을 이유가 없다.

목적이 팔의 회복에 있다. 그런데 목적을 이루기 위한 목표가 팔의 회복과 무관하거나 연관성이 적다면 그것이 오히려 문제가 아닐까. 그런 목표로는 목적을 이룰 수 없을 테니 말이다. 따라서 신체적 회복과 관련된 목표나 치료를 왜곡해서 보지 않도록 조심해야 한다.

이들 목표에는 그가 언제, 무엇을, 어떻게 해야 하는지가 명시되어 있다. 따라서 목표 달성을 위한 구체적인 실행 계획을 세우고 계획한 것들을 시행하기가 훨씬 수월하다. 명확한 방향성이 있기 때문이다. 게다가 목표 달성 여부를 정확하게 알 수 있을 뿐만 아니라 그 달성 여부에 따라 그때그때 필요한 조치도 신속하게 취할 수 있다. 그만큼 목표 달성의 가능성은 높아지기 마련이다.

이는 모두 팔을 잘 만져 달라던 H의 본심을 정확하게 알고자 했기 때문에 가능한 일이었다. 그런 시도가 없었다면 어땠을까? 그의 마음을 제대로 헤아리지 못했다면 무엇을 하려고 했을까?

왜 그래야 하는지 알게 된다면

H는 목표한 일을 스스로 해나갔다. 그의 일과를 살펴보면 그가 얼마나 성실하게 노력했는지 짐작할 수 있다. 치료 시간이 되면 그는 목표한 운동과 자세를 배우고 연습하는 데 전념했다. 또한 혼자서 연습하는 시간을 따로 정해 배운 내용을 매일 복습했다. 복습 중 모르는 부분이나 잘 안 되는 점이 있으면, 다음 치료 때 나에게 물어보았다. 나는 그에게 모르는 것을 알려 주고, 잘 안 되는 부분에 대해서는 효과적인 방법을 가르쳐 주었다. 그러면 그는 새롭게 배운 것을 다시 혼자서 열심히 복습하고 연습했다.

보통 그는 새벽에 기상해서 40분, 저녁 식사 후 1시간 동안 팔을 움직이고 어깨 근육들의 힘을 키우는 데 필요한 운동과 신체의 정렬을 개선하기 위한 자세 연습을 했다. 또한 배우고 연습한 대로 어깨 관절의 안정성과 신체의 바른 정렬 상태를 증진하는 자세로 휴식하고 잠을 잤다. 이렇게 배우고 연습하고 실천하는 생활을 반복하면서 그는 자연스레 팔의 회복을 위한 자기만의 일과, 역할, 습관을 형성하고 확립해 나갔다.

아울러 그는 점차 높은 수준의 운동과 자세를 배우고 연습해 나갔다. 운동의 종류와 개수, 시행 횟수와 시간이 늘어났고, 그에 따라 배우고 연습할 것도 많아졌다. 그러나 그는 그것을 무리 없이 해냈다. 그 덕분에 배우고 연습한 것들은 모두 그의 뇌에 차곡차곡 쌓였고, 몸에 깊숙이 배어들었다.

또한 배운 자세를 정확히 취할 수 있게 되었고 자세를 유지하는 시간도 길어졌다. 신체 정렬에 대한 이해가 깊어졌고 항상 바른 자세를 취하려 노력했다. 그 결과 신체의 정렬 상태와 자세가 눈에 띄게 좋아졌다.

팔의 상태도 나아졌다. 어깨 관절을 이루는 뼈들을 제자리로 완전히 되돌려 놓을 수는 없었지만 어깨 근육들의 부피가 커지고 근력도 향상되었다. 게다가 비대칭적이었던 양쪽 어깨의 정렬 상태가 개선되면서 어깨 관절이 더욱 안정되었고 팔도 더 많이 움직일 수 있게 되었다. 이러한 변화를 직접 체험하면서 그는 자신이 하는 일에서 성취감과 보람을 느꼈다. 잘 안 되는 것을 되게 하려고 노력하는 과정이 쉽지 않았지만, 매일 꾸준히 목표한 일들을 성실하게 해나갔다.

그렇게 한 달 반 정도가 지났다. 그는 마비된 팔을 들어 올리고, 앞으로 뻗고, 옆으로 벌릴 수 있게 되었다. 그가 바랐던 대로 팔을 움직일 수 있게 된 것이다. 그의 뇌는 반복해서 배우고 연습한 팔의 움직임을 기억하고 조절할 수 있는 능력을 습득했다. 이렇게 뇌가 변하자 팔에도 변화가 생긴 것이다.

작업을 통해 뇌를 변화시킨다

내 예상대로 그는 거기에 만족하지 않았다. 그 이후에는 팔의 여러 관절을 따로 움직이거나 동시에 조화롭게 움직이며 팔을 기능적으로 사용하는 데 필요한 것들을 배우고 연습하기 시작했다. 또한 혼자서 배운 것을 복습하고 연습하는 일도 계속해서 꾸준히 해 나갔다. H가 얼굴에 미소를 띠며 "이제 스스로 해낼 수 있다는 자신감이 있어요. 시간이 걸리겠지만 포기하지 않을 거예요. 지금처럼 꾸준히 노력하면 더 좋아지겠죠. 팔이 좋아지지 않고는 못 배길걸요."라고 하면, 나도 "당연히 좋아지지 않고는 못 배기죠. 지금의 마음과 노력이면 해내고도 남죠. 당다라당다~ 당당하게 해내세요!"라고 신나서 응원하고 격려했다. 내 경험상 여기까지 왔을 때 "그냥 다시 팔이나 주물러 주세요."라고 요구하는 환자나 보호자는 없었다. 단 한 명도.

그와 같이 왜 그래야 하는지 알고 분명한 목표를 가진 이들은 원하는 것을 얻기 위해 자기가 해야 할 일을 하는 데 몰두한다. 그 일을 위해 치료실에 오고 작업치료사를 만난다. 그 과정에서 배우고 익힌 것을 생활 속에서 실천하면서 그것이 삶의 일부가 되게 한다. 그렇게 목표한 것을 자기 것으로 만들어가며 자신만의 삶을 살아간다. 왜 그래야 하는지 알고, 아는 것을 실천할 수 있다면 누구든지 해낼 수 있다. 그는 이 사실을 내게 입증했으며 믿게 해주었다.

그냥 다시 팔이나 주물러 주세요

"그냥 다시 팔이나 주물러 주세요."

지금까지의 과정과 노력에도 불구하고, 이 말을 다시 듣게 된다면 우선 당황하지 않기를 바란다. 당황하면 횡설수설하거나 강요하게 되기 쉽다. 또한 "여태껏 그렇게 얘기했는데 기껏 한다는 소리가 이건가." 하고 토라지거나 화를 내는 것도 옳지 않다. 그 심정은 충분히 이해하지만 적절한 반응은 아니다. 그렇다면 어떻게 해야 할까?

그럴 때는 먼저 두 가지 사실을 떠올려라. 하나는 인식이나 사고방식을 바꾸는 게 쉽지 않다는 사실이다. 시간이 필요한 일이다. 그리고 사람마다 필요한 시간도 다르다. 서두른다고 될 일이 아니라는 뜻이다. 적절한 때를 기다리고 읽을 줄 아는 지혜가 필요하다.

다른 하나는 자기를 바꿀 수 있는 사람은 자기 자신뿐이라는 사실이다. 자신을 바꾸는 것은 남이 대신 해줄 수 없는 일이다. 변화를 위한 기회나 필요한 도움을 줄 수 있을지는 몰라도 바꿔줄 수는 없다. 변화란 본인이 원하고 노력할 때만 가능한 것이기 때문이다. 본인이 바뀌려 하지 않으면 방법이 없다.

환자와 보호자도 마찬가지다. 치료사가 환자와 보호자를 바꿔 놓

작업을 통해 뇌를 변화시킨다

을 수는 없다. 치료사의 도움도 그들 스스로 변하려고 노력할 때라야 유효한 것이다. 그들이 변화에 무심하고 무신경하고 무지하고 완고하고 냉정하고 경직되어 있다면 변화는 일어나지 않을 것이다. 그들이 변하지 않기로 선택했다면 그들은 변하지 않을 것이다. 아니, 변하지 못할 것이다. 그러니 환자와 보호자가 "그냥 다시 팔이나 주물러 주세요."라고 한다면 먼저 환자와 보호자의 의사를 존중하라. 그럴 수 있음을 인정하라. 치료사의 의지만으로 그들을 바꿀 수 없다는 사실을 떠올려라.

환자와 보호자가 변화의 필요성을 자각할 수 있는 계기를 마련하라. 환자와 보호자의 필요와 시간에 맞춰 그들의 변화를 도와라. 그렇게 하는 데 정성을 기울이고 최선을 다하라. 그러기 위해서는 환자와 보호자가 다시 팔을 주물러 달라고 하는 이유를 알아야 한다. 엄밀히 말하면 '다시'가 아니라 '여전히' 같은 선택을 하려는 이유를 파악해야 한다.

이때도 질문과 경청이 중요하다. 그렇다고 "왜 또 그 얘기를 하세요?"라고 질문하는 것은 적절하지 않다. 이렇게 직접적으로 '왜'라고 물으면 환자와 보호자가 추궁당하는 것처럼 느낄 수 있다. 여기에 '또'라는 말까지 덧붙인다면 환자와 보호자를 확실히 자극하게 될 것이다. 그러면 환자와 보호자는 방어적이거나 공격적으로 반응할 것이고, '왜'에 대해서는 단 한마디도 하지 않을 것이다.

이럴 때는 "이렇게 말씀하시는 이유를 들어볼 수 있을까요?" 혹은 "무엇 때문에 이러한 말씀을 하시게 되었나요?"와 같이 질문의 초점을 놓치지 않으면서 완곡하게 묻는 것이 좋다. 환자와 보호자가 이야기를 시작하면 경청하라. 이야기를 들으면서 환자와 보호자가 이전과 같은 요구를 하는 이유가 무엇인지 파악하라. 이야기의 내용뿐만 아니라 이야기하게 된 배경과 의도, 이야기할 때의 특징, 가령 음색, 몸짓, 표정, 태도, 감정 상태 등에도 주의를 기울여라. 그러한 특징이 두드러지게 나타나는 부분에 주목하라. 이유를 알 수 있는 결정적인 단서일 수 있다.

이유를 알았다면 이유에 따라 대처하라. 설명이 어렵거나 부족했다면 더 쉽고 충분하게 설명해 주고 새로운 시도를 주저했다면 용기를 북돋아 주고 즉각적인 변화와 결과를 기대했다면 가장 빠른 변화와 결과를 얻을 수 있는 부분에 집중하여 치료하라.

그래도 이유를 모르겠다면 시간을 가져라. 이때는 환자, 보호자와 더 깊은 관계를 맺는 게 우선이다. 신뢰는 마음의 문을 여는 열쇠다. 그러니 지금보다 서로에 대해 더 알아가고 더 신뢰할 수 있는 관계를 만드는 데 주력하라. 당신을 편안하고 친근하게 느끼고 당신에게 속마음을 솔직하게 털어놓을 수 있게 만들어라.

그러기 위해서는 먼저 환자와 보호자를 설득하고 종용하고 싶은 마음을 잠재워야 한다. 설득과 종용으로 해결할 수 있는 일이 아니기 때문이다. 대신 환자와 보호자의 요구를 들어주어라. 그런 요구를 하는 그들만의 이유가 있다는 점을 기억하라. 다만 아직 그 이유를 정확하게 모르니 일단 요구를 들어주고 당장의 욕구와 필요부터 해결해 주어라.

부당하다고 느껴지거나 도저히 마음이 내키지 않는다면, 환자와 보호자가 일부러 치료사를 골탕 먹이려 하거나 치료사가 하기 싫어하는 것을 억지로 시키기 위해 하는 요구가 아니라는 점을 생각하라. 무엇보다 환자와 보호자의 욕구와 필요가 채워져야만 다른 것을 보고, 듣고, 생각할 수 있다는 사실을 기억하라. 또한 환자와 보호자가 원하고 필요로 하는 것을 줄 수 있을 때 그들에게 중요한 사람이 될 수 있다는 사실도 잊어서는 안 된다.

환자와 보호자가 원하는 대로 정성껏 팔을 주물러 주면서 그들에게 필요한 지식, 정보, 경험을 나눠주어라. 본인들의 목적 달성을 위해 알고 생각하고 행동해야 할 것에 관심을 두게 만들어라. 왜 그래야 하는지 깨닫고 스스로 변화를 결심하도록 도와라.

다시 팔을 주물러 달라는 요구를 들어서 실패했다고 생각하는가? 아니다. 실패하지 않았다. 목적지까지 한 번에 갈 수 있으면 좋지만 그렇지 못할 때도 있다. 그럴 땐 목적지에 다다를 수 있는 다른 길을 찾아야 한다. 당신도, 환자와 보호자도 다른 길을 찾아야 하는 과정에 있는 것뿐이다. 시간이 더 필요하고 함께 더 노력해야 할 뿐이다. 이 역시 목적지로 가기 위한 여정의 일부고 필요한 과정이다.

길 한번 잘못 들었다고 끝난 게 아니라는 얘기다. 아직 할 수 있는 것이 있고 더 해봐야 할 것이 남았다. 그것을 찾아서 해보길 바란다. 그러면 "그냥 다시 팔이나 주물러 주세요."라는 요구를 다시 듣게 되더라도 여전히 환자와 보호자를 위한 길을 선택할 수 있을 것이다. 그들을 진정으로 도울 수 있는 길을 선택하게 될 것이다. 그 길이 어렵고 험난하다 할지라도.

상지 매뉴얼에서 작업으로

작업이란 의미와 목적이 있는 활동이다. 좀 더 구체적으로 말하자면 행위의 주체가 자기만의 의미를 부여한 일련의 목적 지향적인 행동의 총체가 바로 작업이다. 그렇다면 이제까지의 과정에서 환자와 보호자가 한 행동들은 무엇일까?

상지 회복이라는 목적을 가지고 치료사를 만나러 온다. 치료사를 만나 자신의 목적을 이루기 위한 대화를 나눈다. 그 과정에서 목적과 관련된 자기 생각과 의견을 치료사에게 전달하고, 치료사로부터 목적을 이루는 데 필요한 지식과 정보를 얻는다. 그것을 토대로 지금까지의 자기 앎의 정도와 수준, 자신이 해왔던 선택과 결정을 돌아보며 목적을 이루는 데 필요한 생각을 해본다.

이러한 과정을 통해 새롭게 배우고 깨닫고 알아가며 목적을 이루기 위한 주체적인 선택과 결정을 한다. 그 선택과 결정에 따라 목적을 이루기 위한 목표를 세우고, 그것을 달성하기 위해 무엇을 어떻게 할 것인지 계획한다. 계획한 일을 행동으로 옮기면서 그에 수반하는 역할, 일과, 습관을 형성하고 확립한다. 그러면서 더욱더 주도적이고 주체적으로 자기 목적을 추구하며 더 의미 있게 하루하루를 살아간다. 지금까지 환자와 보호자가 해왔던 이러한 일련의 행동들을 무엇이라 해야 할까? 어떤 말로 규정할 수 있겠는가? 지금 당신의 머릿속에 떠오른 말은 무엇인가?

환자와 보호자의 이러한 행동은 모두 상지 회복이라는 목적에서 비롯되며 그 목적을 지향하고 있다. 그리고 그들만의 고유한 의미를 내포한 행동이다. 즉 행위의 주체가 자기만의 의미를 부여한 일련의 목적 지향적인 행동들의 총체, 곧 그들의 '작업'인 것이다.

작업 수행을 쉽게 풀이하면 '작업의 의미와 목적을 이루기 위한 행동을 실제로 하는 것'이다. 이러한 관점에서 본다면 환자와 보호자가 지금까지 해왔던 것이 그들의 '작업 수행'이라는 것을 쉽게 이해할 수 있을 것이다. 치료사가 해주는 상지 매뉴얼을 요구하고 받던 기존의 익숙한 행동에서 벗어나 상지 회복이라는 목적을 이루기 위한 주체적·능동적 행동을 하면서 자신의 작업을 수행하고 있었던 것이다. 물론 치료사가 해주는 상지 매뉴얼을 받는 것도 환자와 보호자의 작업이 될 수 있다. 단, 조건이 있다. 그들의 의미와 목적이 상지 회복이 아닌 상지 매뉴얼을 받는 것 자체에 있어야 한다.

그와 달리 상지 회복이 목적임에도 상지 매뉴얼을 받는 것을 원한다면 최소한 상지 매뉴얼이 그 목적에 어떤 기여를 할 수 있는지 분명하게 알고 선택하도록 해야 한다. 그리하여 상지 매뉴얼을 받는 것 자체가 환자와 보호자의 목적이자 수단으로 새롭게 정립될 때 비로소 그들의 작업이 될 수 있다.

만약 그렇지 않다면 상지 매뉴얼을 받는 것은 목적과 의미가 없는 수단에 불과하다. 그런 경우 치료사가 해주는 상지 매뉴얼을 받는 것 자체는 환자와 보호자의 작업이 될 수 없다. 또한 작업으로 정당화해서도 안 된다. 작업은 행동 자체가 목적인 동시에 수단이어야 하기 때문이다. 그러므로 어떤 행동이 무엇인가를 위한 수단에 불과하다면 이는 작업이라 할 수 없다.

결국 그들의 작업은 이러한 생각을 스스로 해보는 것에서부터 시작된다. 지금까지 당연하게 여기며 해왔던 것들을 자기 목적과 의미에 비추어 새로운 시선으로 바라보고, 자신의 무지를 깨닫고 제대로 알아가며, 목적을 이루기 위해 생각해 봐야 할 것을 생각하고, 해야 할 것을 실천에 옮기는 이 모든 과정이 상지 매뉴얼에서 작업으로 가는 여정인 것이다. 이것은 어느 한쪽만의 여정이 아니다. 환자와 보호자 그리고 작업치료사가 서로 신뢰하고 협력하면서 성공적으로 완수해야 할 모두의 여정이다.

계속 병원을 옮겨 다닐 그들을 위하여

상지 회복을 원하는 환자와 보호자가 한 번의 입원 치료를 마친 후 바로 집으로 돌아가서 생활하는 경우는 드물다. 대개는 본인이 해볼 수 있을 때까지 혹은 더 이상 받아주는 병원이 없을 때까지 여러 병원을 옮겨 다니며 상지 회복을 위한 치료를 지속한다.

사실 본인이 필요하다고 생각하는 만큼, 그리고 여건이 허락하는 범위 내에서 치료를 최대한 지속하려는 선택과 결정은 결국 환자와 보호자의 몫이다. 그러므로 그 자체를 문제 삼을 수는 없다. 또 현실적으로 치료사가 그런 선택과 결정을 대신해 줄 수도 없다. 그러나 병원을 옮길 때마다 달라지는 상황과 여건으로 인해 발생할 수 있는 목적에 반하는 문제를 고려하고 대비하는 일은 환자와 보호자 그리고 치료사 모두가 관심을 가지고 준비해야 할 부분이다. 환자와 보호자의 이야기를 들어보자.

"이전에 입원했던 병원에서는 팔과 손을 만져 주고 주물러 주는 것 말고도 다양한 치료를 해주었다. 치료사는 팔과 손을 만져 주고 주물러 달라는 요구를 무조건 들어주려 하기보다는 우리가 원하는 목적을 파악해서 그에 부합하는 치료를 진행하려 노력했다. 또 그런 치료에 대한 병원과 팀의 지원과 지지가 좋았다.

예를 들어 치료사와 일대일로 치료할 수 있는 시간이 최소 30분 이상 확보되어 있었다. 또 치료실의 공간과 도구에 여유가 있어서 치료가 없는 시간이면 치료실에 가서 치료 때 배운 것을 복습하거나 개인적인 연습과 운동을 할 수 있었다. 그 과정에서 문제나 궁금증이 생기면 치료사와 상의하여 해결할 수도 있었다. 이를 병원과 팀 차원에서 장려하고 지원해 주었다. 그랬다. 팔과 손의 회복을 위해서 하고 싶고 해야 하는 일들을 할 수 있는 여건이 잘 갖춰진 곳이었다.

반면 새로 옮긴 병원은 그 상황과 여건이 이전 병원과 여러모로 많이 달랐다. 거의 모든 환자가 치료사로부터 팔과 손을 만져 주고 주물러 주는 치료를 받고 있었다. 또 치료사와 일대일로 치료할 수 있는 시간도 상대적으로 짧았다.

게다가 이전 병원과 비교할 때 한 명의 치료사가 하루에 치료해야 하는 환자의 수가 눈에 띄게 많았다. 치료사들은 여유가 없고 지쳐 보였다. 그런 이유 때문인지 우리가 무엇을 원하는지 알려 하기보다는 당연하게 팔과 손을 만져 주고 주물러 주려 했다.

다른 것은 그뿐만이 아니었다. 치료실의 공간과 도구의 제약으로 치료가 없는 시간에는 치료실을 이용할 수 없었다. 그러다 보니 이전 병원에서 치료 외 시간에 치료실에서 개인적으로 꾸준히 해왔던 복습과 연습을 할 수 없게 되었다. 더구나 치료 시간도 짧고 치료사도 바쁘고 지쳐 보이는 까닭에 이러한 문제를 상의해 볼 엄두조차 내기 어려웠다.

　이러한 사정상 이전 병원에서 해왔던 일들을 지속하기는 확실히 무리라는 생각이 든다. 그냥 다시 예전처럼 치료사에게 팔과 손이나 잘 좀 주물러 달라고 해야겠다는 생각이 든다. 그러다 보니 다시 원점에서 치료를 시작해야 하는 기분이 든다. 새롭게 배우고 연습한 것이 다 소용없는 일이 되어버렸다. 이러려고 내가 열심히 노력했나 하는 허무감이 밀려든다. 이럴 줄 알았으면 애초에 다른 생각을 하지 않았을 거다. 이전 병원에서도 그냥 팔과 손이나 잘 주물러 달라고 할 걸 하는 후회가 든다."

　이럴 때 환자와 보호자의 목적보다 병원의 환경과 여건에 따라 치료가 좌우된다. 또한 이전 병원에서 치료사와 함께 찾고 수행해 왔던 작업뿐만 아니라 그에 따른 역할, 일과, 습관 모두를 잃게 될 수 있음을 뜻한다. 또한 병원을 옮기면서 직면하게 되는 상황과 여건으로 인해 치료사의 입장에서 제공하는(제공할 수밖에 없는) 치료를 다시 받아야 하는 처지에 놓일 수 있다는 뜻이기도 하다. 결국 주체적이고 능동적인 선택과 실행을 통해 목적을 이루고자 했던 환자와 보호자의 노력은 모두 수포로 돌아가게 된다. 마찬가지로 그들을 돕고자 했던 치료사의 노력 역시 물거품이 되고 만다.

　그뿐만 아니라 병원을 옮길 때마다 치료가 연계되지 않아 다시 원점에서 시작해야 하는 상황이 반복될 수 있다. 이는 목적을 이루기 위해 요구되는 노력, 시간, 그리고 비용을 더욱 가중시키며, 환자와 보호자가 짊어져야 할 부담도 그만큼 커지게 한다.

이러한 문제를 해결할 가장 현실적인 예비책과 대안은 환자와 보호자에게 있다. 외부 요인을 개인이 바꾸고 조절하고 통제하기는 어렵다. 그것을 바꾸려면 확실한 계기가 있어야 하고 많은 사람의 노력과 헌신 그리고 시간이 필요하다. 어쩌면 국가와 사회, 정치적 제도적 차원의 해법이 필요할지도 모른다. 그렇다면 단기간에 해결할 수 없는 장기적인 사안이 된다.

그래서 나는 스스로 노력하면 변화시킬 수 있는 내부 요인을 주목한다. 다시 말해 환자와 보호자가 노력하면 바꿀 수 있고 바꾸는 과정에서 더 큰 가능성을 찾을 수 있으며 보람을 느끼고 기쁨과 성취감을 만끽할 수 있는 것에 집중해야 한다고 생각한다. 그래야 도전하지 않고 포기하거나 소중한 시간을 어리석게 허비하는 일을 막을 수 있다. 이것은 치료사에게도 똑같이 적용되는 이야기다.

이러한 생각과 믿음을 실현하는 데 필요한 두 가지를 제안한다. 이것이 앞서 말한 현실적인 예비책과 대안이 될 수 있을 것이다.

하나는 병원을 옮길 때마다 바뀌는 환경과 여건을 대하는 환자와 보호자의 태도가 달라져야 한다는 것이다. 보통 그런 상황에 처하면 환자와 보호자는 어쩔 수 없다고 생각한다. 그래서 본인에게 필요한 것을 얻으려는 시도조차 제대로 해보지 않는다. 대신 '이 병원은 원래 이러한 곳이니 할 수 없지' 하고 체념한 채 환경에 굴복한다. 그리고 속으로 혹은 겉으로 달라진 환경과 상황을 탓하면서도 치료사에게는 알아서 해달라는 식의 소극적인 태도를 보인다.

물론 치료사에게 무엇인가를 적극적으로 요구하는 것이 환자와 보호자의 입장에서는 쉽지 않을 수 있다. 하지만 분명한 건 그런 태도로는 자기 목적이나 의사와 무관한 치료라 할지라도 해주는 대로 받을 수밖에 없다는 사실이다. 원하는 것을 요구하지 않으면 원하는 것을 얻을 수 없다. 표현하지 않으면 모른다. 당연한 말 아닌가. 그렇다. 환자와 보호자는 이 당연한 말에 귀를 기울여야 한다. 그렇게 하지 않고 병원이나 치료사가 '알아서 필요한 것을 챙겨주고 원하는 것을 주겠지' 하는 마음으로 계속 병원을 옮겨 다닌다면 자신에게 필요한 치료가 아닌 달라지는 환경과 여건에 의해 결정되는 치료를 감수해야 한다. 또 자신이 원하는 것도 얻을 수 없다.

환자와 보호자의 태도에 변화가 필요하다. 원하는 것을 정확하게 표현할 줄 알아야 한다. 목적과 목표를 위한 작업을 수행하는 데 필요한 환경과 여건에 대해 분명하게 요구할 수 있어야 한다. 그런 적극적이고 주체적인 태도가 그들에게 필요하다.

그러기 위해서는 먼저 자기 자신을 들여다봐야 한다. 무엇을 목적 삼고 어떤 것에 의미와 가치를 두며 진정으로 원하는 게 무엇인지 자신에게 물어봐야 한다. 그 질문에 대한 자기만의 답을 가지고 있어야 한다. 자기만의 답에 따라 무엇을 어떻게 할 것인지 스스로 선택하고 결정할 수 있어야 한다. 옮긴 병원의 환경과 조건의 제약 때문에 자신이 선택하고 결정한 것을 실천에 옮기기 어렵다면 기꺼이 그런 제약을 극복하기 위한 노력을 기울일 줄 알아야 한다. 자신이 할 수 있는 모든 것을 힘껏 해봐야 한다.

이것이 바로 병원을 옮길 때마다 달라지는 환경과 여건을 마주하는 환자와 보호자가 가져야 할 태도이다. 또 예상컨대 상지 매뉴얼에서 작업으로 가는 지금까지의 여정이 차질 없이 잘 진행되었다면 그들은 이미 이러한 태도를 갖고 있을 것이다.

나머지 하나는 자신이 원하는 것을 이루고 얻기 위해 다른 사람들과 소통하면서 자기 결정권을 적극적으로 행사할 수 있어야 한다는 것이다. 예를 들어 병원을 옮기면서 만난 담당 치료사에게 자신의 목적을 말하고 의미와 가치를 두는 것이 무엇인지 분명하게 전달할 줄 알아야 한다. 아울러 그것을 실현하기 위한 목표가 무엇이고, 목표를 달성하기 위해 어떤 일을 해왔으며, 그 과정과 결과가 어떠했는지, 그래서 앞으로 무엇이 필요한지 등을 치료사에게 명확하게 알릴 수 있어야 한다.

또한 필요한 환경과 조건이 있다면 치료사와 병원에 적극적으로 요구하여 변화와 개선이 이루어질 수 있도록 노력해야 한다. 이는 모두 자기 자신을 위한 일이며, 자신의 결정에 따라 선택하고 행동할 수 있는 일이다.

이렇듯 소중한 자기 결정권을 적극적으로 행사한다면, 병원을 옮길 때마다 변하는 환경과 조건 속에서도 자신의 목적과 의미를 추구하며 이를 실현할 수 있는 현실적인 방안을 찾아낼 수 있을 것이다. 그러나 안타깝게도 내가 만나본 대부분의 환자와 보호자는 이러한 능력을 갖추고 있지 못했다. 아니 자신들에게 그러한 능력이 필요하다는 사실조차 모르고 있었다.

그러한 환자와 보호자를 만나면 나는 우선 이러한 능력이 필요한 이유를 생각해 볼 수 있는 사건 속으로 그들을 초대한다. 그리고 그러한 능력에 대한 관심이 생기고 그 필요성을 자각하면 환자와 보호자가 자기 자신에 대해, 본인의 목적과 의미에 대해, 그 목적과 의미에 부합하는 목표에 대해, 그에 관한 작업과 작업 수행에 대해, 작업을 수행하는 데 필요한 환경과 여건에 대해, 자기 스스로 할 수 있고 해야 하는 것들에 대해, 필요한 요구와 요구하는 방법에 대해 적어도 담당 치료사만큼 알고 있어야 하고 상대방에게 전달할 수 있어야 하며 그와 관련된 결정을 스스로 내릴 수 있어야 한다고 강조한다. 그리고 환자와 보호자가 그러한 능력을 계발하고 자기 것으로 만들 수 있도록 돕는 데 최선을 다한다.

그런 노력의 일환으로 나는 보호자도 치료에 동참하게 한다. 그리고 최대한 환자와 보호자의 눈높이에 맞춰 치료에 대한 내용을 공유하고 필요한 교육과 상담을 한다. 자신과 타인, 목적과 의미, 작업과 수행, 그리고 치료에 대한 이해가 기본적으로 선행되어야만 이와 관련된 주체적인 의사소통과 의사결정이 가능하다고 믿기 때문이다.

피치 못할 사정으로 보호자가 치료에 동참할 수 없다면 치료를 마치고 보호자와 이야기를 나눌 수 있는 시간을 사전에 조율해서 안배해 둔다. 그 시간에는 보통 그날 어떤 치료를 진행했는지, 왜 그렇게 했는지, 어떤 변화가 있었는지, 앞으로 어떤 과정이 진행되는지, 어떤 부분에서 보호자의 협력과 지지가 필요한지, 그것을 어떻게 해야 하는지에 대해 이야기를 나누고 서로 의견을 주고받는다.

그런 시간이 더 필요하다고 판단되면 만날 약속을 따로 잡는다. 가령 업무시간 이후에 치료실에서 따로 만나거나 직접 병실로 찾아가서 더 깊은 이야기를 나눈다. 그마저도 여의찮으면 전화 통화로 한다. 경우에 따라서는 동영상이나 사진을 촬영해서 주거나 필요한 내용을 아예 문서로 만들어주기도 한다. 또 치료 과정이나 내가 하는 설명을 보호자가 직접 동영상으로 촬영하는 일도 많다. 환자나 보호자가 그런 요구를 하는 경우 나는 흔쾌히 수락한다. 또 반대로 내가 그렇게 하도록 제안할 때도 있다. 그러한 자료들은 필요할 때마다 그들이 수시로 참고할 수 있기 때문에 유용하다. 단, 동영상이나 사진 촬영을 할 경우 환자와 보호자의 사전 동의를 받는 게 원칙이다. 따라서 구두로 동의를 얻었더라도 꼭 서면 동의까지 받아두어야 한다.

무엇을 배우고 익힐 때, 보고 듣는 것만으로는 충분하지 않다. 이는 의사소통능력과 의사결정능력을 키울 때도 마찬가지다. 단지 보고 듣는 것만으로, 혹은 자료를 가지고 있는 것만으로는 부족하다. 직접 해보고 반복해서 연습하는 과정이 필요하다.

그래서 나는 환자와 보호자에게 치료에 대한 의견을 나누고, 치료 과정에서 해야 할 일을 함께 상의하여 결정한다. 예를 들어, 그주 혹은 다음 날 치료 때 무엇을 하고 어떻게 할지 사전에 의논하여 결정한다. 그런 과정을 통해 환자와 보호자는 치료에 대한 자기 생각과 의견을 표현하고, 치료와 관련된 의사결정을 실제로 해보면서 의사소통과 의사결정 방법을 자연스럽게 배우고 익히게 된다.

만약 퇴원을 앞두고 있다면 기본적으로 자신의 목적과 목표가 무엇인지, 그것을 이루기 위해 지금까지 무엇을 어떻게 해왔는지, 앞으로 어떤 것이 필요한지 등을 상대방에게 말하는 연습을 진행한다. 이때 새로운 치료사를 만난 상황을 가정하여 치료에 필요한 대화를 나누는 연습도 함께 진행한다.

대부분 처음에는 무척 어색해한다. 치료는 치료사에게 맡겨야 한다고 생각하는 이들일수록 더 그렇다. 그런 그들도 연습할수록 자기 생각과 의견을 말하고 본인의 의사에 따라 결정하는 것에 익숙해지고 자연스러워진다. 또한 이러한 능력이 자신들에게 얼마나 중요하고 필요한지 스스로 깨닫는다.

그 과정을 도울 때마다 확인하게 되는 사실이 있다. 그것은 환자와 보호자가 원래 못하는 것이 아니라 이제껏 해본 적이 없어서 자기가 그렇게 할 수 있다는 것을 모르거나 믿지 못한다는 점이다. 또 배우고 연습하면 해낼 수 있다는 사실도 함께 확인하게 된다. 그렇다. 그들에게는 그와 관련된 확실한 계기가 필요하다. 그래서 우리의 역할이 중요하다. 환자와 보호자가 자신에게 필요한 의사소통과 의사결정을 스스로 할 수 있다는 것을 자각하고, 그런 자신을 믿을 수 있도록 돕는 우리의 역할이.

작업치료사로서 언제 어디서든 시도할 수 있는 일

지금까지의 이야기에 수긍은 하지만, 정작 몸담은 치료 현장을 생각해 봤을 때 실현 가능성에 의문을 가지는 작업치료사들이 있다. 여러 작업치료사들의 상황을 들으며 나도 그런 의문을 품었던 적이 있다.

정말 중요한 것은 그럼에도 불구하고 '진정한 작업치료'를 해보고 싶은지 여부다. 해보고 싶다면 해야 할 자신만의 확고한 이유를 찾아야 한다. 하지 못할 이유는 많다. 이미 머릿속에 떠오르지 않는가. 찾지 않아도 눈에 보이는 게 죄다 하지 못할 이유뿐일 것이다. 해봤자 소용없을 거라는 확신을 주는 이유도 도처에 깔려 있을 것이다.

해봐야겠다는 생각이 든다면, 아니, 해보고 싶다면 그런 생각과 마음을 품게 된 이유에 집중하자. 그리고 후회가 남지 않을 만큼 온 힘을 다해 도전해 보자. 의심이 일거나 자신이 없거나 하지 못할 이유만 또다시 떠오른다면 자기 자신에게 물어보자. '무엇에 집중하고 있는가?', '무엇에 집중해야 하는가?'라고.

문득 재밌는 이야기가 떠오른다.

세 번째 이야기, 치료

몹시 가난한 사람이 있었다. 가난에 지친 그는 삶의 의욕을 잃어 가고 있었다. 더 이상 살고 싶지 않다는 생각이 지배하기 시작하자 그는 극단적 선택을 생각했다. 다만 실행에 옮기기 전에 마지막으로 신에게 간절한 기도를 올려보기로 결심했다. 그는 매일 "신이시여, 로또 1등에 당첨되게 해주시옵소서."라고 기도했다. 하루도 빠짐없이 몇 달을 절박한 심정으로 기도했다. 하지만 기도는 이루어지지 않았다. 그는 몹시 낙심했고 분노해서 신에게 항의했다. "그렇게 간절히 기도했건만, 어찌 이리도 냉정하십니까? 어떻게 이러실 수 있습니까?" 그 말에 신이 나타났다. 그리고 몹시 난처해하며 말했다. "네 기도를 들어주고 싶었다. 정말 그러고 싶었는데, 일단 네가 로또를 사야 당첨을 시켜 줄 수 있을 거 아니냐."

어제와 같은 일을 하면서 오늘이나 내일이 달라지기를 기대하는 것은 어리석은 일이다. 지금까지 읽고 생각한 것을 행동으로 옮겨 보라. 지금 당장 할 수 있는 게 무엇인지 생각해 보고 그것부터 실천하라. 생각이나 마음이 달라졌어도 이전과 똑같이 행동할 거라면 애초에 다른 결과는 기대하지 마라. 그럴 일은 없을 테니.

당신의 노력이 항상 원하는 결과를 보장하는 것은 아니다. 처한 상황이 지금보다 더 나아질지, 환자와 보호자가 달라질지, 달라진다면 그것이 언제이고 얼마나 달라질지는 누구도 장담할 수 없다. 그것은 작업치료사의 영역이 아니다. 마음대로 할 수 있는 것도 아니다. 그러니 엉뚱한 곳에 시선을 고정한 채 앞으로 노력과 시도를 할지 말지 고민한다면, 그 결과는 뻔하다. 여전히 어제와 같은 오늘을 맞이하게 될 것이다. 또 내일도 오늘과 같을 것이다. 장담할 수 있다.

당신이 할 수 있는 것은 해야 한다고 믿는 것을 최선을 다했다고 스스로 인정할 수 있을 만큼 힘껏 해보는 것이다. 즉 할 수 있고 노력해서 바꿀 수 있는 것에 모든 역량을 집중하는 일이다. 그것이 작업치료사의 영역이다.

인간은 스스로의 선택으로 자신을 결정하는 존재라고 했던 말을 다시 떠올려 보자. 어떤 존재가 될 것인지는 상황이 아닌 나의 선택에 달려 있다. 즉 내가 한 선택이 곧 나인 것이다.

가령 여기서 소개한 상담 내용을 환자와 보호자에게 활용해 보고 싶지만 상담 시간이 따로 배정되어 있지 않아서, 상담을 진행할 마땅한 공간이 마련되어 있지 않아서 결국 할 수 없다고 체념한 치료사가 있다고 가정해 보자. 과연 상담 시간이 없어서 할 수 없는 것일까? 정말 상담실이 없기 때문에 환자와 보호자에게 필요한 이야기를 나누지 못하는 것일까? 아니면 그런 환경과 여건에서는 그렇게 할 수 없을 거라고 생각한 자기 자신 때문일까? 어느 쪽일 것 같은가?

이 질문을 이렇게 바꿔 보자. 그가 그런 선택을 하게 된 건 환경과 여건 때문일까, 아니면 환경과 여건에 대한 그의 생각 때문일까? 환자와 보호자가 꼭 알고 있어야 할 내용이기 때문에 무슨 수를 써서

세 번째 이야기, 치료

라도 그들에게 알려 줘야겠다고 생각했다면 어떻게 했을까? 그런 생각이 무엇보다 간절하고 중요했다면? 그래도 그냥 포기하고 체념했을까, 아니면 다른 방법을 찾아 시도해 봤을까?

치료 시간이다. 환자는 여전히 팔을 만져 달라고 한다. 그때 팔을 만져 주면서 환자가 알아야 한다고 생각하는 것을 말해 주면 어떨까? 바로 그렇게 하기 어렵다면, 그런 내용을 들어본 적은 있는지, 얼마나 알고 있는지, 관심은 있는지, 관심이 없다면 무엇에 관심이 있는지 함께 이야기해 볼 수 있지 않을까? 팔을 만져 주면서도 충분히 시도해 볼 수 있는 일 아닌가?

부득이한 사정으로 치료 시간에 그러한 이야기를 나누는 게 어렵다고 해보자. 그런데 환자와 보호자가 꼭 알고 있어야 할 내용이다. 그러면 그들과 약속을 잡아서 따로 만나러 가볼 수 있지 않을까? 자기를 돕기 위해 퇴근 시간임에도 불구하고 병실까지 찾아와 필요한 이야기를 해주는 치료사를 싫어하거나 귀찮아할 환자와 보호자가 얼마나 될까?

말해도 들으려 하지 않는다면 어떻게 할까? 역시 어쩔 수 없다며 그만둬야 할까? 그때는 말보다 행동이 먼저 필요하다는 사실을 아는가? 즉 마비된 팔을 어떻게 움직여야 하는지 보조해 주면서 환자가 직접 움직여 보도록 하라. 그러면서 그렇게 할 때 무엇을 어떻게 느끼는지 살펴라. 생각을 물어라. 그리고 그 반응에 따라 필요한 이야기를 나눠라. 예컨대 왜 이렇게 하는지, 그랬을 때 어떤 변화를 기대할 수 있는지, 그 변화를 위해서 무엇을 어떻게 하는 게 좋은지 등등 지금 함께 하고 있는 행동에 대해 이야기를 나눠 보라.

날려고 하는 새라야 바람이 불 때 그 바람을 타고 날아오를 수 있는 법이다. 날고 싶어 하지 않는다면 아무리 센 바람이 불어도 소용 없다. 오히려 바위틈에 숨어 바람을 피하려 할 것이다. 그렇다. 바람이 새를 날게 하는 게 아니다. 날고 싶은 간절한 마음과 그에 따른 행동이 새를 날게 하는 것이다. 바람을 이용해 하늘로 날아오르게 하는 것이다. 작업치료사로서 당신은 어떤 새인가? 어떤 새이고 싶은가? 지금 어떻게 하고 있는가? 또 앞으로 어떻게 할 것인가?

세 번째 이야기, 치료

대처

네 번째
이야기,

치료하면서 뭔가 불편하다면

I와의 치료를 앞두고 마음이 편치 않았다. 치료 때마다 불편하고 어색해서 숨이 막혔다. 오늘도 마찬가지겠지. 걱정이 앞섰다. 시작도 하기 전에 어서 치료가 끝나기만을 바랐다. 걱정은 현실이 되었다. 그는 치료에 시큰둥했고 나는 식은땀을 흘렸다. 치료 시간 내내 불편하고 어색했다. 눈길이 자꾸 시계로 향했다. 야속하게도 시간은 참 더디게 흘렀다.

마침내 그와의 치료가 끝났다. 안도의 숨을 내쉬며 속으로 외쳤다. '해방이다!' 마음에 평화가 찾아왔다. 일과를 모두 마친 듯 후련하고 홀가분했다. 그러나 계속 이럴 수는 없는 노릇이었다. 뭔가 해결책이 필요했다. 이 상황을 바꿀 수 있는 무엇인가가.

곰곰이 생각해 보니, 단지 치료 때 불편함이나 어색함을 느껴서 괴로운 것이 아니었다. 나는 I에게 도움이 되는 사람이 되고 싶었다. 그가 원하고 필요로 하는 일, 즉 작업치료에서 말하는 작업을 그가 목적을 두고 의미를 부여하는 대로 할 수 있도록 돕고 싶었다. 그런데 내가 그에게 도움이 되는 사람이고 그가 원하고 필요로 하는 일을 할 수 있게 돕고 있다는 확신이 들지 않아서 괴로웠던 것이었다.

그것이 괴로움의 진짜 이유였다.

고심 끝에 나는 I에게 직접 물어보기로 했다. "지금 치료가 도움이 되고 있나요? 지금 치료가 만족스러우신가요? 솔직하게 말씀해주셔도 괜찮습니다. 저는 정말 필요하고 도움이 되는 치료를 함께하고 싶습니다." 그는 말없이 나를 쳐다보았다. 대답하기가 쉽지 않으리라. 나는 기다렸다. 그는 주저하다가 어렵게 입을 뗐다. "지금 하는 게 도움이 되는 부분도 있겠지만, 지금 제게 가장 필요한 건 이게 아니에요."

그는 마음에 담아두고 있던 치료에 관한 이야기를 털어놓았다. 나는 잠자코 그의 이야기를 들었다. 서로 솔직하게 이야기를 나눈 덕분에, 나는 내 생각과 달랐던 부분이 무엇이었는지, 그가 치료에서 가장 원했던 것이 무엇이었는지 더 명확하게 알게 되었다. 게다가 그가 잘못 알고 있는 부분이 무엇인지도 알게 되었고 바로잡을 수 있는 기회를 얻을 수 있었다. I는 자신이 오해한 것에 대해 미안해했다.

이후 치료에 필요한 변화를 주었다. 그와 소통하는 것이 점차 편안해졌고 관계도 나아졌다. 그와의 치료 때마다 느끼던 불편함이나 어색함도 사라졌다. 더는 치료를 앞두고 긴장하거나 걱정하지 않았다. 치료의 보람과 재미를 느끼게 되었다. 그러면서 치료에 더욱더 정성을 쏟고 최선을 다하게 되는 선순환이 일어났다.

네 번째 이야기, 대처

'클라이언트에게 정말 도움이 되는 치료인지 확신할 수 없어서 치료가 불편하게 느껴진다면 클라이언트에게 직접 물어보면 된다. 도움이 되고자 하는 진심을 전하고 치료에 관해 서로 솔직하게 소통하는 것이 최선의 해결책이다.'

I와의 치료를 통해 얻은 교훈이다. 클라이언트가 정말 하고 싶어 하고 필요로 하는 일을 한다면, 그럴 수 있게 돕고 있다면 불편하거나 거리낄 게 없다. 클라이언트가 원하는 일을 할 수 있게 도와주니 클라이언트와의 관계도 좋지 않을 수 없다. 클라이언트와의 편안하고 안정된 관계 속에서 치료가 순조롭게 이루어지고 있다고 느끼게 될 것이다. 치료에서 보람과 재미를 느끼게 될 것이다.

만약 뭔가 불편하다면 지금 치료 때 하는 일이 클라이언트가 정말 하고 싶어 하는 것인지, 필요로 하는 것인지 의심스럽기 때문일 것이다. 스스로 그런 치료라는 확신이 들지 않기 때문일 것이다. 클라이언트가 지료를 딱히 거부하지는 않지만 무언가가 자꾸 그런 의심을 부추기기 때문일 것이다. 치료를 제대로 하고 있는 것인지, 클라이언트의 작업이 맞는지, 이걸 계속해야 하는지 확신할 수 없기 때문일 것이다. 그런 것들이 클라이언트와의 관계와 치료를 불편하게 만든다.

허심탄회하게 클라이언트에게 물어보라. 정말 원하는 게 맞는지, 진짜 하고 싶은 일인지, 꼭 필요한 것인지, 의미가 있는지 묻고 클라이언트의 솔직한 대답을 들어보라. 클라이언트의 대답에 따라 치료에 변화를 주라. 마음의 소리에 귀를 기울여라. 이상 신호를 감지하고 신속하게 대응하라. 그게 불편함을 애써 외면하거나 괴로운 시간을 견디는 것보다 현명하다. 물론 당장 해결할 수 없는 문제가 있을 수도 있다. 하지만 문제가 무엇인지 정확히 알면 계속해서 해결책을 강구할 수 있다. 적어도 해결하기 위한 가치 있는 노력을 기울일 수 있다.

불편함으로부터 등을 돌리지 마라. 불편한 느낌을 알아차리라. 문제를 규명하고 해결책을 찾아라. 클라이언트와 대화하라. 솔직하게 말하라. 클라이언트의 도움과 협조를 구하라. 작업치료는 작업치료사 혼자서 할 수 있는 일이 아니다. 클라이언트가 원하고 필요로 하는 것, 즉 작업과 작업 수행에 관한 것을 클라이언트를 통하지 않고서 어떻게 알 수 있겠는가. 클라이언트에게 묻고 듣고 확인하라. 당신의 작업치료가 한결 편안해지길.

네 번째 이야기, 대처

상태가 좋지 않은 클라이언트를 만났을 때

클라이언트의 상태만 보고 치료가 쉬울지, 어려울지 속단하거나 걱정하지 말라. 대신 상태가 좋지 않은 클라이언트일수록 더 간절히 도움을 원한다는 사실을 기억하라. 달리 말하면, 그들이야말로 자신에게 필요한 도움을 주는 치료사에게 진심으로 고마워할 줄 아는 사람이라는 뜻이다.

 J는 두 달 동안 중환자실에 있었다. 재활치료를 시작할 즈음, 신체마비와 통증으로 우울하고 힘든 나날을 보내고 있었다. 의사는 가만히 누워 있는 것 외에 아무것도 할 수 없던 그에게 앞으로 걷기는 힘들 것이라고 말했다. 그는 다시 일어나 걷기를 희망했기에 의사의 말을 듣고 절망했다. 그리고 의사의 말이 현실이 될까 봐 두려웠다. 하지만 포기할 수는 없었다. 아니, 포기하고 싶지 않았다. 그는 나에게 자신의 희망을 시험해 보고 싶다고 말했다. 그 절박한 심정이 고스란히 전해졌다. 나는 기꺼이 그 시험에 함께하기로 결심했다.

 그는 온갖 노력 끝에 혼자 앉고, 서고, 걸을 수 있게 되었다. 그렇게 되기까지 그는 나를 믿고 의지하며 치료에 임했다. 나는 그에게 필요한 존재였고, 그 사실이 기뻤다. 퇴원 날, J가 말했다. "다시 사람답게 살 수 있게 해주셔서 고맙습니다." 그것은 인사치레가 아니었다. 진심이 담긴 말이었다. 지금도 그는 나를 만날 때마다 같은 말로 고마운 마음을 전한다.

K도 마찬가지다. 그는 뇌염으로 생과 사를 오가던 끝에 살아났지만, 전신이 마비되었다. 그는 몸을 다시 움직이기 위해 끊임없이 노력했다. 거동할 수 없었던 그를 위해 치료 시간이 되면 나는 병실로 찾아가 그 노력에 힘을 보탰다. 그는 내 손길에 따라 마비된 신체를 움직이기 위해 온 힘을 기울였다. 치료가 끝난 후, 그는 매번 이렇게 말했다. "절 도와주셔서 감사합니다. 오늘도 정말 수고 많으셨어요. 매일 최선을 다해 도와주시는 선생님이 계셔서 포기하지 않고 끝까지 해볼 수 있을 것 같습니다."

상태가 좋지 않았던 클라이언트에게 나는 언제나 과분할 정도의 감사와 신뢰를 받았다. 치료 결과와 상관없이 그들에게 필요한 사람이 되기 위해 노력했다는 사실만으로도 그랬다. 누군가에게 필요한 사람이 된다는 것은 그야말로 축복이다. 하고 싶은 작업치료를 하면서 그러한 축복까지 누릴 수 있다는 사실에 나는 늘 감사한다.

몸 상태가 좋지 않은 클라이언트를 만나게 되더라도 치료에 대해 걱정하거나 불안해하지 않는다. 쓸데없이 걱정하거나 불안해하기보다는 클라이언트에게 필요한 사람이 되기 위한 일에만 오로지 마음을 쏟기 때문이다. 그 일에 전념하다 보면 걱정하거나 불안에 떨

겨를이 없다.

그렇게 하면 된다는 것을 그동안 만난 클라이언트에게서 배웠다. 믿어도 된다. 클라이언트는 작업치료사가 배워야 할 것을 가장 잘 가르쳐 주는 스승이니까. 걱정하고 불안해할 것 없다. 대신 어떻게 하면 클라이언트에게 필요한 사람이 될 수 있을지 연구하고 그런 사람이 되기 위한 일에 전념하라. 그것이면 충분하다.

모르면 그만일까

자기가 정말 무엇을 원하는지 모르는 클라이언트가 있다. 그런 클라이언트에게 원하는 것을 물으면 모르겠다고 하거나 딱히 원하는 것이 없다고 한다. 무엇을 원한다고 대답은 하지만 막상 그것에 관해 치료하면 시큰둥하거나 남의 일을 하듯 하는 클라이언트도 있다. 자기 입으로 원하는 것을 이야기했지만 사실 진짜로 원하는 것이 아닐 때 그런 모습을 보인다.

그 이유도 같다. 자기가 무엇을 원하는지 모르기 때문이다. 자기가 무엇을 원하는지 모르기 때문에 주변 사람들이 요구하는 것, 해야 한다고 하는 것, 자신과 같은 처지에 있는 다른 사람들이 하고 있는 것을 자기가 원하는 것으로 착각하고 말한다. 마치 부모가 기대하는 바를 자신의 꿈이라고 말하는 어린아이처럼, 남들이 하니까 나도 해야 할 것 같아서 그 일을 하려는 사람처럼 말이다.

모르면 그만이 아니다. 자기가 무엇을 원하는지 정확히 모르면 예상치 못한 손해를 감수해야 한다. 모르는 것은 요구할 수도, 얻을 수도 없기 때문이다.

자신의 욕구에 무지한 사람은 자기 작업이 무엇인지 모른다. 작업에 관한 문제나 어려움이 무엇인지도 모른다. 작업이 아예 없거나 작업에 관한 문제나 어려움이 없다는 뜻이 아니다. 있어도 그것이 무엇인지 모르기 때문에 없다고 여기게 된다는 것이다.

작업치료가 필요하지만 어떤 작업치료가 필요한지 알지 못한다. 작업치료사와 작업치료에 필요한 의사소통, 상호작용, 의사결정도 적절하게 할 수 없다. 작업치료사에게 자신이 해야 할 선택과 결정을 맡기게 된다. 전문가니까 당연히 자기보다 잘 알 거라고 착각하면서 말이다.

그런 이유로 작업치료사가 알아서 해주었는데 그것이 클라이언트의 마음에 들지 않을 때도 문제다. 클라이언트가 무엇을 원하는지 모르는 상태에서 작업치료를 해야 하는 치료사나 마음에 들지 않는 치료를 받아야 하는 클라이언트나 곤욕스럽기는 마찬가지다.

자기가 진정 무엇을 원하는지 모른다는 것은 자신의 욕구가 무엇인지 모른다는 말과 같다. 자기 욕구가 무엇인지 모르니 그에 따른 자신의 느낌, 생각, 행동을 이해하지 못하게 된다. 즉 자신이 느끼고 생각하고 행동하는 것이 어떤 욕구에서 비롯된 것인지 모르기 때문에 다른 사람이 바라는 것을 자기가 원하는 것이라고 착각하게 된다.

자신이 원하는 바를 상대에게 정확하게 전달하거나 표현할 수도 없다. 설령 자기 욕구를 깨닫게 되어도 그것을 상대에게 전달하거나 표현해 본 적이 없기 때문에 원하는 것을 잘못 요구하는 일이 생긴다. 결국 자신의 작업이 아닌 남의 작업을 수행하게 되고, 자신을 위한 시간이 아닌 남을 위한 시간을 살게 된다. 자기 욕구에 무지하거나 그런 상태에 머물면 자기 삶이 아닌 다른 사람의 삶을 사는 결과가 따른다.

이것이 자기 욕구에 무지한 클라이언트, 그것을 대수롭지 않게 여기는 클라이언트, 자신의 진정한 욕구가 무엇인지 알려는 시도조차 하지 않는 클라이언트에게 자기 욕구를 인식하고 탐구할 기회가 필요한 이유다.

자기 욕구를 인식하고 탐구하는 데 무슨 거창한 방법이나 특별한 기술이 필요한 것은 아니다. 단지 자신의 느낌, 생각, 행동의 근원이 무엇인지, 왜 그렇게 느끼고 생각하고 행동하게 되는지, 그래서 무엇을 원하고 어떻게 했으면 좋겠는지 스스로에게 묻고 답해 보면 된다.

"나는 가급적 물을 안 마시려고 해."
"왜 물을 안 마시려고 해?"
"되도록 화장실에 가지 않으려고 하기 때문이야."
"왜 화장실에 가지 않으려는 거야?"
"화장실에 가는 게 불안하고 수치스럽거든."
"불안하고 수치스러운 이유가 뭐야?"
"자주 화장실에 가야 할까 봐 불안해. 화장실에 가면 남 앞에서 용변을 봐야 하니까. 남이 내 바지를 내리고 올려주고 뒤를 닦아

준다는 게 나에게는 무척 수치스러운 일이거든."

"어떻게 해야 불안하거나 수치스럽지 않을 수 있을까?"

"화장실에 가고 싶을 때 내 힘으로 가서 용변을 볼 수 있으면 좋겠어."

"그러려면 뭐가 제일 필요한 것 같아?"

"지팡이를 짚고서라도 혼자 걸을 수 있어야겠지."

"왜 그렇게 생각해?"

"혼자 걸을 수만 있으면 화장실에 가고 싶을 때 언제든 내 힘으로 갈 수 있을 테니까 더는 불안해할 필요가 없지."

"그렇구나. 용변을 볼 때 필요한 다른 일들은, 가령 바지를 올리고 내리는 일이나 뒤처리는 어떻게 할 생각이야?"

"혼자 걸어서 화장실에 갈 정도가 되면 그런 것들도 충분히 해낼 수 있을 것 같은데. 그럼 수치심을 느낄 일도 없겠지."

"그럴 수도 있겠지. 하지만 그런 것도 미리 연습해 두는 게 더 확실하지 않을까?"

"그건 일단 걸어서 화장실에 다녀오는 것부터 해결하고 나서 필요하면 그때 연습해도 될 것 같아."

    이 문답을 보면 예로 든 행동과 감정이 모두 자립의 욕구에서 비롯된 것임을 알 수 있다. 욕구 충족을 위해서 무엇을 원하는지, 당장 원하는 것은 아니지만 추후에 무엇이 필요한지도 알 수 있다. 자기 자신과 대화를 나누며 행동과 감정의 근원을 탐구해 보면 자신이 무엇을 원하고 필요로 하는지 알 수 있다. 자기 욕구에 무지한 클라이언트가 자신과 대화하는 법을 배우고 훈련해야 하는 이유다.

클라이언트가 이를 어려워한다면 작업치료사인 당신이 물어봐 주면 된다. 클라이언트가 자신의 감정, 생각, 행동의 근원을 의식하고 이해하는 데 도움이 될 질문을 하라. 몸과 마음이 어떤 욕구에 관한 메시지를 보내고 있는지, 그래서 진정 무엇을 원하고 필요로 하는지 스스로 생각하고 표현해 볼 수 있는 기회를 마련해 주어라. 그 기회를 통해 클라이언트는 자신의 욕구에 눈을 뜨게 될 뿐만 아니라 그것을 상대에게 표현하고 전달하는 방법을 배우고 훈련할 수 있게 될 것이다. 자신의 작업이 무엇인지 깨닫게 되고 자신에게 필요한 작업치료를 요구할 수 있게 될 것이다.

치료 환경이 따라주지 않아요

치료 환경에 관한 문제를 지금 당장 해결할 수 있는가? 그렇지 않다면 치료 환경을 바꾸는 것에 대한 고민은 나중으로 미뤄두는 편이 낫다. 당장 해결할 수 없는 문제에 매달리는 것은 생산적이지도 않고 괴로움만 자초하게 될 뿐이니까.

   내가 원하는 대로 다 되지 않는 게 세상일이다. 치료 환경에 대해서도 마찬가지다. 이 사실을 받아들이지 못하면 치료하면서 환경이 따라주지 않는다고 느낄 때마다 괴로워진다. 작업치료를 하려면 기본적으로 사람, 과제, 환경을 고려해야 한다. 사람, 과제, 환경에 관한 각각의 맥락이 맞아떨어지는 지점에서 작업치료가 가능해지기 때문이다. 작업치료를 할 때 이 세 가지 중 환경이 따라주지 못한다면 사람과 과제를 중심으로 해결책을 찾아볼 필요가 있다. 당장 환경을 바꿀 수 없다면 작업치료의 주체가 되는 사람이 환경을 이해하고 그 환경에 부합하는 과제를 선택할 수 있도록 돕기를 권한다.

   주어진 환경에서 할 수 있는 작업치료에 관해 클라이언트와 이야기를 나눠 보자. 치료 환경이 어떠한지 클라이언트에게 알려 주고 지금 환경에서 가능한 작업에 관한 치료를 선택하도록 돕자. 지금 있는 곳을 당장 떠나지도, 바꾸지도 못한다면 현재 치료 환경이 못마땅하더라도 지금 있는 곳에서 클라이언트를 만나고 작업치료를 해야 한다. 그렇다면 당장 할 수 없는 일에 매달려서 괴로움을 자초하기보다는 당장 할 수 있는 일에 힘을 쏟는 편이 더 생산적이고 현명한 일일 것이다.

더 나아가 어떠한 환경에서도 작업치료를 할 수 있도록 훈련한다고 생각해 보자. '환경이 따라주지 않아서 작업치료를 못하겠다'가 아니라 '이러한 환경에서도 나는 작업치료를 할 수 있다'가 될 수 있게 말이다. 외적인 조건과 상황에 따라 치료가 잘되기도 하고 잘 안 되기도 한다는 것은 결국 환경이 치료의 성패를 좌우한다는 이야기와 다를 바가 없다. 즉 환경이 따라주지 않으면 무슨 수를 써도 치료가 잘될 수 없고 환경이 따라주기만 하면 다른 것은 어떻든 간에 치료가 잘될 수밖에 없다는 식의 이야기에 지나지 않는다.

이러한 환경결정론 식의 관점에 지배되지 않기를 바란다. 당신 마음대로 환경을 바꿀 수는 없겠지만 환경을 바라보는 당신의 관점은 마음만 먹는다면 얼마든지 바꿀 수 있다.

당장 그만두고 다른 곳으로 가거나 아예 다른 일을 할 게 아니라면 관점을 바꿔서 지금 환경에서 더 나은 치료를 하기 위해 힘써라. 사람과 과제에서 환경 제약의 돌파구를 찾아보라. 어떠한 환경에서도 최선의 작업치료를 할 수 있는 작업치료사가 되어라. 환경을 극복하고 지배하라.

뭐라고 말해야 할지 모르겠어요

L은 화장실에서 혼자 용변을 볼 수 있기를 원했다. 그는 이렇게 말했다. "선생님, 이건 제게 생존이 걸린 문제예요. 저한테는 정말 절박한 문제라고요. 무슨 일이 있어도 이번 주말까지 꼭 할 수 있어야 해요. 꼭! 아시겠죠?" 이전에도 같은 이야기를 여러 차례 했었다.

그는 흉추 신경이 손상되어 젖꼭지 부위 이하의 근육을 사용할 수 없었다. 등을 기대지 않거나 양손으로 바닥을 짚고 몸을 지탱하지 않으면 앉은 자세를 유지할 수 없었다. 양팔로 몸을 지탱하며 엉덩이를 들라치면 그대로 앞으로 고꾸라졌다. 화장실에서 용변을 보는 데 필요한 동작을 혼자서 안전하게 수행하기에는 신체적 능력이 아직 턱없이 부족했다. 불완전 척수손상이었기 때문에 앞으로 더 회복될 수는 있겠지만, 신체적 능력이 향상되더라도 많은 연습과 반복이 필요할 터였다. 그런데 이번 주말까지라니, 오늘이 벌써 수요일이다.

그의 담당 작업치료사는 '아직 무리다. 아니, 불가능하다'고 생각했지만, 그가 실망하고 좌절할 게 뻔했기 때문에 고민했다. 그래도 L에게 다시 한번 시간을 두고 차근차근 필요한 단계를 밟아나가야 한다는 사실을 이해시키려고 노력했다. 당장은 그것이 최선이라고 생각했다.

"전에도 말씀드렸듯이, L 님이 화장실에서 혼자 용변을 보기 위해서는 우선 팔과 몸통을 조절할 수 있는 능력과 힘이 필요합니다. 그런데 아직 그 능력과 힘이 부족하기 때문에, 이를 더 키워야 합니다. 동시에 회복 수준에 맞춰 용변을 보는 데 필요한 동작을 배우고 연습해 나가야 합니다. 시간이 필요한 일이에요."

"치료를 시작한 지 아직 한 달도 채 되지 않았잖아요. 남은 두 달 동안 열심히 하면 충분히 할 수 있을 거예요. 조급해하지 마시고, 당장 해야 할 것부터 차근차근 저와 함께 해나가시면 좋겠어요. 아시겠죠?"

"지금까지 잘 해오셨잖아요? 처음보다 많이 좋아지셨고 앞으로도 더 좋아질 거예요. 마음을 편히 가지시고 지금까지 하셨던 것처럼 하시면 돼요."

이러저러한 이야기로 그를 이해시켜 보려 했지만 역부족이었다. 그는 자신의 참담한 심경을 토로하며 주말까지 꼭 가능해야 한다는 말을 반복할 뿐이었다. 고민 끝에 담당 치료사는 내게 조언을 구했다. "선생님, L 님을 어떻게 이해시켜야 할까요? 뭐라고 해야 할

네 번째 이야기, 대처

지 모르겠어요."

　L이 자신의 상태와 상황을 모르고 있을까? 담당 치료사가 하는 말을 정말 이해하지 못해서 같은 말을 반복하는 것일까? 자신의 상태와 상황을 매일 직접 경험하게 되는데도 말이다. 모르거나 이해하지 못해서가 아니라 인정하고 싶지 않아서가 아닐까. 문제는 이해의 문제가 아닌 것을 이해시키는 것으로 해결하려는 데 있다.

　이해의 문제가 아니다. 감정의 문제다. 현재 자신의 상태와 상황을 경험하고 알게 되면서 생긴 부정, 우울, 불안, 불만족, 근심과 같은 감정의 문제인 것이다. 따라서 L에게 상태와 상황을 이해시키기 위한 설명이나 설득은 통하지 않는다. 오히려 감정의 문제를 더 키울 뿐이다.

　우리는 흔히 클라이언트가 우리에게 걱정거리를 털어놓으면 그 문제를 해결해 달라고 부탁한 것이라 단정하곤 한다. 당장 합리적으로 문제를 분석하여 해결책을 제시해야 한다는 사명감에 쉽게 사로잡히는 이유다. 그래야 할 때도 있지만 항상 그런 것은 아니다. 걱정거리를 털어놓는 클라이언트가 우리에게 늘 '훌륭한 해결책'을 바라는 것은 아니기 때문이다. 특히 자신의 상태와 상황을 알지만 인정하고 싶지 않은 클라이언트라면 더더욱 그렇다.

　그때는 설명하거나 설득하려 하지 말고 시간을 내서 클라이언트의 말을 조용히 들어 주어라. 걱정거리나 고민, 감정이나 욕구를 언어로 표현하고 모두 쏟아버리게 도와라. 자신이 지금 얼마나 힘들고 걱정스러운지, 슬프고 괴로운지 말로 표현할 수 있다면, 자기가 한 말로 어떠한 판단도 받지 않고 죄의식을 느끼지 않아도 된다면, 상대가 자신을 있는 그대로 받아들여 준다면, 마음속에 쌓인 감정과 욕구를 표출하는 것만으로도 마음이 진정되고 그 과정에서 위로와 힘을 얻게 될 것이다. 그렇게 힘든 시기를 잘 넘기고 나면 스스로 해결책을 찾아내기도 한다.

뭐라고 말해야 할지 모를 때는 말해야 한다는 강박을 떨쳐내고 클라이언트의 말을 조용히 들어주며 공감하고 이해하는 편을 선택하라. 굳이 말해야겠다면 이렇게 하라.

"나한테는 생존이 걸린 문제예요."
"네, 맞아요. 생존이 걸린 문제죠."

"무슨 일이 있어도 이번 주말까지 꼭 할 수 있어야 해요."
"네, 알겠습니다. 그렇게 되도록 최선을 다하겠습니다."

조금 더 필요하다면 이러한 정도로 끝내라.

"하고 싶은 말씀이 있으시면 다 하세요. 제가 들어드리겠습니다."
"해내실 수 있도록 제가 곁에서 돕겠습니다."

여기에 진심이 담긴 눈빛, 따뜻한 목소리, 응원과 격려의 손길,

귀 기울이는 자세를 더하라.

뭐라고 말해야 할지 모를 때 다음과 같이 자문해 보자. "지금 클라이언트에게 필요한 사람이 논리적인 해결책을 제시하는 박식한 달변가일까? 아니면 자기 말을 들어주고 자신의 처지를 이해해 주며 자신의 심정을 공감해 주는 사람일까?" 만약 후자라는 생각이 든다면 클라이언트에게 말을 쏟아내려는 것을 멈추고 클라이언트가 어떤 말을 하는지, 어떤 말을 하고 싶어 하는지 들어보자. 클라이언트의 생각과 감정과 욕구를 따라가 보자. 클라이언트가 느끼는 그대로 느껴보려고 하자.

이해시키려 하지 말고 이해해 보자. 입을 닫고 귀를 열자. 머리보다 가슴을 써 보자. 이해시키려는 순간 귀가 아닌 입을 열게 된다. 가슴보다 머리를 쓰게 된다. 클라이언트가 듣고 싶어 하는 말이 아닌 내가 하고 싶은 말만 늘어놓게 된다. 내 생각과 경험으로 클라이언트를 판단하고 설득하려 하게 된다.

침묵하라. 입을 닫고 귀를 열어라. 머리보다 가슴을 써라. 클라이언트가 말하게 하라. 듣고 이해하고 공감하라. 그런 사람이 되어 주어라.

클라이언트가 이랬다저랬다 해서 화가 날 때

왜 화가 날까? 이유는 간단하다. 이랬다저랬다 하면 안 된다고 생각하기 때문이다. 그러면 안 된다고 생각하는데 클라이언트가 그런 행동을 보이니까 화가 나는 것이다. 이랬다저랬다 할 수 있고, 그래도 되고, 그게 당연하다고 생각하면 화가 날까? 화가 나지 않을 것이다. '그럴 수 있지' 혹은 '그런가 보다' 하고 대수롭지 않게 여기면서 넘어갈 수 있을 것이다. 하지 말라는 행동을 하는 사람을 볼 때 화가 나는 것과 같은 이치다.

하지 말라는 것을 굳이 하려는 사람을 떠올려 보라. 내가 하지 말아야 한다고 생각하는 것을 그가 하기 때문에 화가 나는 것이 아닌가. 그런 사람을 보고 화내지 않으려면 어떻게 해야 할까? 그 사람을 바꾸면 될까? 그럴 수 있다면 좋겠지만 그런 사람을 내 의지로 바꾸기란 불가능하다. 설령 가능하더라도 그런 모든 사람을 바꿀 수는 없는 노릇이다.

방법이 없는 것은 아니다. 상대가 아닌 내 마음을 바꾸면 된다. 어떻게? 하지 말아야 한다는 생각, 하지 말았으면 하는 마음을 내려놓으면 된다. 애초에 하지 말아야 한다, 하지 말았으면 좋겠다는 생각

네 번째 이야기, 대처

이나 마음을 갖지 않는다면 그것을 상대에게 강요할 일도 없을뿐더러 상대의 행동에 이리저리 휘둘리지도 않게 된다.

더 확실한 방법도 있다. 적극적으로 상대에게 하고 싶은 대로 하라고 하는 것이다. 하지 말라고 해도 어차피 할 거라면 오히려 기분 좋게 하게 하는 편이 낫지 않겠는가. 상대도 하고 싶어 하고 나도 그랬으면 하는 마음을 낸다면 화날 이유는 일찍이 사라지고 만다. 그렇다. '하지 말아야 한다'라는 생각 혹은 '하지 말았으면 좋겠다'라는 마음을 갖지 않거나 '원하는 대로 해보라'는 쪽으로 생각이나 마음을 바꾸면 상대의 행동에 대한 나의 반응이 달라진다. 화의 원인이 사라지기 때문에 상대를 바꾸지 못해도, 바꾸지 않아도 화가 나지 않게 되는 것이다.

화가 나는 이유는 이랬다저랬다 하는 클라이언트 때문이 아니다. 이랬다저랬다 하면 안 된다는 나의 생각, 하기로 했으면 그것을 바꾸지 않고 했으면 좋겠다는 나의 마음 때문에 화가 나는 것이다.

사람 마음이란 게 원래 이랬다저랬다, 변화무쌍한 것이다. 변하는 것이 마음의 속성이다. 열 길 물속은 알아도 한 길 사람 속은 모른다는 말도 있지 않은가. 변하는 게 마음의 속성인데 변하면 안 된다고 생각하니 마음이 변하는 사람을 보면 어떻게 그럴 수 있나 싶은 것이다. 그런 사람의 행동을 이해할 수 없고 그 모습에 화가 나는 것이다.

당신의 마음은 어떠한가. 마음이 늘 한결같던가. 초심을 잃은 적이 있지 않은가. 결심이 사흘을 넘기지 못한 적이 있지 않은가. 연인과 영원한 사랑을 약속했지만 서로 마음이 변해서 이별한 경험이 있지 않은가.

사람 마음이 그렇다. 그 순간에는 진심이지만 상황에 따라 언제든 변할 수 있고 얼마든 달라질 수 있는 게 바로 사람 마음이다. 마음이 변하지 않기를 바라거나 변하지 않게 할 방법을 찾는 것은 애초에 불가능한 일을 바라고 찾는 것이나 다름없다. 마음이 변하는 게 잘못도 아니다. 원래 변하는 것이니 변하는 마음을 문제 삼을 필요도 없다. 변하는 속성을 지닌 마음이 문제가 아니라 변하는 마음을 문제 삼는 것이 바로 문제다.

마음의 속성을 이해하고 받아들이면 클라이언트가 이랬다저랬다 해도 화가 나지 않는다. 아니, 화가 날 수 없다. 화가 난다면 머리로는 이해했어도 가슴으로는 받아들이지 못했기 때문이다. 가슴으로 받아들이면 클라이언트가 이랬다저랬다 할 때 '마음이 변했구나.', '마음이 달라졌구나.' 하고 생각할 뿐 화가 나지 않는다. '정상적인 일이 일어났구나.' 하고 감정에 휘둘리지 않고 어떻게 해야 할지 방법을 찾는 데 집중할 수 있게 된다. 마음이 변한 이유를 헤아리고 그에 따라 대응할 수 있게 된다.

우리가 만나는 클라이언트는 프로그래밍에 따라 일관되게 작동하는 기계가 아니다. 순간의 진심이 한결같지 않을 수도 있고 상황에 따라 마음이 변할 수도 있는 나와 같은 마음을 지닌 사람이다.

기억하자. 클라이언트 때문이 아니다. 원래 변하는 것을 변하지 않아야 한다고 생각하기 때문에 화가 나는 것이다. 클라이언트가 이랬다저랬다 해서 화가 난다면 마음의 속성을 떠올려 보라. 화가 아닌 다른 반응을 선택할 수 있을 것이다.

치료가 어렵게 느껴지는 이유

치료가 어렵게 느껴지는가? 그렇다면 치료에 정답이 있다고 생각하기 때문은 아닌지 자문해 보라. 다음 문제를 풀어보자.

    1+1 =   2-1 =   3×3 =   4÷2 =

어려운가, 쉬운가? 쉽다.
왜일까? 정답을 아니까.
그럼 이건 어떤가?

- 타원 곡선을 유리수로 정의하는 방정식이 유한개의 유리수 해를 가지는지, 무한개를 가지는지 알 수 있는 간단한 방법을 구하라.
- 어떤 대상체도 모두 기하학 조각의 조합이라는 사실을 증명하라.
- 알고 보면 쉬운 문제가 답을 알기 전에도 쉬운 문제인지 증명하라.

네 번째 이야기, 대처

- 비행기 날개 위로 흐르는 공기 같은 기체 흐름과 배 옆으로 흐르는 물 같은 유체의 흐름을 기술하는 편미분 방정식의 해를 구하라.

어려운가, 쉬운가? 어렵다.

왜일까? 정답을 모르니까. 모르면 어렵다. 특히 정답이 있다고 생각하는데 그것이 무엇인지 모를 때는 더욱 어렵게 느껴진다.

치료도 마찬가지다. 정답이 있고 그것이 무엇인지 안다면 어려울 게 없다. 정답을 공부하고 익혀서 그에 맞춰 치료하면 될 테니 말이다. 그러나 정답이 있다고 믿으면서도 그것이 무엇인지 모르거나, 애초에 정답이 없는데 있다고 생각하며 찾으려 한다면 치료는 어려워질 수밖에 없다. 그뿐만 아니라 재미도 없다. 재미가 없으면 흥미와 의욕도 생기지 않는다. 설령 흥미나 의욕이 생기더라도 금세 사라지기 마련이다. 창의력을 발휘하는 것 역시 기대할 수 없다. 아니, 기대해서는 안 된다.

학창 시절을 떠올려 보라. 정답을 골라내어 높은 점수를 얻는 것이 가장 중요했던 그 시기의 공부가 재미있었는가? 공부에 흥미나 의욕이 생기던가? 창의력이 솟아났던가?

정답을 찾기 위한 공부가 그렇듯, 치료에서도 정답을 찾으려는 과정은 결코 재미있을 리 없다. 그 과정에서 흥미나 의욕이 생기기도, 지속되기도 어렵다. 창의적인 사고나 시도는 정답을 찾아야 한다는 고정된 프레임에 갇히는 순간 사라져버린다. 정해진 답만 찾는 데 혈안이 되어 있다면, 상상력이 어떻게 발휘될 수 있겠는가? 새로운 발상을 한다 한들, 그것이 무슨 의미가 있을까?

안심해도 좋다. 다행히 작업치료에는 정답이 없으니까. 정해진 답이 따로 있는 것도 아니다. 만약 치료에 정답이나 정해진 답이 있다면, 치료를 어려워하는 치료사는 있을 수 없다. 모든 치료사는 마치 구구단처럼 정답이나 정해진 답을 배우고 익혀 그대로 치료하면 될 것이기 때문이다. 치료를 가르치고 배우는 일도 쉬워질 것이다. 정해진 내용을 알려주고 그대로 따르게 하면 되기 때문이다. 누가, 어디서, 누구와 치료하든 차이가 없을 것이다. 치료 방법과 환경이 대상과는 무관하게 획일화되고 정형화될 것이기 때문이다.

치료가 어렵다고 느끼는 치료사가 있고, 그런 치료사가 적지 않다는 것은 치료에 정답이나 정해진 답이 없다는 방증이다. 또한 치료를 가르치고 배우는 일이 쉽지 않으며, 치료가 획일화되거나 정형화될 수 없다는 점 역시 치료에 정답이나 정해진 답이 없다는 사실을 뒷받침한다.

정답을 좇으면 작업치료를 작업치료답게 할 수 없다. 작업치료는 정답이 아닌 해답을 찾아가는 과정이기 때문이다. 작업치료는 옳은 답이나 정해진 답을 구하는 것이 아니라, 클라이언트와 함께 작업에 관한 문제나 현안의 해결 방안을 모색하고 실천하는 과정이다. 정답이나 정해진 답이 없기에, 무엇이든 답이 될 가능성이 있다. 작업에 관한 문제나 현안을 해결할 수 있는 모든 것이 답이 될 수 있다.

창의력은 필수적이다. 다양한 정보, 지식, 경험을 연결하고 융합하여 문제나 상황을 해결할 방법을 찾아야 하기 때문이다. 그러니 창의력을 마음껏 발휘해도 좋다. 그 과정에서 흥미와 의욕이 생기고, 자유로운 사고와 시도가 선사하는 재미와 기쁨을 누리게 될 것이다. 클라이언트와 함께 만들어내는 것이 바로 그때의 해답이므로, 이미 해답은 클라이언트와 당신 안에 있는 것과 다름없다. 그것이 무엇인지를 클라이언트와 함께 찾아보면 된다.

치료를 어렵게 생각하거나 치료가 틀렸을까 봐 걱정하거나 불안해할 필요는 없다. 다만, 클라이언트와 함께 찾은 해답이 효과가 있는지 실행을 통해 확인하고, 그렇지 않으면 다른 해답을 찾아보면 된다. 맞고 틀린 것도 정해진 것도 없다. 해답이라 생각되는 것은 시도해 보고, 아니라면 다른 방법을 연구하여 시도하면 된다. 무엇이든 답이 될 수 있으니 자유롭게 실험하며 최선의 해답을 만들어가는 과정으로 생각하면 된다.

정답이 없는데 정답이 있다고 생각할 때, 그 정답이 무엇인지 모를 때, 정해진 답이 없는데 정해진 답이 있다고 생각할 때, 그 정해진 답이 무엇인지 모를 때, 치료는 누구에게나 어려운 일이 된다. 치료에는 정답이나 정해진 답이 없다. 그때그때 필요한 해답만 있을 뿐이다. 필요한 해답은 이미 클라이언트와 당신 안에 있다. 이 사실을 깨닫고 자유롭게 사고하며 창의적인 시도를 해보면 좋겠다.

해보면 안다. 그렇게 하는 작업치료가 얼마나 재미있고 흥미로운 일인지, 알게 되길 바란다.

치료에 미숙해서 클라이언트의 눈치가 보인다면

치료에 미숙해서 자기도 모르게 클라이언트의 눈치를 보게 되는가? 같은 이유로 클라이언트의 비위를 맞추게 되고 그 때문에 치료 때마다 자괴감을 느끼게 되는가? 이럴 때 다른 사람에게 물어서 해결하려는 이들이 있다. 안타깝지만 다른 사람에게 묻는 것은 근본적인 해결책이 될 수 없다. 그들은 당신이 아니기 때문이다. 그들이 말하는 방법도 사실 그들이기에 통한 방법일 뿐이다.

오해하지 말라. 물어보는 것이 잘못이라는 말이 아니다. 때때로 참고가 될 수 있지만, 그것이 근본적인 해결책은 아니라는 이야기다. 근본적인 해결책은 남이 줄 수 있는 것이 아니기 때문이다. 결국 스스로 해결해야 한다. 가장 먼저 필요한 것은 무엇일까? 보통은 경험이나 지식, 또는 시간이 필요하다고 생각할 수 있다.

하지만 내 생각은 다르다. 나는 가장 먼저 용기가 필요하다고 본다. 용기가 없으면 필요한 경험이나 지식을 쌓기 위한 첫걸음을 내딛지 못할 뿐만 아니라, 경험이나 지식을 쌓는 데 필요한 시간도 감내할 수 없기 때문이다.

무서워하지 않는 것을 용기라고 착각하지 말라. 그것은 무감각이나 무모함에 가깝다. 용기란 두려움을 직시하고 극복하려는 정서다. 두려움에 등을 돌리고 항복하거나 타협하는 것이 아니라, 두려움을 정면으로 마주하고 변화시킬 수 있는 것을 변화시키기 위해 분투하며 앞으로 나아가는 것이다. '두렵지만 해보겠다'라는 의지의 실천이다.

용기를 내지 않으면 클라이언트의 노예가 될 수밖에 없다. 클라이언트의 눈치를 살피고, 그 비위를 맞추며 치료해야 한다. 무력한 상태로 시간을 견디는 것 외에는 다른 선택을 할 수 없게 된다. 실력이 부족해서 위축되거나 비굴해지는 것이 아니다. 실력을 키우고 쌓는 데 필요한 단련의 시간을 달게 받아들일 용기를 내지 못하기 때문에 위축되고, 때로는 비굴해지는 것이다.

지금 실력이 부족하다고 위축되거나 비굴할 이유가 없다. 탁월한 실력을 갖춰야 치료사가 될 수 있는 것이 아니라 치료사가 되어야 탁월한 실력도 갖출 수 있는 것이기 때문이다. 치료사가 되었다면 이미 준비가 된 것이다.

실력의 문제가 아니다. 용기의 문제다. 실력은 키우고 쌓으면 된다. 문제는 실력을 키우고 쌓는 데 필요한 용기를 낼 수 있느냐에 달려 있다. 두려움을 직시하라. 두려움을 향해 몸을 돌리고, 그 두려움을 뚫고 나아가라. 그 과정에서 몰랐던 것을 배우고, 알아야 할 것을 익혀라. 시간을 자신의 편으로 삼아 차근차근 필요한 경험과 지식을 쌓아라. 용기를 내라.

당신은 소중한 존재다. 모두에게 존중받아야 마땅한 존재다. 설령 치료사로서 아직 미숙하다 해도, 그것이 당신을 존중하지 않아도 될 이유가 될 수는 없다. 그것은 앞으로 개선하면 될 문제일 뿐, 그 문제가 곧 당신인 건 아니다. 치료에 미숙하다는 이유로 클라이언트가 당신을 존중하지 않더라도 이 사실을 잊지 말라. 언제나 당당하게 행동하라.

네 번째 이야기, 대처

무리한 요구를 하는 클라이언트에게

내가 아는 작업치료사들은 클라이언트가 원하는 것을 어떻게든 해주고 싶어 한다. 클라이언트가 원하는 대로 해주는 게 제대로 된 작업치료라고 믿는 작업치료사들도 있다. 그런 투철한 사명감이 대단하게 느껴질 때도 있지만 그 때문에 힘들어하고 괴로워하는 모습을 볼 때면 안타까운 마음이 든다. 항상 클라이언트가 원하는 대로 다 해줄 수 있는 건 아니기 때문이다.

클라이언트가 무리한 요구를 한다면, 다시 말해 클라이언트가 원하는 것이 상황이나 여건에 맞지 않거나 클라이언트의 능력이나 치료사의 능력 밖의 것이라면 클라이언트가 아무리 원한다고 해도, 치료사가 아무리 클라이언트가 원하는 대로 해주고 싶어도 그럴 수 없을 때가 있기 마련이다.

그때는 클라이언트가 무엇을 원하는지 알면 될 뿐 해줄 수 없는 일로 자책하거나 힘들어할 필요가 없다. 할 수 있는 부분에 대해서는 최선을 다하고 할 수 없는 부분에 대해서는 할 수 없다고 말해야 한다. 예컨대 해주고 싶지만 능력이 부족하다면 "죄송합니다. 제 능력 밖의 일입니다."라고 말하고, 상황이나 여건이 되지 않아서 할 수 없다면 "죄송합니다. 원하는 대로 해드리고 싶은데 그럴 상황이나 여건이 되지 않습니다."라고 말하면 된다.

클라이언트가 현재 자기 능력 밖의 일을 요구하는 경우에는 "솔직히 말씀드리자면 지금 상태로는 어렵습니다."라고 딱 잘라 말하기보다는 클라이언트에게 현재 능력 범위 내에서 무엇을 할 수 있을지 알려 주고 그것에 관한 이야기를 나눠보면 된다. 그랬을 때 클라이언트가 실망하거나 치료사를 비난할 수도 있다. 그때는 감정적으로 대응하기보다는 잠시 숨을 고르고 클라이언트의 입장에서 생각해 봐야 한다.

치료사에게서 자신이 원하는 답변을 듣지 못한 클라이언트의 입장에서는 자기가 원하는 것이 이루어지지 않았으니 실망하고 기분 나쁠 수 있다. 또 그 때문에 치료사를 비난하게 될 수도 있다. 입장을 바꿔 생각해 보면 충분히 이해하고 공감할 수 있는 일이다. 클라이언트가 실망하고 비난하는 게 무섭거나 싫어서 무리한 요구인데도 일단 해주겠다고 말해버리면 잠시 상황은 모면할 수 있을지 몰라도 나중에 더 큰 어려움을 자초하게 될 수 있다.

한껏 높아진 클라이언트의 기대에 부응하지 못하여 클라이언트에게 더 큰 좌절감과 실망감을 안겨줄 수 있고 이미 안 될 걸 알면서도 치료를 해야 하니 치료하는 내내 결과에 대한 불안감과 두려움에 시달리게 될 수 있다. 당시 실현 가능한 다른 일에 집중했다면 얻을 수 있었을 성과마저도 놓치게 되니 결국 치료사와 클라이언트 모두에게 좋을 게 없는 일이다. 클라이언트의 무리한 요구에 솔직해야 하는 이유다.

아무리 유능한 작업치료사라도 클라이언트가 원하는 것을 다 해줄 수는 없다. 반드시 다 해줘야 한다는 법도 없다. 해줄 수 있는 것을 해줄 수 있는 만큼 해주면 되는 것이다. 거절해야 할 때는 솔직하고 지혜롭게 거절하라. 거절에 따른 클라이언트의 비난에는 평정심을 유지하고 실현 가능한 대안을 제시하라.

거절하는 것도 연습이 필요하다. 거절이 필요한 상황이 왔을 때 직접 해보면서 배우고 연습해야 한다. 어떻게 거절하면 좋을지 연구하고 공부하고 연습하라. 솔직하고 지혜롭게 거절하는 방법을 찾아라. 직접 해봐야 자기 것을 찾을 수 있다.

동감입니다

M은 친구들과 술을 마시고 가게를 나서던 중 계단에서 굴러떨어졌다. 그때 뇌출혈이 발생했고 그 후 왼쪽 팔과 다리가 마비되었다. 재활에 힘쓴 덕분에 입원한 지 3개월이 되자 혼자 힘으로 병원 생활을 할 수 있었다. 여전히 걷고 팔을 쓰는 데는 제약과 어려움이 있었지만, 그는 포기하지 않고 더 잘 걷고 팔을 더 잘 쓰려고 노력했다.

40대인 M은 스무 살이 되던 해에 부모님 집에서 나와 혼자 살기 시작했다. 부모님은 그에게 퇴원하면 다시 함께 살자고 여러 차례 제안했지만, 그는 번번이 제안을 거절했다. 다치기 전 상태로 돌아갈 수 없더라도 자기 힘으로 인생을 살아 보고 싶어 했기 때문이다. 그것이 기를 쓰고 재활하는 이유였다.

그가 병동에서 혼자 생활하는 데 능숙해졌을 무렵, 나는 그에게 주말에는 집에 가서 지내볼 것을 권했다. 병원과 집의 환경이 다르고, 환경에 따라 생활 방식의 차이가 생기기 마련이니 퇴원 후 집으로 돌아가 생활할 때를 대비해 주말마다 집에 가서 혼자 생활해 보는 연습을 미리 해두는 것이 좋겠다고 조언했다.

그는 흔쾌히 나의 권유를 받아들였고, 주말이면 외박을 나가 집

네 번째 이야기, 대처

에서 혼자 지내는 연습을 시작했다. 월요일 치료 시간에는 주말에 집에서 지내면서 어땠는지, 무엇을 해보았는지, 수월했던 것과 어려웠던 점은 무엇인지, 퇴원해서 집으로 돌아가기 위해 어떤 준비가 더 필요한지 등에 대해 그와 이야기를 나눴다. 특히 그는 자신이 무엇을 시도했고, 그것이 어땠는지 이야기하기를 좋아했다. 그의 이야기를 들을 때면 무용담을 듣는 것 같은 착각이 들 정도였다.

M은 예정보다 한 달 앞당겨 퇴원하기로 결정했다. 집에 돌아가 생활하면서 자기 나름대로 재활을 계속해 보겠다는 당찬 포부를 밝히며 이러한 말을 덧붙였다.

"환자들을 보면 병원 생활에 젖어 계시는 분들이 되게 많아요. 병원 생활에 젖어서 그냥 하루하루를 보내는 거죠. 그런 분들을 보면 안타까워요. 계속 병원에 있을 게 아니잖아요. 집으로 돌아갈 계획을 세우고 준비해서 최대한 빨리 퇴원해서 집에 가려고 해야 하는데 그러지 않는 거죠.

사실 병원에 계속 있을 수도 없잖아요. 오래된 환자를 받아줄 병원이 얼마나 있겠어요. 근데 다들 병원에만 의존하려 하니 안타깝죠. 병원에만 있다가 막상 퇴원해서 집에 가면 앞이 깜깜해질 거예요. 당장 병원 밖에만 나가도 걷는 게 얼마나 다르고 힘든데요. 사람하고 차는 막 지나다니지, 길은 울퉁불퉁하지, 병원 안에서 걷는 거랑은 완전 딴판이에요.

선생님 말씀대로 주말에 집에 가서 있어보니까 뭐가 부족한지,

뭐가 안 되는지, 뭐가 더 필요한지 알겠더라고요. 내가 뭘 더 연습해야겠구나, 어떻게 연습하면 좋을까 생각해 보게 되고요. 주말에 집에 가서 생활해 보는 게 여러모로 퇴원 이후의 삶을 준비하는 데 도움이 많이 되더라고요.

제가 해보니까 다른 분들도 그렇게 해보는 게 좋겠다는 생각이 들었어요. 병원에만 계시지 말고 주말에는 집에 가서 지내보시라고 정말 도움이 많이 된다고 저도 말하고 다니는데 억지로 되는 건 아니잖아요. 그래도 해보라고 주변 환자들한테 계속 얘기하고 있어요.

엄마랑 누나들한테도 그런 얘기를 해줬어요. 처음에는 집에서 혼자 생활하기 무리라며 조기 퇴원을 만류했는데, 지금은 주말에 집에 있든 조기 퇴원해서 혼자 살아 보든 알아서 하라고 하시더라고요.

이번 주말에는 뒷산에 가보려고요. 다치기 전에는 자주 갔었거든요. 가서 어떻게 될지 좀 보고, 이제 평지에서 걷는 건 마스터했으니까, 수준을 높여 보려고 해요. 자전거도 타볼 거예요. 아직은 안 될 것 같지만, 일단 해보려고요. 연습해서 자전거를 타고 다시 한강에 갈 수 있으면 좋겠어요.

다치기 전에 했던 것들을 하나씩 해보면서 지금 가능한지 아닌지 알아보고, 할 수 있는 건 다시 하면서 살아야죠. 조깅도 자주 했었는데, 될지 모르겠네요. 살살 뛰는 건 될 것 같은데, 전력 질주는 아직 어렵겠죠. 그래도 해보려고요."

M 님의 생각, 동감입니다. 계속 응원하겠습니다.

골든타임의 속박

N의 아내는 새벽부터 일어나 열심히 운동하는 다른 환자와 비교하며 "남들은 저렇게 열심히 운동하니까 좋아지잖아요. 당신도 열심히 해야지요. 자꾸 쉬려고만 하시면 어떻게 해요. 빨리 나으셔야 할 거 아니에요. 그러려면 남들보다 많이 하지는 못해도 남들이 하는 만큼은 하셔야죠."라고 말하곤 했다.

N은 자신을 계속해서 몰아붙이는 아내가 못마땅했다. 쉬고 싶다고 할 때도, 어깨 통증 때문에 운동을 할 수 없다고 할 때도, 짜증이나 화가 난다고 할 때도 아내는 늘 똑같은 이야기로 억지로 치료받고 운동하게 했다. 그 때문에 그는 아내와 자주 다퉜고 서로 극심한 스트레스에 시달렸다.

N의 아내는 남편이 갑작스러운 뇌출혈로 쓰러지자, 오랫동안 다닌 직장을 그만두고 병간호를 시작했다. 뇌출혈이 있기 전까지 N은 병원 문턱에도 가본 적이 없을 만큼 건강했다. 그런 사람이 하루아침에 누군가의 도움 없이는 살아갈 수 없게 되었다는 사실에 그의 아내는 깊은 좌절을 느꼈다.

N이 재활치료를 시작할 즈음, 그의 아내는 자신과 같은 처지에

있는 주변 사람들에게서 골든타임에 관한 이야기를 듣게 되었다. 뇌가 손상된 후 짧게는 3개월, 길게는 6개월이 지나면 치료나 운동을 해도 더는 좋아지지 않기 때문에 그 기간 안에 치료든 운동이든 최대한 많이 해야 한다는 내용이었다.

남편이 뇌출혈로 쓰러진 지 벌써 2개월이 지났으니, 골든타임이 짧으면 1개월, 길어 봐야 4개월밖에 남지 않았다는 생각에 N의 아내는 마음이 조급해졌다. 들은 대로라면 골든타임 이후에는 더 이상 나아질 수 없을 거로 생각했기 때문이다. N의 아내는 남편을 몰아붙일 수밖에 없었다. 자신이 보기에 남편보다 더 열심히 운동하고 치료에 전념하는 환자가 있으면, 남편도 그랬으면 하는 마음에 더 다그치게 되었다.

그런 사실을 모른 N은 아내의 행동을 이해할 수 없었다. 발병 전 사업을 하며 나름의 성공을 거두었을 뿐만 아니라, 가정에서도 아내와 자녀의 존경을 받으며 육십 평생을 자기 의지대로 살아온 사람이었기에, 발병 후 자신을 대하는 태도가 달라진 아내의 행동을 더욱 납득하기 어려워했다. 게다가 N은 자신이 할 수 있는 범위 내에서 운동과 치료에 최선을 다하고 있다고 생각했다.

사정을 알게 된 나는 불안해하고 조급해하는 N의 아내에게 이렇게 이야기해 주었다.

"골든타임이란 뇌를 다쳤을 때 뇌가 필요한 변화를 잘 받아들일 수 있는 시기를 말합니다. 하지만 그 시기가 지난다고 해서 뇌의 변화가 멈춰버리는 것은 아닙니다. 뇌는 경험과 학습을 통해 평생 변하기 때문입니다.

뇌의 변화 속도나 정도는 개인마다 다를 수 있습니다. 가령 뇌의 어느 부위를 다쳤는지, 얼마나 다쳤는지, 몸 상태는 어떠한지, 연령은 어떻게 되는지, 어떤 경험과 학습을 어떻게 하고 있는지, 경험과 학습에 대한 동기나 의지는 어떠한지, 어떤 지원이 어떻게 이루어지고 있는지 등 개인의 특성, 환경, 여건에 따라 개인차가 생길 수 있습니다.

주목해야 할 것은 개인마다 뇌의 변화 속도나 정도의 차이가 있을 뿐 뇌는 평생 변할 수 있다는 사실입니다. 그러니 골든타임에 쫓겨서 조급해하시거나 불안해하시지 않아도 된다는 말씀을 먼저 드리고 싶습니다. 다음으로 말씀드리고 싶은 것은 골든타임을 놓치지 않고 잘 활용하는 방법에 관한 것입니다. 골든타임의 효과를 제대로 보기 위해서는 무엇보다 환자의 상태가 어떤지를 살펴서 그에 맞춰 필요한 경험과 학습의 기회를 제공하는 것이 중요합니다. 치료와 운동도 마찬가지입니다.

골든타임이 의미가 있으려면 환자가 효과적으로 그 시간을 활용할 수 있도록 돕는 것이 필요하다는 이야기입니다. 환자보다 골든타임을 더 중요하게 생각하면 시간에 쫓겨서 마음이 급해지기 마련입니다. 그러면 그때그때 달라지는 환자의 상태를 살피지 못하고, 그날 예정된 치료나 운동을 우선시하게 됩니다. 이로 인해 환자의 상태를 고려하지 않고 무조건 치료나 운동을 강요하게 될 수 있습니다.

그렇게 해서 하는 치료나 운동에 환자가 스트레스를 받으면 문제가 생깁니다. 뇌졸중 재활치료의 핵심은 손상된 뇌세포가 하던 일을 다른 뇌세포가 대신할 수 있도록 교육하고 훈련하는 것입니다. 그러나 뇌가 스트레스를 받으면 이러한 교육과 훈련이 제대로 이루어지지 않기 때문에, 강요에 의한 치료나 운동은 오히려 재활에 방해가 될 수 있습니다. 즉, 그런 방식으로는 골든타임을 효과적으로 활용할 수 없게 되는 것입니다.

이해를 돕기 위해 비유를 들어 설명해 보겠습니다. 면허를 따고 처음으로 차를 운전해 결혼식장에 간다고 상상해 보세요. 처음이니까 무척 긴장될 겁니다. 잔뜩 긴장한 채로 조심조심 운전하고 있는데, 옆에 탄 사람이 '이렇게 가다가는 결혼식에 늦겠다'며 보채기 시작합니다. 더 속도를 내라고 윽박지르고, 야단이에요.

만약 보호자 분이 운전자라면 어떨 것 같으세요? 운전을 더 잘할 수 있을까요? 옆에서 안달한다고 해서 더 빨리 갈 수 있을까요? 아마 더 긴장하게 되어 운전이 어려워질 겁니다. 자신도 모르게 몸에 힘이 들어가고 시야도 좁아지게 될 거예요. 차선을 바꿔야 하는데 끼어들지 못하고, 급정거나 급발진을 하는 등 긴장하지 않으면 하지 않을 실수를 연발하게 될지도 모릅니다.

같이 탄 사람의 행동이 운전자에게 도움이 되었을까요? 운전자가 시간에 맞춰 결혼식장에 안전하게 도착할 수 있었을까요? 아마 도움이 되지 않았을 뿐 아니라, 시간에 맞춰 안전하게 도착하지도 못

했을 겁니다. 왜 그런 결과가 생겼을까요?

같이 탄 사람이 운전자가 아닌 도착 시간을 더 중요하게 여겼기 때문입니다. 그러다 보니 운전자의 상태를 살피지 못하고, 오로지 빨리 가는 것만 생각하게 되었습니다. 그 결과, 본의 아니게 운전자를 압박하게 되었고, 운전자는 스트레스를 받게 되었습니다.

뇌가 스트레스를 받으면 외부 자극을 받아들이고 처리하고 반응하는 데 오류가 생깁니다. 그만큼 실수할 가능성도 커지지요. 이러한 경험은 뇌의 학습과 변화에 부정적인 영향을 줄 뿐만 아니라, 뇌가 비슷한 자극이나 경험을 회피하게 만듭니다.

만약 옆에 탄 사람이 운전자를 돕고 싶었다면, 도착 시간이 아니라 운전자의 상태를 가장 중요하게 생각했어야 합니다. 그랬다면 긴장한 운전자에게 빨리 가라고 재촉하기보다는, 긴장을 풀어주고 자신감을 심어주려 했을 겁니다. 운전자의 뇌가 운전에 필요한 기능을 제대로 발휘할 수 있도록 도왔겠지요.

마찬가지로, 환자가 골든타임을 효과적으로 활용할 수 있도록 돕고 싶다면 환자의 상태를 가장 먼저 염두에 두어야 합니다. 예를 들어, 정해진 치료나 운동이 있더라도 환자에게 휴식이 필요하다면 먼저 쉬게 해주어야 합니다. 통증으로 괴로워한다면 통증부터 해결해 주어야 하며, 짜증이나 화가 났다면 마음을 진정시켜 주는 것이 우선입니다. 환자의 상태를 살피고, 환자가 자발적으로 치료나 운동에 나설 수 있도록 도와야 합니다.

골든타임이 중심이 되면 환자의 상태를 제대로 살피지 못하게 됩니다. 환자의 말이나 호소가 귀에 들어오지 않고, 시간에 쫓겨서 마음이 조급해지고 치료나 운동을 하게 만드는 일이 최우선이 됩니다. 그러다 보면 환자의 상태나 의사와 상관없이 치료나 운동을 강제하게 되고, 결국 그것을 당연하게 여기게 됩니다.

이런 상황에서 환자는 보호자가 자신의 상태나 의사를 무시하고 마음대로 치료나 운동을 강요한다고 느끼게 됩니다. 보호자를 향해 원망과 불만을 품게 되며, 보호자의 선의를 선의로 받아들이지 못하게 됩니다.

이런 상태에서 치료나 운동을 강요하면 환자의 스트레스는 더욱 커집니다. 그런 환자의 모습을 보는 보호자 역시 스트레스를 받게 될 테고요.

아내분께서 N 님의 재활을 위해 얼마나 애쓰고 헌신하시는지 잘 알고 있습니다. 그토록 열심히 치료와 운동을 하게 하려는 이유도 이해합니다. 다만, 골든타임 때문에 너무 조급해하지 않으셨으면 좋겠습니다. N 님의 상태에 맞춰 뇌의 회복과 적응에 필요한 경험과 학습의 기회가 계속 주어진다면, 3개월, 6개월이 지나도 계속 회복하고 더 좋아지실 겁니다.

N 님의 상태가 가장 중요합니다. N 님이 그때그때 필요하다고 느끼는 것을 먼저 챙기고 해결해 주시면서 치료와 운동에 전념할 수 있도록 도와주시면 좋겠습니다. 그렇게 되면 N 님이 노력하는 모든 순간이 골든타임이 될 것입니다. 3개월, 6개월이 지나더라도 말이죠."

네 번째 이야기, 대처

골든타임에 쫓겨서 보호자가 환자를 다그치고 몰아붙이는 경우를 심심찮게 접한다. 그럴 때 환자는 쉬고 싶어도 쉴 수 없고 통증이 있어도 보호받지 못하며 심정이나 처지를 이해받지 못한 채 치료나 운동을 강요받는다.

골든타임을 놓치지 않고 적절하게 활용하는 것은 중요하다. 그렇다고 해도 골든타임이 환자보다 우선이 될 수는 없다. 또 우선이 되어서도 안 된다. 환자가 골든타임을 자신에게 도움이 되는 방향으로 활용하지 못한다면 골든타임이 무슨 소용이 있겠는가. 환자가 그 시기를 제대로 활용할 수 있을 때만이 의미가 있고 그 효과를 기대할 수 있는 법이다.

골든타임이 연구를 통해 확인되고 규정된 특정 시기에만 국한되는 것은 아니라는 생각도 해봤으면 좋겠다. 뇌의 학습과 변화에 도움이 되는 모든 순간 역시 골든타임이라고 해야 마땅하지 않을까. 골든타임이라고 규정한 시기가 지나더라도 환자 스스로 자신의 뇌를 변화시키고 뇌에 필요한 학습을 할 수 있다면, 그렇게 도울 수 있다면 환자의 골든타임은 끝나지 않고 계속될 것이기 때문이다.

골든타임에 얽매여 보호자가 환자의 상태를 살피지 않고 무조건 치료나 운동을 강요하고 있지는 않은가? 그 때문에 환자와 보호자가 서로 스트레스를 주고받으며 갈등하고 힘들어하지는 않는가? 만약 그렇다면 골든타임의 속박에서 벗어나도록 도와라. 골든타임을 골든타임답게 활용하고, 더 나아가 모든 순간이 골든타임이 되도록 환자와 보호자를 도와라. 지금 당장 시작하라.

작업치료사의 권태기

매일 치료하다 보면 어느덧 하던 치료에 익숙해지기 마련이다. 그렇게 되면 안정감과 편안함을 느끼게 되는 한편 권태라는 불청객도 피할 수 없게 된다. 내 경험에 따르면 그 불청객은 작업치료를 한 지 3년, 6년, 9년, 11년 차에 각각 다른 모습으로 찾아왔다.

처음에는 그 시기가 나에게만 해당되는 것이라 생각했다. 그러나 강의를 비롯한 여러 기회를 통해 만났던 다른 작업치료사들에게서도 그와 비슷한 시기에 권태기를 겪었다는 말을 자주 듣게 되면서 그 시기가 나에게만 국한된 것이 아닐지도 모른다는 생각이 들었다.

작업치료를 열심히 하지 않아서 권태기를 겪게 되는 것이 아닌가 하는 사람이 있을지도 모르겠다. 그럴 수도 있겠지만 나에게는 해당되지 않는 이야기다. 나는 깨어 있는 대부분의 시간을 작업치료에 쏟고 있다. 병원에서 치료할 때뿐만 아니라 집에서 식사할 때도, 설거지할 때도, 책을 읽을 때도, TV를 볼 때도, 영화를 볼 때도, 심지어 운전하고 길을 걷고 사람들과 만날 때도 나는 늘 작업치료를 생각하고 지금보다 더 나은 작업치료를 하기 위해 고민하고 연구한다. 그것도 무척 열심히. 물론 내 기준에서다. 다른 사람이 어떻게 보는

지는 모르겠다.

나에게 자기가 겪은 권태기에 대해 말해 준 작업치료사들도 마찬가지였다. 작업치료에 열정을 가지고 자신의 시간과 에너지를 작업치료에 아낌없이 쏟아붓는, 누가 봐도 열심히 노력하는 작업치료사들이었다. 따라서 그들에게도 해당되지 않는 이야기다.

내가 깨달은 바로는 권태기는 실력이 일정 수준에 오르거나 매일 해야 하는 치료에 능숙해지면서 치료가 더 이상 도전이 되지 못할 때, 치료에서 더는 느끼고 생각하고 배우는 것이 없을 때 찾아온다. 열심히 하고 안 하고의 문제가 아니라 치료가 도전이 되는지, 치료에서 느끼고 생각하고 배울 수 있는지의 문제인 것이다.

시간과 에너지를 작업치료에 쏟아부으며 치료에 최선을 다하고 열심히 공부하지만, 그것이 규격화된 익숙한 자극에 지나지 않는다면 권태로울 수밖에 없다. 권태는 정체를 낳는다. 정체에는 퇴보가 따른다. 퇴보는 발전과 성장을 가로막고 더 깊은 권태 속으로 빠져들게 한다. 권태의 악순환이 시작되는 것이다.

열심히 치료하고 공부하는데도 권태로움을 느낀다면 지금 하고 있는 치료나 공부의 수준을 점검해 봐야 한다. 만약 그 수준이 실력을 온통 쏟아부어야 할 정도가 아니라면, 다시 말해 도전이 되지 못한다면 치료나 공부의 수준을 높여야 한다. 실력에 비해 지금 하는 치료나 공부의 수준이 낮을 때 권태로워지기 때문이다. 치료든 공부든 쉽지는 않지만 아주 버겁지도 않은, 자신의 모든 실력을 발휘해야 하는 정도의 수준으로 끌어올리려는 노력이 필요하다. 그 수준은 남이 알려줄 수 없다. 스스로 시행착오를 거치며 찾아야 한다.

수준을 너무 높게 잡으면 괴로워하다가 포기하기 쉽고 너무 낮게 잡으면 권태로워지기 때문에 이렇게도 해보고 저렇게도 해보면서 자신에게 맞는 수준을 알아가는 수밖에 없다. 마치 최상의 화음을 내기 위하여 악기를 조율하듯이 자신의 실력을 최대로 발휘할 수 있도록 치료나 공부의 수준을 조율할 수 있어야 하는 것이다. 그러기 위해서는 많은 시도와 훈련이 필요하다.

가장 중요한 것은 일단 적정 수준이 어떤 것인지 경험해 보는 것이다. 성공해 본 사람만이 성공하는 방법을 안다는 말처럼 적정 수준을 경험해 본 사람만이 자신에게 도전이 되는 수준을 스스로 찾을 수 있다. 성공의 첫 경험을 할 수 있을 때까지 계속 시도하고 노력해야 한다.

이미 적당한 수준이라면 치료나 공부를 하면서 느끼고 생각하고 배우고 있는지 살펴보라. 열심히 치료하고 공부하는 것을 습관처럼 반복하고 있지는 않은지, 너무 익숙하고 능숙해진 나머지 아무것도 얻지 못하는 상태는 아닌지 점검해 보라. 만약 습관적이고 기계적으로 열심히만 하고 있다면 또는 그 자체로 만족하고 있다면 이제는 열심히 하는 데 그치지 말고 실질적인 변화를 체감할 수 있는 경험을 얻는 데 주력해야 할 때다.

자기 자신에게 물어보라. 오늘 치료나 공부를 하면서 무엇을 느꼈

네 번째 이야기, 대처

는지, 어떤 생각을 해봤는지, 새롭게 알게 되거나 배운 것은 무엇인지, 그것이 어떤 유익을 주는지, 자신의 성장과 발전 그리고 치료에 어떤 변화가 생길지를.

어떤 것도 그냥 흘려보내지 마라. 의미를 곱씹고 도움이 될 무엇인가를 찾아라. 지금 하는 치료나 공부에 깨어 있어라. 끊임없이 성찰하고 늘 새로워지기 위해 힘쓰라. 오늘을 경험하기 전의 나와 오늘을 경험한 후의 내가 달라야 한다.

나와 다른 작업치료사들의 경험을 바탕으로 권태기를 겪게 되는 시기를 말했지만, 그때만 권태기가 찾아오는 것도, 그때 반드시 권태기가 찾아오는 것은 아니다. 지금 하고 있는 치료나 공부에 깨어 있지 못하면 권태기는 어느 때고 당신을 찾아갈 것이다. 그리고 당신을 손아귀에 넣고 쥐고 흔들 것이다.

늘 깨어서 정진하라. 미리 알고 철저히 대비하라.

치료에 이래라저래라 참견하는 이들에 대한 대처

원하지도 않는데 가르쳐 준다며 혹은 조언이라며 당신의 치료에 대해 이래라저래라 하는 이들이 있는가? 치료할 때마다 그들의 눈치를 보게 되고 감시당하는 느낌이 들어 신경이 쓰이고 스트레스를 받는가? 치료에 관해 그들의 허락과 인정을 받아야만 할 것 같다는 생각에 괴로운가? "No, thank you."라고 정중히 거절하고 싶지만 그럴 수 없는가?

당신의 인생을 다른 사람이 책임져 줄 수 없듯이 아무도 당신의 치료를 책임져 줄 수 없다. 당신의 인생은 오직 당신만이 책임질 수 있으며 당신의 치료 역시 당신만이 책임질 수 있다. 인생이든 치료든 책임지는 사람의 것이고 책임지는 사람이 곧 인생과 치료의 주인이다.

당신의 인생을 사는 데 다른 사람의 허락이나 인정이 필요하지 않듯이 당신이 하는 치료에서도 다른 사람의 허락이나 인정은 필요치 않다. 다른 사람의 눈치를 볼 필요도 없고 다른 누군가의 인정을 바랄 필요도 없다. 다만 당신이 최선을 다해 인생을 살고 책임지고 있는 것처럼 최선을 다해 치료하고 그 치료에 책임질 수 있으면 되는 것이다.

지금 당신의 치료에 대해 이래라저래라 하는 이들을 떠올려 보라. 그들이 당신의 클라이언트에 대해 당신보다 더 잘 안다고 생각하는가? 당신의 클라이언트가 당신보다 그들을 더 잘 알고 신뢰한다고 생각하는가? 백번 양보해서 그렇다고 한들 그들이 당신을 대신해서 당신의 클라이언트를 치료할 것인가? 당신을 대신해서 치료를 책임져 줄 것인가? 그게 가능할까?

당신의 치료에 대해서 얼마나 알고 있을까? 당신이라는 사람에 대해서는 얼마나 안다고 생각하는가? 당신이 그동안 해왔던 노력, 당신이 쌓아온 경험과 지식, 당신이 치료에 쏟아온 열정과 정성을 그들은 얼마나 알고 있을까?

그들은 모른다. 설령 안다고 해도 당신이 알고 있는 것에 비하면 아무것도 아닐 것이다. 당신을 흔들고 위축되게 만들고 혼란스럽게 하는 그들의 말과 행동에 신경 쓸 것 없다. 마음에 담아두지 마라. 가능하다면 무시하거나 피하라. 그런 사람들이 하는 말과 행동은 조언을 가장한 자기 과시이거나 우위를 점하려는 권위적인 참견에 불과하다. 분명 그들은 당신을 위해서 하는 말과 행동이라고 할 것이다. 그러나 당신이 그렇게 느끼지 못한다면 당신을 위한 것이 아니다.

무시하거나 피할 수 없다면 당신에게 이래라저래라 하는 이들 앞에서는 "알겠습니다." 하고 치료 때는 당신이 알아서 치료하면 된다. 그걸 보고 왜 알려 주는 대로 하지 않느냐고 물으면 그 자리에서는 "죄송합니다." 하고 치료 때는 당신이 알아서 치료하면 된다. "알겠습니다."는 상대가 하는 말을 알아들었다는 뜻이지, 그대로 하겠다는 뜻은 아니다. 그대로 할지 말지는 당신이 선택하면 된다. "죄송합니다."는 잘못해서 사과하는 것이 아니라 신경 써서 이것저것 말해 주었는데 그대로 할 수 없어서 유감스럽다는 뜻이다.

당신의 치료에 대해 이래라저래라 하는 것, 즉 당신의 치료에 대해 자기 생각이나 감정, 의견을 표현하는 것이 그들의 자유이듯이 그것을 받아들일지 말지는 당신의 자유다. 그들은 그들이 하고 싶은 대로 하게 놔두고 당신은 당신이 하고 싶은 대로 하면 된다. 선택은 당신의 몫이다. 그들이 원하는 모습이 되기 위해 애쓰지 마라. 그들의 기준에 맞추기 위해 자신을 괴롭히지 마라. 그들의 눈치를 보거나 그들의 인정을 구할 필요도 없다.

당신의 치료를 해라. 스스로 인정하고 책임질 수 있는 치료를 하기 위해 힘써라. 가슴을 펴고 당당하게.

늘 걱정이 앞서는 클라이언트를 위하여

늘 걱정이 앞서는 클라이언트가 있다. 그러한 클라이언트는 대개 지금이 아닌 나중을 생각한다. 현재가 아닌 미래, 즉 아직 벌어지지 않은, 지금으로서는 어떻게 될지 모르는 일을 걱정하느라 항상 마음이 분주하고 혼란스럽다.

물론 앞날이 걱정될 수 있다. 그러나 현재의 생활이나 치료에 방해가 될 정도의 걱정이라면 당연하게 여길 문제가 아니다. 그러한 걱정은 지금 당장 해야 할 일을 하는 데 전혀 도움이 되지 않는다. 부정적인 생각에 몰두하게 만들고 재활과 자립의 의욕을 꺾는다. 스트레스를 가중시키고 자기 자신과의 관계뿐만 아니라 주변 사람들과의 관계마저도 힘들고 어렵게 만든다.

지금 장담할 수 없는 앞날, 아직 일어나지도 않은 미래를 걱정하는 것은 쓸데없는 일이다. 걱정한다고 미래를 알 수 있거나 바꿀 수 있는 건 아니기 때문이다. 걱정해봤자 아무 소용이 없다. 걱정은 걱정을 낳을 뿐이다. 대부분의 걱정은 지금 당장 해결할 수 없는 것과 연관되어 있다. 이미 흘러간 과거를 지금 어떻게 할 수 있는 것처럼 여기거나 아직 오지 않은 미래를 마치 지금 일어나는 일처럼 생각할 때 걱정하게 된다. 걱정은 감정이나 상상의 산물이며 시간을 넘나든다.

늘 걱정이 앞서는 클라이언트에게 필요한 건 쓸데없는 걱정에 쏟는 시간과 에너지를 현재 해야 할 일에 투입하는 것이다. 지금 당장 스스로 할 수 있고 해야 하는 일이 무엇인지 알고 그것을 매일 성실하고 꾸준하게 해나가는 일이다.

마비된 팔을 다시 쓰길 원한다면 팔을 쓸 수 있을지 없을지, 영영 못쓰게 되면 어떻게 할지를 걱정하고 있을 게 아니라 팔을 다시 쓰기 위해 지금 해야 하는 일이 무엇인지 알고 그것을 매일 성실하고 꾸준하게 해나가야 한다. 마찬가지로 다시 걷고 싶다면 다시 걷기 위해 지금 해야 하는 일이 무엇인지 알고 그것을 매일 성실하고 꾸준하게 해나가야 한다. 다시 혼자 힘으로 생활하고 싶다면 그러기 위해 지금 당장 해야 하는 일이 무엇인지 알고 그것을 매일 성실하고 꾸준하게 해나가야 한다. 걱정이 아닌 행동이 필요한 것이다.

그러려면 인내심이 필요하다. 단순히 참고 견디는 것을 말하는 게 아니다. 모든 일이 좋은 방향으로 이루어지리라는 믿음과 해낼 수 있다는 자기 자신을 향한 신뢰가 있어야 한다는 뜻이다. 인내심이란 바로 그러한 믿음과 신뢰를 갖는 것을 말한다. 클라이언트가 인내심을 발휘할 수 있게 도와라. 만약 인내심이 없다면 가질 수 있게 돕고, 부족하다면 키울 수 있게 도와라.

인내심은 근육과 같다. 규칙적으로 쓰고 훈련하면 만들 수 있고 키울 수 있다. 계속 쓰고 훈련할수록 더 많이 생기고 더 강해진다.

네 번째 이야기, 대처

모든 일이 정해진 순리대로 이루어질 것이라는 믿음을 가질 수 있게 도와라. 자기 자신에 대한 신뢰를 키우며 지금 해야 하는 일에 전념할 수 있도록 응원하고 격려하라. "선생님, 제가 언제쯤 팔을 쓸 수 있게 될까요?"라는 질문을 받으면 팔을 쓰기 위해 지금 당장 무엇을 어떻게 해야 하는지 알려 주어라. "선생님, 제가 다시 걸을 수 있을까요?"라는 질문을 받으면 다시 걷기 위해 지금 당장 무엇을 어떻게 해야 하는지 알려 주어라. "선생님, 집에 돌아가면 혼자 힘으로 생활해야 하는데 그렇게 될까요?"라는 질문을 받으면 집에 돌아가서 혼자 힘으로 생활하기 위해 지금 당장 무엇을 어떻게 해야 하는지 알려 주어라.

그 일을 인내심을 가지고 성실하고 꾸준히 해나갈 수 있게 도와라. 한 단계를 완수하면 다음 단계에서는 무엇을 어떻게 해야 하는지 알려 주어라. 그런 다음, 다시 그 일을 인내심을 발휘해서 성실하고 꾸준히 해나갈 수 있게 도와라.

걱정하지 말고, 행동하라.

치료를 잘하고 있는 걸까

"제가 치료를 잘하고 있는지 모르겠어요."라고 걱정을 토로하는 작업치료사들이 있다. 그럴 때 나는 "현재의 치료를 통해서 목표한 결과나 기대한 변화를 얻었는지 살펴보세요. 만약 그렇지 않다면 다른 시도가 필요한 때입니다."라고 말한다.

그렇다고 지금까지 했던 치료가 잘못된 것이냐, 그건 아닐 것이다. 지금까지 했던 치료를 통해서는 목표한 결과나 기대한 변화를 얻기 힘들다는 사실을 알면 될 뿐이지 치료를 잘했다 못했다, 이렇게 따질 필요는 없다. '지금까지 해왔던 것 이외에 다른 것이 필요하구나. 그것이 무엇일까?' 자기 자신에게 이런 질문을 던지며, 더 생각하고 더 공부하는 기회로 삼으면 된다. 목표와 변화를 이루기 위해 무엇이 필요한지, 어떻게 해야 할지 클라이언트와 더 많은 이야기를 나누어 보면 된다.

그렇게 해서 찾은 해답을 바탕으로 다시 치료를 시도해 보면 된다. 실제로 목표한 결과를 얻을 수 있는지, 기대한 변화가 일어나는지 확인해 보라. 목표를 이룰 수 있고 변화가 생기면 그렇게 하면 된다. 그렇지 않다면 다시 생각하고, 공부하고, 클라이언트와 의논

네 번째 이야기, 대처

해서 새로운 방법을 시도해 본다. 그 과정을 통해 클라이언트와 함께 정한 목표를 어떻게 이룰 수 있을지, 기대한 변화를 어떻게 얻을 수 있을지 알아가면 된다.

다른 사람에게 물어봐야 소용없다. 그 사람도 모른다. 다만 자기 의견을 말해줄 뿐이다. 자기 치료도 바쁜데 다른 사람 치료가 어떤지 어떻게 알겠는가.

치료를 잘해야 한다고 생각하면 괜히 긴장하게 된다. 생각이 경직되고, 잘하고 못하고만 자꾸 따지게 된다. 그러면 자신감을 잃고 자기 자신을 미워하거나 괴롭히게 될 수 있다. 많은 가능성 중 하나를 실험해 봤다고 생각하라. 그 시도로 원하는 결과를 얻지 못하고 기대한 변화가 생기지 않았다면, 다른 방법을 시도해 보면 된다.

잘해야 한다는 부담감을 버려라. 틀리면 안 된다는 생각도 버려라. 지금까지 해본 걸로 안 됐으면 연구해서 다시 해보면 되고, 모르는 게 있어서 안 됐으면 배워서 다시 해보면 되고, 잘못한 게 있어서 안 됐으면 똑바로 다시 해보면 된다.

치료하다 보면 잘하지 못할 때도 있고, 틀릴 때도 있으며, 생각처럼 안 될 때도 있기 마련이다. 그럴 때 그 사실을 알아차리고 적절한 해결책을 찾아 다시 치료하면 될 일이지, 자책하며 괴로워할 일이 아니다. 많은 가능성 중 일부를 시험해 본 것이고, 그것이 안 된다는 것을 알았으니 다시 연구하여 새로운 가능성을 실험해 보면 된다.

언제까지? 목표한 결과와 기대한 변화를 얻을 때까지.

작업치료가 전부인 듯 살고 있는 당신에게

나는 작업치료를 하면서 진정 살아있다는 생각과 함께 큰 기쁨과 희열을 느꼈다. 나의 존재를 스스로 확인하고 확신할 수 있었으며 나날이 더 나은 인간이 되어가고 있다고 생각했다.

작업치료가 전부인 듯 여기며 살던 때에는 작업치료를 중심으로 살았다고 해도 과언이 아니었다. 내 일과는 온통 클라이언트와 작업치료를 하고, 작업치료에 관해 공부하고, 그 과정에서 얻은 깨달음을 바탕으로 강의하고, 작업치료에 관한 글을 쓰는 일 등으로 가득 차 있었다.

작업치료에 지나치게 몰두한 탓에 다른 일에는 소홀했다. 제대로 먹지도, 자지도, 쉬지도 않았다. 작업치료사로서 세운 목표를 이루는 데만 정신이 팔려 몸이 보내는 이상 신호에도 반응하지 못했다. 가족과 함께하는 시간도 부족했고, 당시 교제하던 친구에게도 최선을 다하지 못했다. 작업치료와 관련된 일들이 잘되면 기쁘고 즐거웠지만, 그렇지 못할 때면 나 자신을 책망하며 괴로워했다.

삶의 균형이 깨져 있다는 생각이 들 무렵, 코카콜라 전 CEO 브라이언 다이슨Brian G. Dyson의 연설을 보게 되었다. 이 연설은 내 삶을 점검하게 만들었고, 나는 삶의 균형을 되찾기 위한 노력을 시작하게 되었다. 최근 이 글을 다시 읽으면서 작업치료가 전부인 듯 살고 있는 이들과 나누고 싶다는 생각이 들었다. 작업치료에 지나치게 몰두한 나머지 삶의 균형을 잃고 살아가고 있지는 않은지 돌아보고 삶의 균형을 되찾는 데 도움이 되기를 바라며 옮겨 본다.

Imagine life as a game in which you are juggling five balls in the air.
삶을 다섯 개의 공을 공중에서 돌리는 게임 같은 것이라고 상상해 보라.

You name them: work, family, health, friends, and spirit, and you're keeping all of them in the air.
당신은 그 공들을 일, 가족, 건강, 친구, 영혼이라고 부르며 공중에서 돌리고 있다.

You will soon understand that work is a rubber ball. If you drop it, it will bounce back.
당신은 곧 일이 고무공이라는 사실을 이해하게 될 것이다. 만약 당신이 놓치더라도 그것은 다시 튀어 오를 것이다.

But the other four balls—family, health, friends, and spirit are made of glass.

그러나 가족, 건강, 친구, 영혼이라는 다른 네 개의 공은 유리로 만들어진 것이다.

If you drop one of these, they will be irrevocably scuffed, marked, nicked, damaged, or even shattered. They will never be the same.

만약 당신이 그 공들 중 하나를 떨어뜨린다면 그 공들은 돌이킬 수 없이 흠집이 나거나, 자국이 남거나, 긁히거나, 훼손되거나, 산산조각이 날 것이다. 그 공들은 절대 이전과 같을 수 없다.

You must understand that and strive for balance in your life.

당신은 그 사실을 이해해야 하고 삶의 균형을 유지하기 위해 분투해야 한다.

How?
어떻게?

Don't undermine your worth by comparing yourself with others. It is because we are different that each of us is special.

당신 자신을 다른 사람과 비교하면서 당신의 가치를 과소평가하지 말라. 우리 각자가 특별한 건 바로 우리가 서로 다르다는 사실 때문이니까.

Don't set your goals by what other people deem important. Only you know what is best of you.

다른 사람들이 중요하게 여기는 것을 당신의 목표로 삼지 말라. 오직 당신에게 가장 좋은 것이 무엇인지 알라.

Don't take for granted the things closest to your heart. Cling to them as your life, for without them, life is meaningless.

당신 마음과 가장 가까운 것을 당연하게 여기지 말라. 당신 마음과 가장 가까운 것을 당신의 삶으로 여기고 고수하라, 그것이 없다면 삶도 의미가 없으므로.

지금 어떤 공을 공중에서 돌리고 있는가? 그중 고무공은 무엇이며, 유리공은 무엇인가? 당신에게 가장 좋은 것은 무엇인가? 당신의 마음과 가장 가까운 것을 당신의 삶처럼 여기며 고수하고 있는가? 삶을 균형 있게, 의미 있게 살고 있는가?

공감 Q&A

다섯 번째
　　　이야기,

작업치료사가
작업치료사에게

실습이 다 취소되었습니다

Q 코로나19 상황으로 예정된 실습이 다 취소되었습니다. 이제 곧 4학년이 되는데 아직 임상에서 무엇을 어떻게 해야 할지 모르겠습니다. 겨울에 있을 실습도 거의 취소되어서 그 실습마저 할 수 없게 된다면 임상에 나갔을 때 정말 아무것도 못 할 것 같습니다. 게다가 학교에 와서 수업해 주셨던 임상가 선생님의 말씀으로는 실습을 못 한 것이 큰 오점이 될 거라는데요. 그분이 말씀하신 오점이 취업에 얼마나 영향을 미칠까요? 그 영향을 줄이려면 어떤 준비가 필요할까요?

임상은 실습의 연장선이 아니다. 새로운 출발선이다. 질문자의 생각과는 다르게 실습한 사람이나 실습 못 한 사람이나 처음 임상에 나오면 다 똑같다. 임상에서 무엇을 어떻게 해야 할지 모르는 건, 실습 했든 안 했든 마찬가지라는 뜻이다.

 왜냐하면 그건 임상을 직접 겪어 봐야만 알 수 있는 것이기 때문이다. 작업치료사로서 누구와, 무엇을, 어떻게 해야 할지는 자신이 속할 임상 현장에서 하나하나 새롭게 배워나가야 한다.

그러니 이 상황을 극복할 방법은 질문자가 임상에 나가기 위해 지금 해야 하는 일에 전념하는 것이다. 4학년이라 했으니 우선 치료사 면허증을 따고 졸업부터 하시라. 그런 다음 취업 준비 잘해서 임상에 성공적으로 진출하시고.

그렇게 해서 임상에 나오면 자연히 알게 된다. 무엇을 어떻게 해야 하는지. 그땐 모르고 싶어도 모를 수가 없다. 실습한 사람이나 실습 못 한 사람이나 다들 그렇게 시작한다. 질문자도 그렇게 시작하면 된다.

그림을 그린다고 상상해 보자. 흰 도화지에 그리는 게 좋을까, 이미 그림이 그려진 도화지에 그리는 게 좋을까? 난 흰 도화지가 좋다고 생각한다. 뭐든 그릴 수 있으니까. 실습을 못 한 거, 아직 흰 도화지라는 이야기다. 어디서 누구와 어떤 치료를 하든지 그때그때 필요한 것을 바로 받아들이고 그에 맞춰 적응할 수 있는 상태라는 말씀. 아시겠는가? 이렇게 보면 오점이 아니라 강점이 된다는 거.

상황은 같은데 왜 그 임상가와 내가 하는 말이 다를까? 핵심은 어떤 상황인가가 아니라 주어진 상황을 어떻게 볼 것인가에 있기 때문이다. 상황은 내 마음대로 할 수 없는 영역이다. 그러나 주어진 상황을 어떻게 볼 건지는 내가 정할 수 있다. 질문자가 할 수 있고 해야 할 일은 상황을 보는 자신의 관점을 스스로 결정하는 거다.

상황을 보는 관점에 따라 생각과 행동이 완전히 달라진다. 관점에 따라 이득이 되는 쪽으로 생각하고 행동하게 되기도 하고 손해가 되는 쪽으로 생각하고 행동하게 되기도 한다. 그렇다면 어떤 관점을 선택하는 게 질문자에게 좋겠는가? 생각해 보시라.

질문자가 실습을 일부러 안 한 것도 아니고 코로나19로 실습이 취소된 것 아닌가. 모두가 납득할 만한 상황이다. 게다가 질문자 혼자만 실습을 못 나간 것도 아니지 않나. 많은 학생이 질문자와 같은 처지일 거다.

많은 사람이 이러한 상황에 낙심하고 걱정할 때 오히려 상황을 긍정적으로 받아들이고 마이너스를 플러스로 바꿀 수 있는 사람, 나라면 뽑는다. 게다가 어려운 상황 속에서도 자발적으로 치료사로서의 역량을 키우기 위해 자기가 할 수 있는 노력을 꾸준히 해온 사람, 안 뽑고는 못 배기지. 긍정적 사고, 자발성, 의지력, 성실함, 책임감을 고루 갖춘 인재, 어느 누가 마다할 수 있겠는가.

질문자가 그런 인재인데 뽑아주지 않는다. 질문자 탓이 아니다. 인재를 몰라보는 사람이나 조직 탓이지. 그런 데는 애초에 안 가는 게 낫다. 가 봐야 별 볼 일 없을 테니까. 또 훌륭한 인재를 필요로 하고 찾는 곳, 얼마든지 있다.

문제는 상황이 아니라 상황을 보는 관점이다. 주어진 상황을 자신에게 이득이 되는 방향으로 보고 어떻게 활용하면 좋을지 생각해 보시라. 자신이 어떤 인재인지 스스로 파악해 보고 취업 때 어떻게 어필하면 좋을지도 연구해 보시라. 이것이 질문자가 지금부터 해나가야 할 준비다.

그런 계기로 삼는다면 실습 못 한 거, 오점 아니다. 오히려 다른 이들과 차별화할 수 있는 자신만의 강점과 경쟁력을 발견할 기회다.

그 기회를 살려 자신에게 유리하게 활용해 보시라.

기회란 게 그렇다. 당시엔 기회처럼 보이지 않는다. 뭔가를 해보고 돌아보니 기회였던 것이지. 위기처럼 보이는 지금 상황이 질문자에게 기회가 되길 바란다.

소아, 성인을 결정하는 기준

Q 2, 3학년이 되면 소아와 성인 사이에서 많이 고민할 것 같아요. 어떤 기준으로 진로를 정하는 게 좋을까요?

기준이 될 수 있는 거야 많다. 흥미, 관심, 선호도, 성향, 경험, 가치관, 인생관, 이상, 목표, 의미, 조건 등등. 그중 질문자는 무엇을 기준으로 삼을 것인가? 그걸 안다면 선택이 쉬워질 것이고 모른다면 선택이 어려워질 것이다. 그러니 내가 아니라 자기 자신에게 무엇을 기준으로 삼을지 물어봐야 한다.

잠깐 내 이야기를 하면 나도 소아와 성인 중 어느 쪽을 선택할지 고민이었다. 소아에서 실습할 때 아이들이 나를 무척 따랐다. 아이들과 함께하는 것 참 즐겁더라. 아이들의 창창한 미래에 뭔가 힘이 되어줄 수 있다는 점도 마음에 들었고. 고로 해보고 싶다는 마음, 생겼다.

그때 아이들과 잘 놀아 주면서 즐겁게 실습하는 나를 눈여겨본 팀장이 나에게 소아 쪽을 적극적으로 권하기도 했다. 심지어 영입 의사까지 내비쳤다.

실습도 즐거웠고, 소아 쪽에 남자 치료사가 귀한 때이기도 했으며, 팀장이나 되는 사람이 잘할 거 같다 하고, 지원하면 뽑아줄 것 같아서 소아 쪽으로 마음이 기울었다. 소아 쪽을 선택하면 뭔가 일이 술술 풀릴 것 같은 느낌. 그런데 난 결국 성인 쪽을 택했다. 왜? 그때 나의 선택 기준, 책임감이었다. 어느 쪽 치료를 더 잘 책임질 수 있을지를 기준으로 선택했다는 거다.

책임감을 기준으로 보니 성인 쪽을 해야겠다는 확신이 생겼다. 그간 성인 쪽에 더 큰 비중을 두고 공부해 왔고, 내가 성인이다 보니 아무래도 소아보다는 성인을 이해하고 돕는 일이 더 쉽게 느껴졌으며, 그만큼 성인 쪽 치료를 더 잘 책임질 수 있겠다는 생각이 들었기 때문이다.

결과적으로 난 그때의 선택에 무척 만족하고 있다. 다시 그때로 돌아간대도 같은 선택을 할 만큼. 경험에 비춰볼 때 자기 길을 선택하는 기준은 자기 자신이 정해야 한다.

질문자가 고민하는 거 당연하다. 아직 본인의 선택 기준을 모를 뿐만 아니라 그동안 생각해 볼 기회도 없었을 테니까. 앞으로 졸업할 때까지 더 공부하고 더 경험하면서 무엇을 기준으로 삼을지 계속 고민해 보시라.

다만 고민하되 해야 할 고민이 무엇인지는 분명히 알고 하면 좋겠다. 그걸 모르고 하는 고민만큼 무익하고 소모적이며 괴로운 것도 없으니까. 자기 기준을 확립하는 일. 그걸 해내면 이 고민은 저절로 해결될 것이다.

소아와 성인, 둘 다 하고 싶어요

Q 졸업을 앞두고 소아와 성인 중 어디로 가는 게 좋을지 고민입니다. 전 아이들을 좋아해서 소아 쪽에 관심이 많았습니다. 그래서 소아 쪽을 오랫동안 생각해 왔습니다. 그런데 성인 쪽에서 실습해 보니, 성인 쪽도 재미있고 매력적이어서 해보고 싶어졌습니다. 지금은 소아 쪽도 하고 싶고 성인 쪽도 하고 싶어서 어느 하나를 선택하기가 힘듭니다. 이럴 때 어떻게 하는 게 좋을까요?

첫 번째, 우선 둘 다 할 수 있는 데를 찾아보시라. 소아와 성인을 같이 보는 데도 있고, 일정한 기간을 두고 소아와 성인을 돌아가면서 보는 데도 있다. 그런 데서 신입 치료사를 뽑는다면 주저하지 말고 지원하시라. 그런 다음 합격을 위해 모든 힘을 쏟으시라. 그래서 합격하면 고민 끝.

두 번째, 찾아봤는데 그런 곳이 없거나, 못 찾았거나, 있지만 신입 치료사를 뽑지 않는다. 아쉽지만 어쩔 수 없다. 한쪽을 정하는 수밖에.

한쪽을 정해야 한다는 건 알겠는데 양쪽에 다 관심이 있어서 도저히 정할 수 없다면? 그땐 소아든 성인이든 마음에 드는 데가 있으면 가리지 말고 모두 지원하시라. 그리고 먼저 기회가 주어지는 데서부터 시작하는 거다. 그게 소아면 소아부터, 성인이면 성인부터.

그렇게 정해진 데서 시작해 보니 괜찮다 싶으면 거기 쭉 있으면 된다. 괜찮지 않거나 다른 쪽에 계속 미련이 남으면 그때 가서 나머지 한쪽을 해보면 된다. 이미 한쪽은 해봤으니 안 해본 다른 쪽을 해보는 거다. 소아를 해봤으면 성인을, 성인을 해봤으면 소아를. 미리 어느 한쪽을 정해야 한다는 법, 없다. 이렇게 하면 양쪽 모두를 해볼 수 있으니 원하는 대로 되는 셈이다.

세 번째, 굳이 어느 한쪽을 정해둬야만 직성이 풀린다면, 아니면 미리 정해서 그곳에만 집중하고 싶다면, 그런데도 어느 한쪽을 정할 수가 없어서 고민이라면? 쉬운 방법으로 가자. 자, 종이를 준비하시라. 종이에 소아와 성인을 각각 적고 쓴 것이 안 보이게 접은 다음, 공중에 힘껏 던지시라. 바닥에 떨어진 종이들 가운데 하나를 골라 집어 펴 보시라. 그리고 거기 적힌 데로 결정하시라. 더는 다른 생각 마시고.

양쪽 다 관심 있고 둘 다 해보고 싶다는 이야기, 바꿔 말하면 뭐가 돼도 괜찮다는 거다. 정할 수 없다면 정해진 대로 따르는 것도 방법이다.

성적이 중요한가요

Q 취업 준비를 하면서 성적이 좋지 않아서 걱정이 많습니다. 취업하는 데 성적이 중요할까요? 성적 때문에 원하는 곳에 입사하지 못할까 봐 불안합니다. 불안감을 떨치고 싶은데 잘 안 돼요. 어떻게 하면 불안감을 떨쳐 내고 취업 준비에 집중할 수 있을까요?

성적이 중요한지 아닌지, 내가 단언할 수 없는 문제다. 또 질문자가 걱정할 문제도 아니다. 그건 성적을 볼 사람이 결정할 문제다. 성적을 볼 사람이 중요하게 여기면 중요한 거고, 그렇지 않으면 중요하지 않은 거다. 결국 성적을 보는 사람이 어떻게 보느냐에 달린 것이지 성적 자체만 가지고 이렇다 저렇다 말할 수 없는 문제다.

 질문자가 해야 할 일은 지원하고 싶은 곳을 정하고, 거기서 원하는 인재상을 파악해서, 그에 부합하는 자신의 역량을 찾고, 그것을 효과적이고 성공적으로 알리는 것이다. 즉 질문자가 바로 그곳에 적합한 인재라는 걸 증명하는 일이라 하겠다.

 왜? 질문자가 정말 걱정하는 것은 '성적이 중요한가'가 아니라 '원하는 곳에 입사할 수 있는가'이기 때문이다. 그러니 취업의 성패를 결정짓는 게 무엇인지 정확히 알고 그것에 집중해서 취업 가능성을 높이는 데 힘써야 한다.

　취업의 성패, 성적이 가르는 거 아니다. 성적이 합격과 불합격을 가르는 기준이라면, 그래서 중요하다면 수석 졸업자나 성적 우수자는 어디를 지원하든 다 합격하여야 할 것이다. 또 이미 취업한 사람은 모두 성적 우수자이거나 입사한 사람 중 성적 우수자가 최소한 몇 명은 되어야 할 것이다. 그런데 실제로 보면 그렇지 않다. 수석 졸업자나 성적 우수자가 떨어지고 그보다 성적이 낮은 지원자가 붙기도 하고 수석 졸업자나 성적 우수자가 없는 조직도 허다하다.

　지원자에게 요구하는 서류는 어떠한가. 성적이 기준이라면 성적 증명서만 받으면 될 일이지 왜 이력서, 자기소개서, 자격 증명서 등을 함께 받겠는가. 서류를 준비해서 제출해야 하는 사람이나 서류를 검토해서 합격자를 선발해야 하는 사람이나 모두 힘들게 말이다.

　보통 서류 심사 후에는 면접까지 보고 나서 합격자를 선발한다. 왜 그럴까? 성적이 높은 사람이 아니라 필요한 역량을 갖춘 인재를 뽑아야 하기 때문이다. 그래서 성적 증명서 외의 다른 서류를 요구하기도 하고 직접 만나보기까지 하면서 지원자의 역량을 두루 살펴보고 종합적으로 평가해서 가장 적합한 인재라고 생각되는 사람을 뽑는 거다.

　한 마디로 취업의 성패는 성적이 아니라 지원한 곳에 필요하고 적합한 인재인지 여부에 달린 것이다. 바꿔 말하면 지원한 곳에 합격 못 하더라도 그게 성적 때문만은 아니라는 거다. 그곳에서 요구하는 나의 역량을 성공적으로 어필하지 못했거나, 내가 당장 그곳에 필요한 인재가 아니거나, 아니면 더 적합한 다른 인재가 있어서일 수 있다. 그러니 불합격 통지를 받더라도 성적 때문이라고 생각해서 자신감을 잃거나 걱정하고 불안해할 필요가 없다.

질문자 본인에 대해 공부해 보시라. 본인의 역량을 스스로 파악해 보고 자신만의 경쟁력이라 할 수 있는 것을 찾아 정리해 보시라. 이를테면 질문자만의 이야기, 경험, 노력, 성과, 비전, 목표, 태도, 강점 등등. 그런 다음 취업하고 싶은 곳을 찾아보시라. 그곳에서 어떤 인재를 필요로 하는지 알아보고, 질문자의 역량 가운데 그곳이 요구하는 인재상과 일치하는 부분에 초점을 맞추고, 그것을 중심으로 질문자가 적합한 인재임을 어필하시라.

이게 지금 질문자가 집중해서 해야 할 취업 준비다. 성적만으로 본인의 미래, 속단하지 마시라. 세상 만물에는 다 제자리가 있다고 한다. 질문자를 위한 자리, 당연히 있다. 불안해 말고 준비하시라.

성공적인 취업 준비를 위한 첫걸음

Q 졸업하고 취업 준비를 앞두고 있습니다. 찾아보니 갈 곳이 있기는 하지만 지원할 곳을 어떻게 정하면 좋을지 잘 모르겠습니다. 저한테 잘 맞는 곳을 정해서 지원하고 싶은데 어떻게 하면 될까요?

먼저 자기 자신을 알아야 한다. 자신의 목표와 비전이 무엇인지, 가치를 두고 중요하게 여기는 것은 무엇인지, 어떤 일을 좋아하고 잘할 수 있으며 오래 할 수 있는지, 왜 어떤 일은 아무리 노력해도 성과가 나지 않고 괴롭기만 하며 쉽게 그만두게 되는지, 자신의 강점과 단점은 무엇인지, 어떤 조직 문화를 선호하는지, 어떤 사람들과 함께 일하고 싶고 잘 어울릴 수 있는지 등등.

이러한 질문을 스스로에게 던지며 자기 자신을 이해하는 과정이 선행되어야 한다. 그래야만 어떤 곳에서 어떤 일을 하는 것이 본인에게 적합한지 판단하고 결정할 수 있다. 즉 자기가 어떤 사람인지를 알아야 효율적이고 효과적인 취업 준비를 위한 선택과 집중도 가능해진다는 얘기다.

흔히 지원할 곳을 찾고 알아보는 데는 상당한 노력을 기울이고 고민도 많이 하지만, 자기 자신을 알아보는 데는 소홀한 경우가 많다. 자기 자신을 모르면 어떤 곳에서 어떤 일을 해야 할지 범위를 좁힐 수가 없다. 그 결과 공고가 난 모든 곳을 조사해야 하는 일이 벌어진다.

취업 준비에 필요한 선택과 집중이 제대로 되지 않으니 지원할 곳과 해야 할 일에 대한 분석의 폭이나 깊이도 좁고 얕아질 수밖에 없다. 그만큼 취업 준비가 비효율적이고 비효과적이 되는 건 당연한 결과라 할 수 있다.

취업 준비는 그렇게 하는 게 아니다. 우선 자신에 대한 충분한 이해를 바탕으로 본인의 특성에 맞춰 지원할 곳과 직무의 범위를 좁혀야 한다. 그런 다음 좁혀진 곳과 직무를 면밀히 분석하여 그에 따른 준비를 해나가야 하는 것이다.

자기 자신을 아는 것에서부터 취업 준비를 시작하는 것, 이것이 성공적인 취업 준비를 위한 가장 기본적이면서도 중요한 첫걸음이다.

연봉인가요, 의미인가요

Q   지원하고 싶은 곳이 두 군데가 있는데 어느 곳이 나을지 고민입니다. 한 곳은 연봉을 더 받을 수 있는 대신 제가 생각하는 작업치료를 하기는 어려울 것 같고, 나머지 한 곳은 연봉은 적지만 제가 생각하는 작업치료를 의미 있게 할 수 있겠다는 생각이 듭니다. 물론 지원한다고 해서 두 군데 다 된다는 보장은 없지만, 두 곳을 놓고 고민하다 보니 연봉과 의미 중 무엇을 따라가는 게 옳은지 궁금해졌습니다. 선생님은 연봉과 의미 중 어느 것이 더 중요하다고 생각하시는지 듣고 싶습니다.

첫 번째, 이 고민, 두 군데 다 지원해서 모두 합격한 다음에 하시라. 그때 고민해도 늦지 않는다. 내 생각엔 취업 준비에 전념하는 것, 이 고민을 해결하는 것보다 질문자에게 훨씬 시급하고 중요한 일 같다.

    두 번째, 상상의 나래를 펼쳐 보자. 지원했는데 두 군데 다 붙었다. 얼마나 좋을까, 골라서 갈 수 있다니. 이러한 가정하에서도 이야기해 보자.

    그 전에 나도 하나 묻자. 내가 질문자에게 자장면과 짬뽕 중 뭘 먹는 게 좋겠냐고 묻는다면 뭐라고 할 텐가? 아마 "먹고 싶은 것 드세요."라고 할 것이다. 그런데도 여전히 내가 둘 중에 뭘 먹어야 할지 모르겠다고 하면 뭐라고 하겠는가? "그러시면 둘 다 먹을 수 있는 짬짜면은 어떠세요?"라고 하지 않겠는가. 내 대답도 마찬가지다. 질문자가 원하는 걸 선택하면 된다. 옳고 그른 거 없다. 옳고 그른 게 있다고 생각하니까 자기 자신에게 솔직해지기 힘든 거다. 솔직하기 힘드니까 어려워지는 거고.

　이건 옳고 그름의 문제가 아니라 선택의 문제다. 그러니 자기 자신에게 솔직한 선택을 하시라. 연봉이 중요하면 연봉이 더 높은 곳을 선택하면 되고, 의미가 중요하면 더 의미 있게 치료할 수 있는 곳을 선택하면 된다. 둘 다 원한다면 두 가지를 모두 얻을 수 있는 새로운 곳을 알아보시라. 짬짜면 같은 곳 말이다.

　세 번째, 그렇게 해보려는데 자신이 뭘 원하는지 모르겠다. 실망하지 마시라. 그럴 수 있다. 질문자만 그런 거 아니다. 그런 사람 많다. 이제라도 알았으니 다행이라 생각하고 이제부터 자신이 뭘 원하는지 알아보시라. 늦지 않았다.

　자신이 뭘 원하는지 아는 방법, 간단하다. 자기 자신에게 물어보면 된다. 자기한테 안 묻고 자꾸 남한테 물어보니까 알 수 없는 거다. 자기가 원하는 걸 왜 남에게 묻는가. 자기가 자장면을 좋아하는지, 짬뽕을 좋아하는지, 아니면 짬짜면을 좋아하는지 남들이 어떻게 알겠나. 다들 자기 좋아하는 걸 이야기해 줄 뿐이다. 자신에게 물어봤는데 모르겠다면, 그럼 할 수 없다. 직접 먹어보는 수밖에. 자장면도 먹어보고, 짬뽕도 먹어보고, 짬짜면도 먹어보고, 이참에 다른 것도 먹어보면서 뭐가 자기 입맛에 맞고 소화도 잘되는지 알아보시라.

연봉이 괜찮은 곳도 경험해 보고, 연봉은 좀 그래도 의미 있게 치료할 수 있는 곳도 경험해 보고, 괜찮은 연봉을 받으면서 의미 있게 치료할 수 있는 곳도 경험해 보시라. 그 외의 다른 조건도 두루 경험해 본다면 더할 나위 없다.

안다, 마음대로 되는 게 아니라는 거. 그래도 되는 대로 다 지원해 보고 합격한 데서부터 경험을 시작해 보시라. 원래 시작이란 게 그렇다. 일단 하고 봐야 할 수 있는 거다.

네 번째, 이 고민, 연봉이나 의미 때문에 하는 거 아니다. 본인이 아직 뭘 원하는지 모르기 때문에 하는 고민이라는 거, 알아두시라. 자기가 어떤 사람이고 무엇을 원하는지, 어떤 것에 만족하고 행복할 수 있는 사람인지 모르고 사는 것만큼 인생의 낭비가 없다. 왜냐. 인생은 선택의 연속이고, 그걸 알아야 자기가 선택한 인생을 살 수 있기 때문이다. 스스로 선택한 인생을 살아가시라.

나다운 선택을 하려면

Q   저는 나답게 사는 것이 중요하다고 생각합니다. 그런데 나답게 산다는 것이 무엇인지, 어떻게 해야 나답게 살 수 있는 것인지 몰라서 혼란스러울 때가 있습니다. 예를 들어, 지금 나는 나답게 살고 있는 건지, 작업치료를 선택한 것이 과연 나다운 선택이었는지, 앞으로도 많은 선택을 하며 살아가야 할 텐데 그때마다 나다운 선택을 할 수 있을지, 그러려면 어떻게 해야 하는지 등등 고민이 많습니다. 어떻게 하면 나다운 선택을 하며 살아갈 수 있을까요?

나다운 선택을 하기 위해 꼭 점검해 봐야 할 것 중 하나가 바로 가치다. 내가 중요하게 여기는 가치는 무엇인지, 그 가치에 따라 살고 있는지 스스로에게 물어봐야 한다. 왜냐하면 가치는 내가 지금 어디로 가고 있고, 장차 어디로 가야 하는지, 해야 할 것과 하지 말아야 할 것, 집중해야 할 것과 지나쳐야 할 것, 먼저 해야 하는 것과 나중에 해도 되는 것이 무엇인지 등을 알게 해주기 때문이다.

예컨대 '변화'라는 가치를 중심에 두고 사는 사람과 '안정'이라는 가치를 중심에 두고 사는 사람은 살면서 서로 다른 우선순위를 두고 선택하고 행동하게 된다. 그에 따라 두 사람의 삶은 방향과 결과에서 차이가 날 수밖에 없다. 한 마디로 가치란 내 삶의 방향과 우선순위를 알려 주는 나침반 내지는 방향 표지판 같은 것이라 할 수 있다.

세상에는 수많은 가치가 있다. 건강, 성장, 도전, 목표, 균형, 책임, 탁월, 헌신, 소통, 사랑, 가족, 부유, 명예, 변화, 자율, 헌신 등등. 이 중 내가 추구하고자 하는 가치는 누가 정해 주는 것이 아니라 나 스스로 선택하는 것이다. 선택한 가치를 내 삶의 기준으로 삼고 그 기준에 따라 사는 것이 곧 '나답게' 사는 것이고, 그런 삶이야말로 말 그대로 '가치 있는 삶'이라 할 수 있다.

나를 나답게 하는 가치는 무엇인가?
나다움을 지켜주는 가치는 어떤 것인가?
나답게 살아가기 위해 결코 포기하거나 양보할 수 없는 가치는 무엇인가?

이 질문에 스스로 답할 수 있다면 나다운 선택이 무엇인지도 알 수 있을 것이다. 그리고 선택한 방향으로 난 길을 당당히 걸어가는 것이야말로 '나다운 삶', '가치 있는 삶'을 사는 방법이라 할 수 있다.

좋은 직장, 나쁜 직장

Q 이왕 취업하는 거 좋은 직장에 다니고 싶습니다. 그래서 좋은 직장이 어떤 곳일지 생각해 봤는데요, 남들이 알만하고 알아주는 곳, 돈을 많이 주고 치료 환경이 좋은 곳만 떠오르더라고요. 흔히 그런 곳을 좋은 직장이라고 하잖아요. 문제는 그런 곳이 몇 곳 없고, 그런 곳에 제가 갈 수 있을지 모르겠다는 겁니다. 그렇다면 좋지 않은 직장에 갈 수밖에 없다는 얘기인데, 싫지만 그래도 가야 한다면 어떤 마음으로 다녀야 할까요?

질문을 듣자마자 예전에 재미있게 본 tvN 드라마 『나의 아저씨』에서 떠오르는 대화가 있다.

  동훈: 산사는 평화로운가? 나는 천근만근인 몸을 질질 끌고 가기 싫은 회사로 간다….
  겸덕: 네 몸은 기껏해야 백이십 근. 천근만근인 것은 네 마음.

좋은 직장과 나쁜 직장이 따로 있다고 생각하지만 사실 그렇지 않다. 직장은 좋은 곳도 나쁜 곳도 아니고, 즐거운 곳도 기쁜 곳도 아니며, 힘든 곳도 고통스러운 곳도 아니다. 직장은 그저 '직장'일 뿐이다. 다만 그곳을 내가 어떻게 보느냐에 따라 좋고 즐겁고 기쁜 곳이 되기도 하고, 반대로 나쁘고 힘들고 괴로운 곳이 되기도 한다. 직장을 구하는 사람에게 직장은 가고 싶은 곳이자 좋은 곳이다. 자신의 이상을 실현할 수 있고 생계를 스스로 책임질 수 있으며 자신의 쓸모를 확인할 수 있는 현장. 아직 직장을 얻지 못한 사람은 누구나 직장이 좋은 곳인 줄 알고 들어가기 위해 온갖 애를 쓴다.

  입사해서 직장을 다니다 보면 마음이 달라진다. 인간관계도 힘들고, 월급은 일하는 것에 비해 늘 적고, 하는 일도 적성에 맞지 않는 것 같다. 어느덧 직장은 가기 싫고 그만두고 싶은, 괴로운 곳이 되어버린다. 어딘가 분명 더 좋은 직장이 있을 것 같고 그런 곳을 찾아서 옮기고 싶지만, 그마저도 쉽지 않다. 어쩔 수 없이 언제 어떻게 그만둬야 할지를 고민하며 출퇴근을 반복할 뿐이다. 똑같은 직장인데도 들어가기 전에는 좋은 곳으로 보이고, 들어간 후에는 나쁜 곳으로 느껴진다. 직장이 그래서가 아니라 그곳을 바라보는 자신의 마음에 따라서 말이다. 자기가 가고 싶고 좋아하면 좋은 직장이 되고, 그만두고 싶고 싫어하면 나쁜 직장이 되는 것이다.

  그만두고 싶고 싫어지는 이유, 힘들고 고통스러워지는 이유는 무엇일까? 이직이나 퇴사를 고민하는 사람들의 이야기를 들어보면, 그 이유는 대개 하나로 좁혀진다. 자기가 원하는 대로, 자기가 바라는 대로, 자기 식대로 하고 싶은데 그렇게 안 된다는 게 공통적인 이유다. 일은 적게 하고 월급은 많이 받고 싶은데 그렇게 안 되고, 상사나 동료, 클라이언트가 자기 뜻대로 해주면 좋겠는데 그렇게 안 되고, 자기 식대로 치료하고 싶은데 그렇게 안 되고, 자기가 원할 때 쉬고 싶은데 그렇게 안 되고, 승진하면 좋겠는데 그렇게 안 되고, 하기 싫은 일은 안 하고 싶은데 그렇게 안 되고 등등. 이렇게 자기 뜻대로 되지 않아서 그만두거나 옮기고 싶다는 것이다.

직장이 좋다 나쁘다 말하는데 그건 틀린 말이다. 직장은 직장일 뿐 내 마음이 어떠한가에 따라 좋기도 하고 나쁘기도 한 것이니까. 이러한 사실을 바로 알고, 어떤 관점과 마음으로 직장을 구하고 다닐 것인지 스스로 생각하고 결정해 보길 바란다.

부모님의 반대를 무릅써야 할까요

Q 취업을 앞두고 부모님과 갈등을 겪고 있습니다. 저는 서울에서 일하고 싶은데 부모님께서는 집과 가까운 곳에 직장을 얻어 다니길 원하십니다. 서울로 가자니 부모님이 걱정하시고 속상하실까 봐 마음에 걸리고, 부모님 뜻을 따르자니 제 마음대로 하지 못하는 게 답답하고 속상합니다. 이렇게 하나 저렇게 하나 마음이 불편하기는 마찬가지이니 어떻게 하면 좋을지 모르겠습니다.

먼저 하나 물어보자. 질문자는 자신을 성인이라 생각하는가? 만약 그렇다면 성인이라 생각하는 이유는 무엇인가? 나이 때문인가? 자기가 선택하고 결과를 책임질 수 있어야 성인이다. 그렇지 못하면 아무리 나이를 먹어도 미성년자나 마찬가지다. 질문자가 성인이라면 본인이 선택하고 결정해야 한다.

물론 자녀를 걱정하는 부모의 마음을 헤아려서 부모님이 질문자의 선택과 결정을 이해하고 받아들이실 수 있도록 최선을 다하는 건 필요한 일이다. 하지만 이해하고 받아들이는 건 부모님의 몫이고 선택이라는 것을 분명히 알아야 한다.

  부모님의 말씀을 귀담아듣고 그 심정을 헤아려 드리는 것 역시 필요한 일이다. 이때 부모님의 말씀이 질문자의 생각과 다르면 공손한 태도로 "네, 알겠습니다.", "아버지, 어머니께서 걱정하시는 것이 무엇인지 잘 알겠습니다.", "저를 위해서 해주시는 말씀 감사합니다."라고 하시라. 질문자를 위해 하는 말인데 질문자가 그 마음을 몰라주고 반박하고 따진다면 해결은커녕 다툼만 생기고 서로 상처를 주고받게 될 뿐이다. 부모님의 말씀을 귀담아듣고 참고하되 최종 선택과 결정은 질문자가 원하는 대로 하면 된다. 서울에서 취업하고 싶으면 서울에서 하고, 부모님 뜻대로 집 근처에서 취업하고 싶으면 집 근처에서 하면 된다. 중요한 건 서울에서 할지 집 근처에서 할지가 아니다. 어디에서 취업하든 그것이 질문자의 의지와 선택에 따른 것인지, 질문자가 책임질 것인지가 중요하다.

  냉정하게 생각해 보자. 부모님이 취업하실 게 아니지 않은가. 취업은 질문자가 하는 거다. 그러니 어디서 취업할지는 당사자인 질문자가 정하는 게 당연하고 그렇게 해야 하는 거다. 부모님 핑계를 대며 스스로 해야 할 선택과 결정을 피하거나 포기하는 건 바람직한 태도가 아니다. 부모님이 걱정하시고 속상하실까 봐 염려되는가? 부모님의 감정까지 질문자가 책임지려 하지 마시라. 그건 부모님이 알아서 하실 일이다. 부모님의 감정은 부모님이 책임져야 할 당신 선택의 결과다. 질문자는 본인이 선택하고 책임져야 하는 일에 전념하면 된다.

단, 질문자가 서울로 가기로 했다면 부모님 지원을 기대해서는 안 된다. 스스로 선택하고 결정한 일이니, 그에 따르는 책임 역시 질문자의 몫이다. 서울로 취직하기 위해 해결해야 할 문제는 질문자의 힘으로 감당해야 한다. 자신을 성인이라고 생각한다면 행동도 성인다워야 한다. 본인이 원하는 선택을 하고 스스로 책임지는 삶을 살아가야 한다. 앞으로 그렇게 하겠다가 아니라 지금 당장 그렇게 해야 한다.

부모님이 질문자에게 바라는 게 무엇일까? 왜 질문자가 집 근처에서 취업하길 원하실까? 그건 질문자가 편하고 행복하게 살았으면 해서다. 그럴 수 있도록 곁에서 보살펴주고 도와주고 싶어서다. 그게 바로 부모님이 질문자의 인생에 참견 아닌 참견을 하는 이유다. 부모님이 바라는 것이 질문자의 행복이기 때문에 질문자가 정말 부모님을 생각한다면 더더욱 자기 자신이 행복하고 만족할 수 있는 선택을 해야 한다. 원하지도 않는 선택을 억지로 해서 불행해진다면 그건 질문자 자신뿐만 아니라 부모님까지도 불행하게 만드는 일이라는 걸 알아야 한다. 질문자가 선택한 삶을 행복하게 살아가는 것이 질문자와 부모님 모두를 행복하게 하는 일이라는 걸 잊지 마시라.

질문자의 인생은 질문자의 것이다. 누구의 자녀가 아닌 질문자 자신으로 살 수 있어야 한다. 자유롭게 선택하고 스스로 책임지면서 자기 인생을 사시라.

자기 삶의 주인으로 사는 법

Q   저는 다른 사람의 눈치를 많이 보는 편입니다. 그러다 보니 뭔가를 결정하고 선택해야 할 때, 다른 사람이 어떻게 생각할지를 먼저 따지게 되어 결국 제가 원하는 대로 하지 못할 때가 많습니다. 취업 준비를 하는 지금도 그렇고, 취업을 해서 작업치료사로 치료를 해야 할 때도 그럴까 봐 걱정이 됩니다.

우리는 알게 모르게 주위 사람의 기대에 맞춰 살아간다. 이러한 모습을 프랑스의 정신분석학자인 라캉Jacques Lacan은 "인간은 타자의 욕망을 욕망한다."라는 말로 표현했다. 남들이 자기에게 기대하는 것을 자신이 원하는 것으로 착각한다는 이야기다.

 살면서 남의 눈치를 안 보거나 그렇게 살 수 있는 사람은 아마 없을 것이다. 원하는 것이 있지만 이 사람, 저 사람의 눈치를 살피다가 결국 다른 사람이 기대하고 원하는 대로 하고 살 때가 얼마나 많은가. 그때 겪게 되는 고통을 줄이기 위해 그것을 '수용', '배려', '친절'이라는 말로 그럴싸하게 포장하지만, 자기가 정말 원해서가 아니라 마지못해서 하는 선택을, 기쁜 마음이 아닌 어쩔 수 없이 하는 선택을 '수용', '배려', '친절'이라고 부르는 건 아무래도 억지스럽다.

다른 사람과 함께 어울려 살아가야 하는 인간의 숙명을 생각한다면 항상 자기가 원하는 대로 사는 것은 애초에 불가능한 일인지도 모른다. 또 무조건 자기가 원하는 대로 사는 것을 좋다고만 할 수도 없다. 그러나 타인의 기대나 욕망을 따르기 위해 자신의 인생을 허비하는 것은 단호히 경계해야 마땅하다. 노예 같은 삶을 살고 싶지 않다면 말이다.

자기 삶의 주인이 되려면 우선 자기 욕망의 주인이 되는 것부터 시작해야 한다. 그러기 위해선 자신의 욕망과 타인의 욕망을 구분할 줄 알아야 한다. 어떤 일을 할 때 그것이 내가 정말 원해서 하는 것인지, 아니면 나에게 중요한 누군가가 내게 그것을 원하고 기대하니까 하는 것인지 알아야 한다는 뜻이다.

답을 얻기 위해선 질문을 해야 한다. 타인을 위해서가 아닌, 자기 자신을 위해서 하고 싶고 해야 한다고 생각하는 것이 무엇인지, 어떤 것을 할 때 즐겁고 재미있는지 스스로 묻고 답을 얻어야 한다.

자기 욕망을 알았다면 타인에게 그것을 분명하게 밝힐 수 있어야 한다. 타인의 기대를 저버리는 연습도 필요하다. 늘 타인의 기대에 부응하기 위해 아등바등하거나 타인의 마음에 들기 위해 자기 욕망을 숨기거나 밝히길 포기한다면, 타인이 원하고 기대하고 요구하는 대로 살 수밖에 없다. 즉 타인의 욕망에 맞춰 살아가게 되는 것이다.

설령 그렇게 해서 타인의 기대에 부응하고 마음을 얻어도 그 관계는 오래갈 수 없다. 그를 만날 때마다 끌려다녀야 하니 얼마나 괴롭겠는가. 결국 부담스럽고 불편하고 괴로워서 자기가 먼저 거리를 두게 된다.

영국의 철학자 밀 John S. Mill이 말했다. "사람은 누구든지 자신의 삶을 자기 방식대로 살아가는 것이 바람직하다. 그 방식이 최선이어서가 아니라, 자기 방식대로 사는 길이기 때문에 바람직한 것이다."

한 번뿐인 삶이다. 삶과 욕망의 주인이 되어 자기 방식대로 살아가야 하지 않겠는가.

잘못된 선택일까 봐 두렵습니다

Q 원래 소아에 관심이 있었는데 실습을 성인만 하게 되었습니다. 그러다 보니 소아 쪽으로 취업하는 게 걱정되고 겁이 났습니다. 그래서 일단 성인 쪽을 지원해 봤는데 다행히 합격해서 입사할 날을 기다리고 있습니다. 그러던 중 성인과 소아 둘 다 치료할 수 있는 병원에서 치료사 모집 공고가 났고, 혹시나 해서 서류를 넣었는데 서류 심사에 통과해서 면접을 앞두고 있습니다.

아직 결과는 알 수 없지만 만약 합격하게 된다면 어디를 선택하는 것이 제게 이득이 될까요? 사실 합격한다면 성인과 소아 둘 다 치료할 수 있는 병원에 가고 싶기는 한데, 소아 실습 경험이 아예 없다 보니 망설여집니다. 관심이 있다고 선택해도 될지, 그랬을 때 잘못된 선택을 하게 되는 건 아닌지 두렵습니다.

첫 번째, 어떤 선택이든 이익과 손해가 공존하기 마련이다. 이익만 있는 선택도 없고 손해만 있는 선택도 없다. 근데 이익만 가지고 어느 것이 더 나을지 따지고 있기 때문에 선택을 망설이게 되는 거다. 손해는 안 보고 이익만 볼 수 있는 선택 같은 건 없다.

또 뭐가 더 이득일지는 지금 아무리 고민해 봐야 알 수 없다. 그건 지나 봐야 알 수 있는 거니까. 지금 생각에는 이득 같은데 나중에 보면 손해일 수 있고, 반대로 지금은 손해 같은데 나중에 보면 이득일 수 있는 게 바로 선택의 속성이기 때문이다. 고로 질문자에겐 이익과 손해가 아닌 마음을 따르는 선택이 필요하다.

두 번째, 낯선 곳과 익숙한 곳 중 어디를 갈 때 더 두렵고 걱정스럽겠는가? 아마 전자가 후자보다 더 두렵고 걱정스러울 것이다. 질문자가 소아 쪽을 선택하길 두려워하고 걱정하는 이유도 마찬가지다.

두려울 수 있다. 근데 해보지 않아서 생기는 두려움은 막상 해보면 사라지게 되어 있다. 지금 질문자에게 필요한 건 두려움에 맞서서 자기가 하고 싶은 걸 그냥 하는 거다. 직접 부딪혀 보면 두려워할 필요가 없었다는 거, 알게 될 테니까. 하고 싶은 게 있는데 두렵고, 걱정돼서 시도도 안 해보고 포기한다, 이거야말로 잘못된 선택이 아닐까.

질문자는 성인 쪽 실습을 했으니 성인 쪽이 소아 쪽보다 더 낫겠다 생각하지만 그건 장담할 수 없다. 실습을 한 것이지 직접 치료를 해본 건 아니지 않은가. 성인이든 소아든 치료가 처음인 것은 마찬가지라는 이야기다. 그렇다면 어느 쪽이든 임상에 나가서 질문자하기 나름 아니겠는가.

세 번째, 묻겠다. 이익과 손해가 똑같다면, 그래서 마음을 따르라고 한다면 질문자는 어느 쪽을 선택하겠는가? 안 해본 것에 대한 두려움이 없다면 질문자는 어떤 선택을 하고 싶은가? 이 질문에 대한 대답이 바로 질문자가 해야 할 선택이다.

다섯 번째 이야기, 공감 Q&A

좋은 치료사가 될 수 있을까요

Q 좋은 치료사가 되고 싶은데 그럴 수 있을지 걱정입니다. 치료사가 되고 보니 누군가의 인생을 책임져야 한다는 생각에 어깨가 무겁습니다. 조언을 구하고 싶습니다. 좋은 치료사가 되기 위해 열심히 공부는 하고 있는데, 이렇게 해서 좋은 치료사가 될 수 있을까요?

인생의 책임, 누구에게나 자기 자신의 몫이다. 질문자가 누군가의 인생을 책임져야 해서 어깨가 무거울 일, 없다. 누가 누구의 인생을 책임지는가. 다른 사람 인생을 책임질 걱정은 말고 질문자 본인의 인생을 책임지는 데에 충실하면 된다. 인생의 책임에 관해선 그거면 충분하다.

좋은 치료사라, 너무 막연하다. 좋은 치료사란 어떤 치료사를 말하는가? 질문자가 생각하는 좋은 치료사는 구체적으로 어떤 치료사인가? 어려움을 겪는 이에게 조금이라도 도움이 될 수 있도록 당장 자기가 할 수 있는 일에 최선을 다하는 치료사를 뜻한다면, 질문자는 좋은 치료사가 될 자질이 충분하다고 생각한다. 만나는 이에게

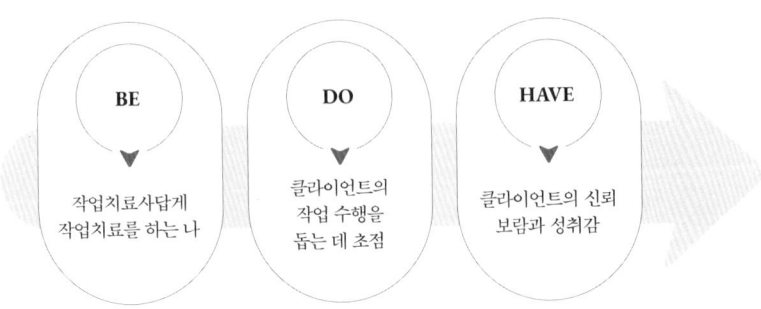

도움이 되기 위해 현재 질문자가 할 수 있는 일인 공부를 열심히 하고 있으니 말이다.

만약 좋은 치료사를 다르게 정의한다면 그 정의에 자신을 비춰 보시라. 그럼 다른 누구에게 묻지 않아도 질문자 스스로 좋은 치료사인지 아닌지, 좋은 치료사가 되기 위해 무엇을 어떻게 해야 하는지 알 수 있을 것이다.

우리는 'Be, Do, Have'의 존재다. 어떤 자신이 되고 싶은지 정하고^{Be} 그에 따라 행동하고^{Do} 성과를 얻으며^{Have} 살아갈 수 있는 존재라는 뜻이다. 만약 자신을 '작업치료사답게 작업치료 하는 나^{Be}'라고 정했다고 해보자. 그럼 어떻게 행동하고^{Do} 어떤 결과를 얻게 될까^{Have}?

스스로 정한 자신^{Be}이 되기 위해 '클라이언트의 관점과 입장을 중심으로 생각한다', '클라이언트가 의미와 목적을 두는 것에 치료의 초점을 맞춘다', '클라이언트의 방식으로 작업을 수행하도록 돕는다' 등의 행동^{Do}을 하게 될 것이다. 그 행동을 통해서는 '클라이언트 중심의 관점을 실천한다', '작업 기반의 치료를 진행한다',

'클라이언트가 신뢰하고 만족한다', '작업치료를 하면서 즐거움과 보람을 느낀다' 등의 성과Have를 얻게 될 것이다.

인간은 태어난 후에 어떤 인간이 될지가 정해진다. 먼저 존재하기 때문에 어떤 존재가 될 것인지가 중요하며, 어떤 존재가 될지는 스스로 정하고 만들어 갈 수 있다. 먼저 되고 싶은 자신Be을 상상하라. 상상하는 모습이 되기 위해 무엇을 하고Do 어떤 성과를 만들어 내고 싶은지Have 생각하라. 최대한 구체적이고 분명하게.

되고 싶은 자신을 스스로 정하지 않으면 되고 싶은 자신을 만들어 갈 수 없다. 되고 싶은 자신이 아닌 주변 상황이나 다른 사람의 기대나 요구에 따라 결정되고 만들어진 자신과 만나게 된다. 그럴 때 자기가 누구인지 모른 채 살아가는 비극을 맞이하게 되는 것이다.

매일 아침 '되고 싶은 나'를 정하고 하루를 시작하라. 그날 하루를 어떻게 보내야 하는지 알게 될 것이다. 스스로 정한 '나'에 걸맞게 행동하고 그에 따른 성과를 얻을 수 있을 것이다. 콩 심은 데 콩 나고 팥 심은 데 팥 난다는 말처럼 우선 되고 싶은 자신의 씨앗을 골라 심어야 미래의 되고 싶은 자신으로 자라고 열매 맺을 수 있다.

'어떤 사람이 될지', '어떤 치료사가 될지'는 스스로 결정하고 만들어 갈 수 있다. 되고 싶은 자기 모습을 상상하고, 그렇게 되기 위해 행동하고, 그에 따른 성과를 얻으면서. 질문자도 예외가 아니다. 무작정 열심히 하는 것이 능사가 아니다. 그건 목적지도 모르면서 일단 아무 버스나 타는 것과 다름없다. 무엇을 위해 어떤 것을 열심히 해야 하는지 알아야 한다. 그럴 때 자신이 가야 할 길을 스스로 개척하며 나아갈 수 있다. 자기만의 목적지와 이정표를 세우는 것이 필요한 이유다.

다섯 번째 이야기, 공감 Q&A

저 자신이 실망스럽습니다

Q 이제 막 병원에 입사한 새내기 작업치료사입니다. 저는 클라이언트에게 도움이 되는 치료사가 되고 싶습니다. 그러려면 아는 게 많아야 할 것 같아서 학생 때 나름대로 공부도 열심히 했습니다. 그런데 막상 치료사가 되어서 치료해 보니 저 자신이 실망스럽기만 합니다. 모르는 것투성이에다 클라이언트에게 도움도 되지 못하는 거 같아요. 그러다 보니 치료에 자신이 없고 그런 제 모습을 볼 때마다 또다시 실망하게 됩니다. 어떻게 해야 할지 모르겠습니다. 조언을 부탁드립니다.

최근 플랭크를 시작했다. 플랭크는 팔굽혀퍼기와 비슷한 자세를 최대한 유지하는 운동이다. 시작은 이랬다. 방송에서 80세가 넘은 어르신이 플랭크를 5분 이상 하는 걸 봤다. '그게 뭐 대수라고 방송까지 나오는가' 싶었다. '그 정도는 나도 할 수 있겠는데?'라는 생각이 들어 바로 시도해 봤다. 그런데 웬걸, 5분은커녕 1분도 버티기 힘들었다. 사시나무 떨듯 온몸을 부들부들 떨면서 1분도 간신히 버텼다. 이럴 수가, 이 정도밖에 안 되다니. 충격이었다. 나의 체력에 무척 실망했다.

물론 그 어르신은 수년간 하루도 빠짐없이 플랭크를 해오신 분이다. 처음에는 10초도 힘들었다고 한다. 그래서 일주일에 1초씩 늘려서 1년에 1분을 해보자는 결심으로 매일 꾸준히 한 덕분에 5분 이상도 거뜬해진 거라고 한다. 사실 그 얘기, 내게 별 위안이 되지 못했다. 기대가 컸던 만큼 실망감도 대단히 컸으니까. 그래도 별 수 있나, 받아들이는 수밖에.

플랭크를 직접 해보기 전까지 내 체력과 나 자신을 과대평가했다. 실제 수준을 알고 나서 충격받고 실망한 이유다. 나 자신을 몰라도 너무 몰랐던 거다. 하지만 거기까지. 이제 알았으니 지금 할 수 있는 정도에서 앞으로 조금씩 늘려 가면 된다고 생각했다. 그래서 1분을 버티는 것부터 시작해서 일주일에 1초씩 늘려 가는 중이다. 그러다 보면 언젠가 5분 이상도 거뜬해지겠지, 하면서.

치료도 마찬가지다. 직접 치료해 보기 전엔 흔히 자신을 과대평가하곤 한다. 자기가 되고 싶은 모습을 현재의 자신과 동일시하면서 말이다. 현재 자기 수준을 정확히 모르는 거다. 물론 그럴 수 있다고 생각한다. 치료해 본 적이 없었으니 자기 수준이 어느 정도인지 모르는 건 어찌 보면 당연한 일이다.

문제는 막상 치료해 보고 나서 '내가 이 정도밖에 안 되다니' 하고 낙심하고 실망한다는 데 있다. 당연한 걸 당연하게 받아들이지 못하는 거다. 그 정도밖에 안 되는 거 맞다. 처음인데 잘할 줄 알았나. 현실을 알았으면 쿨하게 인정하시라. 낙심하고 실망할 게 아니라 꾸준히 조금씩 나아지는 길을 택하시라. 매일 치료하면서 궁금한 건 찾아보고, 모르는 건 공부하고, 잘못한 건 바로잡고, 틀린 건 고치고, 부족한 건 채워나가시라.

자기 자신을 제대로 아는 것, 무슨 일을 하든 기본이고 중요하다. 그걸 모르면 자신을 과대평가해서 오르지 못할 나무부터 오르려고 한다. 그러다가 떨어져서 크게 다치거나 그 뒤로 나무는 아예 쳐다보지도 않게 된다.

이 말 뒤집어 보면 자기 자신을 제대로 알면 어떤 나무부터 올라가야 하는지, 오르려면 어떻게 해야 하는지, 더 높은 나무에 오르기 위해서는 어떤 과정과 연습을 거쳐야 하는지 알 수 있다는 거다. 오르고 싶은 나무, 쳐다보시라. 오르고 싶은 바람, 가지시라.

계속 쳐다보고 바라되 우선 지금 올라야 하고 당장 오를 수 있는 나무부터 오르면서 실력과 경험을 쌓으시라. 그 과정에서 서툴고 부족하고 만족스럽지 않은 자기 모습을 보게 되더라도 낙심하거나 실망하지 마시라. 조급해할 필요도 없다. 그게 당연한 거고, 점차 나아질 테니까.

질문자가 지금 올라야 하고 당장 오를 수 있는 나무는 어떤 것인가? 그 나무부터 시작해 보시라.

어떻게 하면 치료를 잘할 수 있을까

Q   치료를 정말 잘하는 치료사가 되고 싶어요. 어떤 클라이언트를 만나든 막힘없이 치료할 수 있고 어떤 문제든 해결할 수 있는 치료사가 되는 게 저의 목표입니다. 그 목표를 이뤄서 저 스스로 치료를 잘하는 치료사라고 자부할 수 있으면 좋겠고 제게 치료받는 사람들에게서도 치료를 잘하는 치료사라는 말을 듣고 싶습니다. 최대한 빨리 그런 치료사가 되고 싶은데 그러려면 뭐부터 하는 게 좋을까요?

질문자가 원하는 수준에 이르려면 사서 고생을 해봐야 한다. 그것도 아주 많이, 그리고 속된 말로 아주 '빡세게'. 풀어 말하자면 힘들고 어려운 클라이언트도 많이 겪어 보고 힘들고 어려운 치료도 많이 해보면서 내공을 쌓고 다져야 한다는 거다.

    남들이 힘들다고 하는 클라이언트의 치료, 남들은 안 하려고 하는 클라이언트의 치료, 모두가 어렵다고 꺼리는 치료는 도맡아 하시라. 남들은 어떻게 하면 치료를 덜 할 수 있을까 고민할 때 질문자는 어떻게 하면 치료를 더 많이 할 수 있을까 고민하고 남들보다 더 많이 치료하시라. 남들은 어떻게 하면 치료를 편하게 할 수 있을까 고민할 때 질문자는 어떻게 하면 치료를 더 잘할 수 있을까 고민하며 매 순간 탁월하게 치료하기 위해 온 힘을 다하시라.

쉽지 않은 클라이언트를 만나거나 어렵다고 생각되는 치료를 하게 된다면 기뻐하시라. 원하는 수준에 도달하는 데 필요한 실력을 쌓고 내공을 탄탄하게 다질 기회니까. 그땐 쾌재를 부르며 질문자가 할 수 있는 모든 걸 시도해 보고 그 과정에서 배울 수 있는 모든 것을 배우려고 하시라.

세상에 공짜는 없다. 원하는 것이 있으면 그만한 값을 치러야 한다. 질문자가 치러야 하는 값은 이 모든 것을 고생이라 여기지 않고 본인이 원하는 수준에 도달하기 위한 연습과 훈련이라고 생각하며 즐기는 것이다.

그만한 값을 치를 각오가 되어 있는가? 본인의 바람과 목표에 걸맞은 노력을 기울일 준비가 되어 있는가?

그럴 각오가 되어 있고 그만한 노력을 기울일 준비가 되어 있다면 이제부터는 구체적으로 어떤 일을 해야 하는지 이야기해 보자.

먼저 할 일은 앞으로 어떻게 되겠다 또는 어떻게 되어야 한다는 생각을 내려놓고 매일 만나는 클라이언트 한 명, 한 명에게 집중하는 것이다. 천릿길도 한 걸음부터라는 말처럼 아무리 큰일도 시작은 작은 일에서 비롯된다. 근데 천릿길같이 너무 먼 지점만 바라보고 있으면 한 걸음처럼 보이는 '지금'에 소홀해지기 쉽다. 잊지 마시라. 언제나 한 걸음부터다. 지금 만나는 클라이언트 한 사람, 한 사람에게 충실한 것부터가 시작이다. 지금 만나는 클라이언트에게 집중하는 것, 당장 이보다 더 중요하고 시급한 건 없다.

다음 할 일은 오늘의 치료에 기대지 않고 더 나은 내일의 치료를 준비하는 것이다. 오늘 한 치료를 돌아보고 다음 날 더 나은 치료를 하기 위해 무엇이 필요한지 생각하고 연구하는 시간을 가지시라. 다음 날 치료 때는 전날 생각하고 연구한 것을 바탕으로 이렇게도 해보고 저렇게도 해보면서 되는 것과 안 되는 것을 파악해 보시라. 되는 것은 왜 되고, 안 되는 것은 왜 안 되는지 분석하여, 이런 때는 어떻게 해야 하고 저런 때는 어떻게 해야 하는지를 스스로 배우고 익히시라. 배우고 깨달은 것은 모두 기록하시라. 그리고 매일 업데이트하고 업그레이드하시라.

만약 오늘 업데이트하고 업그레이드할 게 없다면 어제에 기대거나 안주해 버린 것일지도 모른다. 배우고 깨달을 것은 늘 있기 마련이니까. 다만 그것은 배우고 깨달으려는 사람만이 발견할 수 있는 것이다. 질문자가 바라고 목표하는 수준에 다다를 때까지 이 과정을 반복하시라. 말 그대로 부단한 노력이 필요하다.

최대한 빨리 원하는 수준에 도달하고 싶다고 했는데, 지금 질문자에게 중요한 건 목표한 지점에 빨리 도달하는 게 아니라 목표한 지점까지 완주하는 거다. 완주하지 못하면 도달할 수도 없을 테니까. 그러니 빨리 가는 것보다 끝까지 가는 것에 의미를 두고 질문자의 속도로 나아가시라. 완주를 빈다.

다섯 번째 이야기, 공감 Q&A

어떻게 성장해야 하는가

Q 요즘 저의 자존감은 아주 바닥입니다. 치료도 열심히 하고 스터디 모임에 참여하며 공부도 열심히 하고 있는데 항상 불안하고 더 성장하고 싶지만 그러지 못한 것 같아 저 자신이 만족스럽지 않습니다. 어떻게 해야 이런 불안과 불만족에서 벗어날 수 있을까요?

우리는 실제 모습이 아닌 바라는 이상적인 모습이나 어떠해야 한다고 믿는 당위적인 모습을 현재 지기 모습으로 착각할 때가 있다.

실제로는 50 정도의 수준인데 100의 모습을 자기 모습이라고 착각하면 50의 부족함을 깨닫게 될 때마다 자기 자신을 못마땅하게 여기고 형편없다고 생각하게 된다. 또 자기는 당연히 100이어야 한다고 생각하는데 50밖에 안 되니 그 차이 때문에 늘 긴장하고 불안감을 느끼게 된다.

문제는 자기 수준이 50인 것이 아니라 50인 것을 인정하고 긍정하지 못하는 데 있다. 자신이 못마땅한 것은 진짜 형편없어서가 아니라 자신을 과대평가하고 있기 때문이다. 긴장과 불안 역시 50이어서가 아니라 당연히 100이 되어야 한다고 믿는 데서 생기는 것이다.

　존재에는 우월한 것도 열등한 것도 없다. 우열은 비교와 망상에서 비롯되는 것이기 때문이다. 원하는 모습으로 성장하고 싶다면 우선 자신의 존재를 있는 그대로 인정하고 긍정할 줄 알아야 한다. 비교 의식과 망상에서 벗어나 자기 자신을 똑바로 알고 받아들일 때 괴로움 없이 성장하는 길도 찾을 수 있다.

치료를 망쳐서 괴로울 때

Q 치료를 망친 것 같다는 생각이 들면 저 자신을 심하게 자책하게 됩니다. 저는 한다고 했는데 잘 안 될 때가 많더라고요. 그러면 자신감도 없어지고 치료가 하기 싫어집니다. 그럴 때 어떻게 마음을 추스르면 좋을까요?

자기 자신에게 이렇게 말해 주자. "지금은 모든 걸 망친 것 같고 큰일이 난 것 같겠지. 근데 지나고 나면 아무것도 아니야. 낙심하거나 주눅 들 거 없어. 앞으로 치료할 날이 많은데, 뭐. 다음 치료 때 또 기회가 있잖아. 괜찮아, 더 잘할 수 있어."

최선을 다했다면 이러한 말, 들을 자격 있다. 아니, 들어야 마땅하다. 그러니 쑥스럽고 어색하더라도 한번 해보자. 부족함을 알고서도 자기 자신을 향한 믿음을 굳건하게 유지하는 것이 바로 자존감이다. 치료가 마음처럼 되지 않을 때 괴로워하고 속상해하기보다는 자존감을 강화하는 기회로 삼아 보면 어떨까.

수고하고 애쓴 자기 자신에게 좀 더 관대해지자. 위로와 격려를 아끼지 말자. 자존감을 키우자. 지나고 보면 정말 별일 아니다.

환자가 저를 싫어합니다

Q 환자 중에 저에 대한 태도나 말투가 퉁명스러워서 제게 꼭 화난 사람 같은 분이 있어요. 말을 걸어도 대답도 잘 안 해주시고 대답하더라도 아주 짧게만 하시거든요. 제게 눈길도 잘 안 주시고 항상 인상을 찌푸리고 있으세요. 그래도 치료는 열심히 하세요. 근데 자꾸 신경이 쓰이는 거예요. 안 되겠다 싶어서 단도직입적으로 물어봤죠, 저 싫어하시냐고요. 그랬더니 "응. 선생님, 싫어."라고 하시는 거예요. 그래서 제가 다시 "정말 저 싫으세요?"라고 물었더니 "응, 싫어."라고 하시는 거 있죠. 저는 이 분이 어렵긴 해도 싫지 않고 많이 노력하고 있는데, 제가 싫다고 하니까 자신감도 떨어지고 어떻게 해야 할지 모르겠더라고요. 저와 함께 근무하는 선생님이 신입 치료사 교육 때 "라포르 rapport가 치료의 전부라 해도 과언이 아니야."라고 하셔서 라포르 형성에 무척 애를 쓰고 있는데 그게 잘 안되니까 속상하고 치료가 더 어렵게 느껴져요.

다섯 번째 이야기, 공감 Q&A

환자가 질문자를 찾아오는 목적이 무엇일까? 질문자가 환자를 만나야 하는 이유는 무엇일까? 서로 친분을 쌓고 좋은 관계를 맺기 위해서일까? 서로 좋아하고 친하게 지내기 위해서일까?

환자가 질문자를 찾아오는 목적은 작업치료를 하기 위해서다. 질문자가 환자를 만나야 하는 이유 역시 작업치료를 하기 위함이고. 서로 좋아하고 친해지기 위해서가 아니라 치료를 위해서 만나는 거란 이야기다.

관계는 클라이언트와 함께하는 작업치료라는 여정을 더욱더 즐겁고 풍성하게 만드는 하나의 요소일 뿐 그 자체가 종착지는 아니다. 질문자가 초점을 맞춰야 하는 것은 환자가 질문자를 좋아하는지가 아니라 환자에게 필요한 작업치료가 제대로 이루어지고 있는지 여부다.

물론 환자가 질문자를 좋아하고 질문자도 환자가 더 편해진다면 그건 분명 좋은 일이다. 그러나 환자가 질문자를 좋아하고 안 좋아하고는 환자에게 달린 일이다. 그렇기 때문에 질문자가 어떻게 할 수 있는 문제가 아니라는 점을 직시해야 한다. 다시 말해 환자의 마음을 얻고 친분을 쌓기 위해 노력하는 건 질문자에게 달린 일이지만, 질문자가 노력했다고 해서 환자가 반드시 질문자를 좋아할 거라고 생각하거나 좋아해야 한다고 생각해서는 안 된다는 이야기다. 그건 질문자의 노력에 따른 필연적인 결과가 아니라 환자의 마음에 따라 그럴 수도 있고 아닐 수도 있는 결과이기 때문이다.

열심히 치료하는 것만으로도 나를 좋아해 주는 환자가 있는가 하면, 치료와 관계 둘 다를 위해 노력하는 데도 나를 좋아해 주지 않는 환자도 있을 수 있다. 또 치료나 관계를 위한 노력과는 별개로 그냥 나라는 사람 자체를 좋아해 주거나 좋아해 주지 않는 환자도 있을 수 있는 거다. 이렇다는 건 내가 어떠해서가 아니라 나를 보는 사람이 어떠한지에 따라 좋고 싫음이 정해진다는 방증이라 할 수 있다. 즉 상대가 나를 어떻게 보는지에 따라 내가 좋을 수도 있고, 싫을 수도 있고, 좋지도 싫지도 않을 수 있다는 의미다.

질문자를 싫어한다는 환자도 마찬가지다. 질문자가 어떠해서가 아니라 질문자를 보는 환자의 마음이 그런 것뿐이다. 질문자가 노력했다고 환자가 질문자를 무조건 좋아할 거란 법이 어디 있는가. 또 좋아해야 한다는 법도 없다. 따라서 노력했으니 좋아했으면 좋겠다 혹은 좋아해야 한다는 집착에서 벗어나면 문제 될 게 없다. 내가 노력했어도 상대는 나를 좋아하지 않을 수 있기 때문이다.

만약 환자가 질문자를 싫어해서 치료가 제대로 안 될 지경이라면 치료를 함께할 수 없는 거다. 그땐 혼자서 끙끙 앓지 말고 부서장과 주치의에게 상황을 알리고 치료사를 교체하든지 아니면 다른 해결 방법을 함께 찾아봐야 한다. 환자와 질문자 모두를 위해서 말이다.

라포르가 치료의 중요한 요소인 건 맞다. 선배 치료사가 한 말도 그 중요성을 강조하려던 거라고 생각된다. 라포르 자체가 치료의 목적이거나 치료의 전부인 건 아니다. 그럴 수도 없고 그래서도 안 된다. 라포르 형성을 위해 최선을 다하는 건 필요한 일이지만, 지금과 같은 고민 탓에 환자를 대하고 치료하는 데 방해가 될 정도라면 지나치다고 할 수 있다.

환자가 질문자를 찾아오는 이유와 목적에 초점을 맞추시라. 환자가 싫다고 하면서도 치료 시간이면 질문자를 찾아오는 이유와 목적이 무엇이겠는가. 그건 좋고 싫음을 떠나서 질문자에게 원하고 필요로 하는 것이 있어서가 아니겠는가. 그런 것이 없다면 싫다는 질문자와 함께하는 치료를 열심히 할 리도 없을 뿐더러 치료 시간에 맞춰 질문자를 찾아올 리도 없을 것이다.

환자가 질문자를 좋아하든 말든 괘념치 말고 환자에게 필요한 사람이 되고 필요한 치료를 하는 것에만 전념하시라. 생각의 초점을 바꾸면 더는 고민할 필요가 없을 뿐만 아니라 치료사의 본분에 더욱더 집중하고 충실할 수 있게 될 것이다.

작업치료를 몰라주니 서운합니다

Q   저는 많은 사람이 작업치료의 가치를 알아주면 좋겠고 작업치료사로서 작업치료를 알리는 일에 힘쓰는 것이 마땅하다고 생각합니다. 그래서 클라이언트를 만날 때마다 최선을 다해 작업치료를 설명하고 알리기 위해 노력하고 있습니다. 그럼에도 불구하고 작업치료의 가치를 몰라주는 클라이언트를 만날 때면 서운한 마음이 듭니다. 어떤 때는 서운한 정도가 아니라 화가 나기도 하고요. 제가 이상한 건지, 또 이렇게 하는 게 맞는 건지 모르겠습니다. 작업치료를 설명하고 알리는 일을 계속해야 할까요, 아니면 그만두는 게 좋을까요?

클라이언트의 입장에서 생각해 보자. 바라는 게 무엇일까? 작업치료가 무엇인지 아는 것일까, 아니면 자기가 원하고 필요로 하는 것을 얻는 것일까? 후자라고 생각한다면 질문자가 바라는 대로 되지 않는 게 당연하다. 작업치료가 무엇인지 아는 것은 애초에 클라이언트의 주된 관심사나 최우선 순위가 아니었으니까.

그렇다면 질문자는 어디에 힘을 쏟아야 하겠는가? 그렇다. 클라이언트의 주된 관심사와 최우선 순위에 초점을 맞추는 데 힘을 쏟아야 한다. 클라이언트의 주된 관심사와 최우선 순위를 다루는 데 주력해야 한다. 그래서 클라이언트가 원하고 필요로 하는 것을 얻게 되었다면 작업치료사로서 해야 할 본분은 다한 셈이다.

이러한 관점에서 보면 작업치료를 알리는 것은 부수적인 일이라 할 수 있다. 그건 작업치료를 함께하는 과정에서 클라이언트가 작업치료가 무엇인지 궁금해하고 관심이 생겼을 때 알려 주면 되는 것이다. 작업치료를 꼭 설명을 통해서만 알려줘야 하거나 알려줄 수 있는 것도 아니다. 가령 클라이언트가 원하고 필요로 하는 것을 얻을 수 있도록 돕는 이들 가운데 작업치료사가 있고, 작업치료사와 함께하는 시간에 하는 일들이 작업치료라고 자연스럽게 알게 하는 방법도 있다.

작업치료가 정말 도움이 되면 말로 설명하지 않아도 클라이언트 스스로 느끼고 경험한 것을 바탕으로 작업치료가 어떤 것인지 알게 되는데, 내 경험에 따르면 이렇게 치료를 통해서 알리는 방법이 더 자연스럽고 효과적이었다.

이러한 내 경험을 뒷받침하는 이야기가 있다. 마케팅 전략의 핵심은 브랜드를 알리는 것이 아니라 소비자가 중요하게 여길 만한 제품의 효용을 먼저 알리는 것이라고 한다. 소비자들이 제품의 효용을 인지하면 그다음에는 그들이 알아서 브랜드를 말하기 시작한다는 것이다.

작업치료를 알리는 일도 다르지 않다고 생각한다. 작업치료를 알리고 싶다면 가장 먼저 클라이언트의 욕구와 필요를 읽고 그것을 충족시킬 치료를 선보일 수 있어야 한다. 그래서 클라이언트가 작업치료의 특징과 효용을 인지하면 그다음에는 클라이언트가 알아서 작업치료를 말하기 시작할 것이다.

이제부터는 '클라이언트가 작업치료를 왜 몰라 줄까?'를 고민하기보다는 '지금 함께하는 작업치료가 클라이언트에게 어떤 의미와 가치가 있을까?'를 고민해 보면 좋겠다. 의미와 가치가 있으면 인식은 자연스럽게 따라오기 마련이다.

작업치료를 몰라주는 것이 오히려 이점이 될 때도 있다. 작업치료를 잘 모르니까 치료에 대한 기대가 없거나 적다. 아는 게 있어야 기대도 하는데, 아는 게 없으니 기대할 것도, 기대할 수도 없는 것이다. 그런 관점에서 본다면 치료사는 부담 없이 치료에만 전념할 수 있으니 좋다. 클라이언트의 기대를 의식할 때 생기는 부담감이나 압박감을 감당하기 위해 써야 할 시간과 에너지를 오롯이 치료에 투입할 수 있기 때문이다.

클라이언트에게도 치료 효과가 있으면 기대하지 않은 효과 또는 기대 이상의 효과를 본 것이니 좋고, 치료 효과가 없어도 애초에 기대한 게 없으니 크게 실망할 게 없어서 좋다. 좋고 나쁨은 생각하기 나름이다. 어떻게 생각할지가 중요하다. 그래서 작업치료를 알아주면 고맙고, 몰라줘도 괜찮다.

이러한 생각도 해보면 좋겠다. 작업치료사가 알고 있는 작업과 작업치료의 정의, 개념, 철학 등을 클라이언트가 반드시 알아야 할까.

작업치료사의 일방적인 바람과 생각인 건 아닐까? 클라이언트를 작업치료 홍보대사로 만들려는 게 아니지 않은가. 클라이언트가 작업치료를 경험해 보고 감동해서 작업치료를 널리 알리고 싶어 한다. 그래서 작업치료가 뭔지 알고 싶어 하고 알려달라고 요구하는 것이 아니라면 본인이 경험한 정도만 알아도 충분하지 않을까.

질문자에게 작업치료를 알리는 일이 중요한 작업이라면 계속해 나가시라. 누구도 그걸 두고 옳다 그르다, 좋다 나쁘다, 하라 하지 말라 할 수 없다. 다만 본인이 원하고 좋다면 최선을 다해서 알리되, 반드시 알아줘야 한다는 마음이 아니라 '알아주면 좋고 몰라주면 어쩔 수 없다. 작업치료가 뭔지 알릴 수 있는 기회가 있을 때 그 기회에 최선을 다하는 것에 만족하겠다.'라는 마음으로 해볼 것을 권한다.

서운하고 화나는 거, 남들 때문이 아니다. 남들이 알아주길 바라는 마음 때문이다. 그 마음만 비우면 서운하고 화날 일도 없다. 본인이 좋아서 하는 일이니 반드시 알려야 한다는 부담감이나 의무감에서 벗어나 가볍게 이렇게도 해보고 저렇게도 해보면서 알리는 과정 자체를 즐겨 보시라.

작업치료를 (잘)하는 건 작업치료사로서 마땅히 해야 할 일이지만 작업치료를 알리는 건 하면 좋고 안 해도 괜찮은 일이다. 반드시 알리겠다는 마음보다는 상대도 같이 알면 좋겠다는 마음으로 가볍게 즐기듯 해나가길 바란다.

다른 사람의 인정이 고플 때

Q 저는 제가 노력한 것을 남들이 알아주고 인정해 줄 때 힘이 나고 더 열심히 하게 됩니다. 그와 반대로 열심히 노력했는데 다른 사람이 몰라주거나 관심을 보이지 않으면 힘이 빠지고 의욕을 잃게 됩니다. 다른 사람의 인정 여부에 따라 마음이 왔다 갔다 하고 그럴 때마다 무척 힘이 듭니다. 어떻게 하면 다른 사람의 인정과 관심에 연연하지 않고 제 할 일을 열심히 할 수 있을까요?

내가 나를 인정할 줄 알면 다른 사람의 인정은 필요하지도, 중요하지도 않게 된다. 다른 사람의 인정을 받고 싶어 안달하는 것은 어쩌면 내가 나를 인정할 줄 모르기 때문일 수도 있다. 인정이 필요한데 그걸 나 스스로 해결할 줄 모르니 외부에서 구하려는 게 아닐지 자문해 봐야 하는 이유다.

다들 인정을 받으려고만 한다면 어떻게 될까? 인정받고 싶은 사람은 넘쳐나는데 인정해 줄 사람이 부족하니 문제가 생기지 않을 수 없다. 인정 투쟁이 만연하고 열등감이나 우울증에 시달리고 괴로워하는 사람이 늘어나는 건 당연지사다.

내가 나를 인정할 줄 알면 다른 사람의 인정에 연연할 필요가 없다. 인정 욕구를 느낄 때마다 스스로 해결할 수 있기 때문이다. 마치 배고픔을 느낄 때마다 직접 음식을 해 먹음으로써 식욕을 스스로 해결할 수 있는 것처럼 말이다. 내가 나를 인정할 줄 안다는 것은 이미 익숙한 말이 됐지만 나 자신을 있는 그대로 긍정할 수 있는 것을 뜻한다. 즉 나라는 존재 앞에 어떠한 조건이나 수식어도 붙이지 않고 지금의 나를 소중히 여기고 사랑할 줄 아는 것이다.

'잘생겼고 예쁘고 몸매가 장난이 아니고 건강하고 돈도 잘 벌고 치료도 잘하니까 난 훌륭해', '못생겼고 예쁘지 않고 몸매가 장난이고 아프고 돈도 못 벌고 치료도 못 하니까 난 형편없어' 이렇게 내 앞에 이러저러한 조건이나 수식어를 붙이며 그에 따라 나를 다르게 평가하고 인식하는 것이 아니라 나니까 괜찮고 나라서 소중하고 사랑할 수밖에 없다고 여기는 것이다. 또 그렇기 때문에 나라는 존재 앞에 그 어떤 조건이나 수식어도 붙일 필요가 없어지는 것이다.

나를 있는 그대로 인정할 줄 알면 다른 사람에게 나를 입증하느라 쓸데없이 힘쓰지 않게 된다. 다른 사람이 나에게 관심이 있든 없든 나를 인정하든 안 하든 상관하지 않게 된다. 인정 투쟁에 나서거나 열등감이나 우울함에 시달리고 괴로울 일도 애초에 생기지 않는다.

그뿐인가. 나를 있는 그대로 인정할 줄 알면 다른 사람도 있는 그대로 인정할 줄 알게 된다. 그 역시 나처럼 세상에 단 한 명뿐인 소중한 존재이며, 존재에는 그 어떤 조건이나 수식어도 필요치 않다는 것을 이해하게 되기 때문이다.

　물론 다른 사람의 인정을 바라는 건 인간의 자연스러운 욕구이다. 그렇기에 무조건 없애거나 억누르는 것은 바람직하지 않을뿐더러 가능한 일도 아니다. 주변에 나를 인정해 주는 사람이 있으면 다행으로 여기되, 그런 이가 없다면 다른 사람의 인정에 연연하지 말고 내가 나를 인정해 주면 된다. '남이 나를 알아주지 않으면 어떠한가. 내가 나를 알아주면 되지.' 하고 말이다.

　내가 나를 인정하고 긍정하는 만큼 삶도 자유롭고 충만해질 것이다. 아니, 자유롭고 충만해진다.

노력에도 선택이 필요하다

Q   노력은 무조건 좋은 것일까요? 노력해야 한다는 말을 많이 듣고 자라서 그런지 노력하지 않으면 뭔가 열심히 하지 않는 사람, 게으른 사람처럼 느껴지고, 그렇다고 억지로 노력하자니 힘이 들고 하기 싫어집니다. 어떻게 노력하는 게 저한테 도움이 되고 좋을까요?

노력이라고 다 좋은 것은 아니다. 좋은 음식과 나쁜 음식, 좋은 습관과 나쁜 습관이 있듯이 노력에도 좋은 노력과 나쁜 노력이 있다.

- 바라는 바를 이루기 위해 노력할 뿐 결과에 연연하지 않는다. 결과가 좋으면 다행이고 안 좋아도 괜찮다.
- 원하는 바를 이루지 못했을 때, 더 노력하고 싶으면 방법을 연구해 다시 해본다. 그래도 안 되겠다 싶으면 쿨하게 그만둘 줄 안다.
- 실패해도 낙담하거나 괴로워하지 않는다. 원하는 대로 되지 않는다고 실망하거나 후회하거나 좌절하지도 않는다. 하고 싶은

걸 해봤다는 것에 만족하고 경험한 것을 통해 배우고 성장할 줄 안다.

이러한 노력은 '좋은 노력'이다.

- 바라는 결과를 얻지 못할까 봐 늘 노심초사한다. 결과가 안 좋으면 안 좋아서 걱정, 결과가 좋아도 다음에 안 좋을까 봐 걱정이다.
- 더 해보고 싶은 마음이 있어도 지레 안 될 거라 생각하고 포기해 버린다.
- 실패하면 낙담하고 괴로워한다. 원하는 대로 되지 않은 것에 실망하고 후회하고 좌절한다.
- 하고 싶은 걸 해봤다는 것은 아무런 도움이 되지 못한다. 노력을 결과를 위한 수단으로 여기는 까닭이다. 경험은 상처로 남아 노력하기 전보다 나을 것이 없거나 오히려 더 안 좋은 상태가 된다.

이러한 노력은 '나쁜 노력'이다. 자기 자신에게 유익하면 좋은 노력, 유해하면 나쁜 노력이다. 무조건 노력할 것이 아니라 어떤 노력을 기울여야 하는지, 어떤 노력을 기울이고 있는지 알고 노력해야 하는 이유다.

모든 일이 그러하듯 노력에도 선택이 필요하다.

치료의 에비던스를 찾기가 어려워요

Q "치료할 때 에비던스 베이스드 evidence-based로 해야 한다."라는 말을 많이 들었습니다. 이제 치료사가 되었으니 에비던스 베이스드 치료를 해야겠다고 생각하고 논문이나 책에서 치료의 에비던스를 찾아보고 있는데, 찾기가 어렵습니다. 제가 잘 찾지 못해서 그런 것 같기도 하고 없어서 못 찾는 것 같기도 하고, 무엇 때문인지 잘 모르겠습니다. 치료의 에비던스를 어디서, 어떻게 찾아야 할까요?

치료의 에비던스란 치료를 왜 그렇게 해야 하는지 설명하고 납득시킬 수 있는 근거라 할 수 있다. 그러한 근거에 기반한 치료가 바로 에비던스 베이스드 치료이다. 달리 말하면 지금 클라이언트와 진행하는 치료를 왜 그렇게 해야 하는지 나 자신은 물론 다른 사람에게도 설명하고 납득시킬 수 있어야만 '에비던스 베이스드 치료를 한다'고 할 수 있다는 거다.

그러한 근거가 없거나 부족하다면? 나름의 근거는 있지만 이를 자기 자신이나 다른 사람에게 설명하려 할 때 횡설수설하거나 중언

부언하게 된다면? 머리로는 알겠는데 조리 있게 설명하거나 납득시킬 수 없어서 답답하다면? 설명할 수 없다면 이해하지 못한 것이다. 설명할 수 없는 이유는 단순히 말주변이 없어서가 아니다. 왜 그렇게 치료해야 하는지 설명하고 납득시킬 수 있는 핵심을 꿰뚫고 있지 못해서다. 그렇기 때문에 대상에 맞게 설명하거나 전달할 수 없는 것이다.

보통 논문이나 이론, 모델을 에비던스라고 생각하거나 그 자체를 에비던스와 동일시하는 경향이 있다. 그러나 엄밀히 따지면 논문이나 이론, 모델은 에비던스가 아니라 치료의 에비던스를 마련하는 데 활용 가능한 레퍼런스 reference라고 봐야 한다.

내 클라이언트를 위한 치료에 딱 맞는 혹은 그대로 적용할 수 있는 논문, 이론, 모델을 찾을 수 없는 이유도 마찬가지다. 논문, 이론, 모델은 내가 만난 개별적이고 고유한 존재(클라이언트)를 대상으로 만들어진 것이 아닐뿐더러 그 존재가 필요로 하는 치료에 맞춰 만들어진 것도 아니다. 각각의 목적과 가설, 그것을 뒷받침하는 내용을 중심으로 클라이언트를 이해하고 작업치료를 해나가는 데 도움이 되거나 참고 혹은 참조가 될 만한 방향성과 정보를 제시할 뿐이다.

그렇기 때문에 논문, 이론, 모델 등은 내 클라이언트를 위한 치료의 레퍼런스는 될 수 있을지언정 그 자체가 치료의 에비던스일 수는 없는 것이다. 질문자가 논문과 책을 아무리 뒤져봐도 본인 치료에 정확히 들어맞는 에비던스를 찾을 수 없었던 이유이기도 하다.

다섯 번째 이야기, 공감 Q&A

논문이나 이론, 모델의 내용을 그대로 가져다 쓰거나 그것에 맞춰 클라이언트의 치료를 설명하는 것을 에비던스 베이스드 프렉티스 evidence-based practice라 착각하지 마시라.

에비던스 베이스드 프렉티스의 핵심은 지금 만나는 클라이언트와 어떤 치료를 어떻게, 왜 그렇게 해야 하는가를 설명하고 납득시킬 수 있는 근거를 마련하는 데 있다. 그 근거는 논문이나 이론, 모델에 보란 듯이 나와 있는 게 아니라 여러 레퍼런스를 바탕으로 클라이언트와 함께 만들어야 하는 것임을 명심하는 것이다. 고로 치료의 에비던스, 찾는 게 아니라 만들어야 하는 거라 하겠다.

각 클라이언트의 치료에 근거가 되는 고유한 에비던스를 만들고 그것을 바탕으로 치료하시라. 레퍼런스를 레퍼런스로써, 그 쓰임에 맞게 활용하면서. 그것이 바로 에비던스 베이스드 치료를 하는 방법이다. 클라이언트의 치료에 맞춰 필요한 에비던스를 창조하고 재창조할 수 있는 역량을 기르고 강화하시리. 그러면 치료의 에비던스를 어디서 어떻게 찾아야 할지 고민할 필요가 없다.

치료에 확신이 없어서 힘들어요

Q   치료하면서 지금 하는 치료가 적절한지, 잘하고 있는 건지 확신이 서지 않아 힘듭니다. 확신이 없는 치료를 계속해도 되는 건가 싶고, 시간이 지나도 계속 똑같을 것 같아서 불안합니다. 어떻게 하면 좋을까요?

확신이 없는 건 좋은 거다. 왜냐. 끊임없이 자기 자신과 지금 하는 치료를 돌아보며 생각하고 고민하고 연구하게 되니까. '지금 잘하고 있는 건가?', '이렇게 하는 게 맞는 건가?', '더 나은 치료는 없을까?', '지금 하는 치료가 클라이언트에게 적합한 건가?', '클라이언트에게 필요한 치료를 하려면 무엇을 어떻게 더 해야 할까?'

    확신이 없기 때문에 이렇게 스스로 묻고 해답을 구하는 여정을 시작할 수 있는 것이다. 기존의 생각과 방식을 그저 답습하는 데서 벗어나 필요에 따라 유연하게 생각하고 방식을 바꿈으로써 변화를 만들어 낼 수 있는 것이다. 그러한 과정을 통해서 치료는 물론 자기 자신도 더 나아질 수 있는 것이고.

    문제는 확신이 없는 것이 아니라 그럴 때마다 습관적으로 불안과 걱정으로 반응하는 것이다. 질문자는 확신이 없어서 불안하고 걱정하는 거라고 생각하지만, 틀렸다. 확신이 없어서 불안하고 걱정하는 게 아니라 확신이 없을 때마다 오로지 불안과 걱정으로만 반응해 와서 그런 거다. 그것에 익숙해져 있는 탓이다. 마음만 달리 먹으면 얼마든지 다르게 반응할 수 있는데도 말이다.

확신이 없을 때 어떻게 반응할지는 전적으로 질문자에게 달린 일이다. 확신이 서지 않을 때마다 지금처럼 계속 불안해하고 걱정할 것인지, 아니면 변화에 필요한 생각과 연구를 시작하는 기회로 삼을 것인지는 질문자가 선택할 수 있다. 확신은 그냥 생기는 것이 아니다. 확신이 서지 않는 이유를 생각해 보시라. 이유를 알면 무엇을 어떻게 해야 할지도 알 수 있다. 그렇게 해서 알게 된 것을 실행해 보시라.

해보고 안 되면 왜 안 되는지, 시도하면서 무엇을 배우고 깨닫게 되었는지, 다시 무엇을 어떻게 해봐야 하는지 생각하고 연구하시라. 그리고 그것을 다시 실행해 보시라. 이 과정을 될 때까지 반복하는 것, 확신은 그러한 과정에서 생겨나는 것이다. 치료에 확신이 없는 거, 당연하다. 치료엔 정답이 없으니까. 치료란 늘 새로운 해답을 구하는 과정의 연속이고 어떤 경우에도 결과를 100% 장담할 수 없는 거니까. 의구심이 생기는 게 당연하고 고민하는 게 맞는 거다.

확신이 없다. 불안해하고 걱정할 것인가, 아니면 더 나은 치료를 위해 생각하고 연구할 것인가? 답해 보길 바란다.

작업치료사
입니다

초판 1쇄 발행 2025년 5월 30일

지은이 김재욱

펴낸이 주혜숙
펴낸곳 역사공간
등록 2003년 7월 22일 제6-510호
주소 04000 서울특별시 마포구 동교로 19길 52-7 PS빌딩 4층
전화 02-725-8806
팩스 02-725-8801
이메일 jhs8807@hanmail.net

ISBN 979-11-5707-270-5 03510

- 책값은 뒤표지에 있습니다. 잘못된 책은 바꾸어 드립니다.
- 이 책은 저작권법에 의하여 보호를 받는 저작물이므로 무단 전재와 복제를 금합니다. 이 책 내용의 전부 또는 일부를 재사용하려면 반드시 역사공간과 지은이 양측의 서면 동의를 받아야 합니다.